俄 国 史 译 丛 · 政 治

Серия переводов книг по истории России

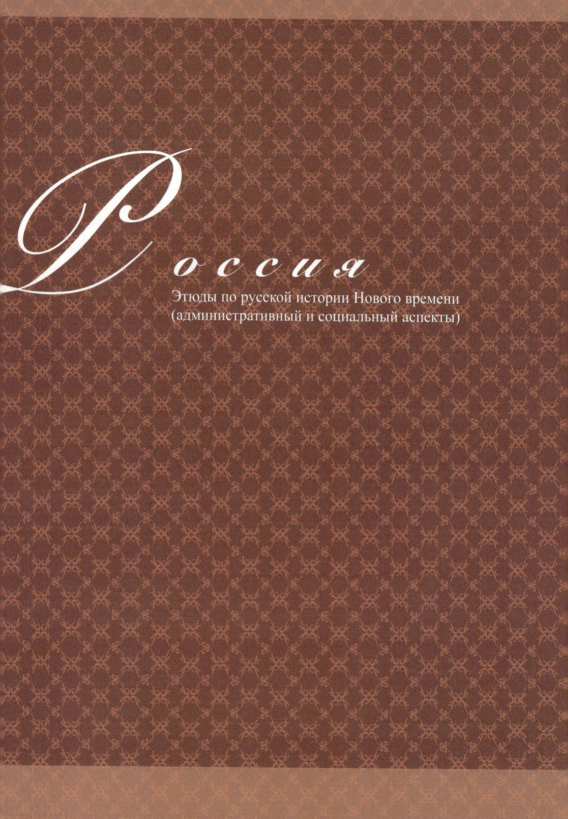

Россия

Этюды по русской истории Нового времени
(административный и социальный аспекты)

俄国史译丛·政治

许金秋 杨欣玥／译

〔俄〕德米特里·阿列克谢耶维奇·列金／著

Дмитрий Алексеевич Редин

俄国近代行政制度
与社会发展

Этюды по русской истории
Нового времени
(административный и социальный аспекты)

社会科学文献出版社
SSAP
SOCIAL SCIENCES ACADEMIC PRESS (CHINA)

本书获得教育部人文社会科学重点研究基地
吉林大学东北亚研究中心资助出版

作者简介

德米特里·阿列克谢耶维奇·列金 1966 年生，俄罗斯历史学博士，乌拉尔联邦大学俄罗斯历史系教授、历史学科学术委员会主席，俄罗斯科学院乌拉尔分院历史与考古研究所代理所长、社会史中心首席研究员，国际期刊《俄罗斯问题》（俄罗斯）副主编，《俄罗斯世界丛刊》（法国）外籍编委，主要研究方向为 17~18 世纪俄国社会史、政治史、经济史、法律和国家管理史、官僚制度史等。

译者简介

许金秋　历史学博士，吉林大学东北亚研究院、东北亚研究中心教授，博士生导师。

杨欣玥　吉林大学东北亚研究院博士研究生。

总　序

　　我们之所以组织翻译这套"俄国史译丛",一是由于我们长期从事俄国史研究,深感国内俄国史方面的研究较为滞后,远远满足不了国内学界的需要,而且国内学者翻译俄罗斯史学家的相关著述过少,不利于我们了解、吸纳和借鉴俄罗斯学者有代表性的成果。有选择地翻译数十册俄国史方面的著作,既是我们深入学习和理解俄国史的过程,还是鞭策我们不断进取、培养人才和锻炼队伍的过程,同时也是为国内俄国史研究添砖加瓦的过程。

　　二是由于吉林大学俄国史研究团队(以下简称"我们团队")与俄罗斯史学家的交往十分密切,团队成员都有赴俄进修或攻读学位的机会,每年都有多人次赴俄参加学术会议,每年请2~3位俄罗斯史学家来校讲学。我们与莫斯科国立大学(以下简称"莫大")历史系、俄罗斯科学院俄国史研究所和世界史所、俄罗斯科学院圣彼得堡历史所、俄罗斯科学院乌拉尔分院历史与考古所等单位学术联系频繁,有能力、有机会与俄学者交流译书之事,能最大限度地得到俄同行的理解和支持。以前我们翻译鲍里斯·尼古拉耶维奇·米罗诺夫的著作时就得到了其真诚帮助,此次又得到了莫大历史系的大力支持,而这是我们顺利无偿取得系列书的外文版权的重要条件。舍此,"俄国史译丛"工作无从谈起。

三是由于我们团队得到了吉林大学校长李元元、党委书记杨振斌、学校职能部门和东北亚研究院的鼎力支持和帮助。2015 年 5 月 5 日李元元校长访问莫大期间，与莫大校长萨多夫尼奇（В. А. Садовничий）院士，俄罗斯科学院院士、莫大历史系主任卡尔波夫教授，莫大历史系副主任鲍罗德金教授等就加强两校学术合作与交流达成重要共识，李元元校长明确表示吉林大学将大力扶植俄国史研究，为我方翻译莫大学者的著作提供充足的经费支持。萨多夫尼奇校长非常欣赏吉林大学的举措，责成莫大历史系全力配合我方的相关工作。吉林大学主管文科科研的副校长吴振武教授、社科处霍志刚处长非常重视我们团队与莫大历史系的合作，2015 年尽管经费很紧张，还是为我们提供了一定的科研经费。2016 年又为我们提供了一定经费。这一经费支持将持续若干年。

我们团队所在的东北亚研究院建院伊始，就尽一切可能扶持我们团队的发展。现任院长于潇教授上任以来，一直关怀、鼓励和帮助我们团队，一直鼓励我们不仅要立足国内，而且要不断与俄罗斯同行开展各种合作与交流，不断扩大我们团队在国内外的影响。在 2015 年我们团队与莫大历史系新一轮合作中，于潇院长积极帮助我们协调校内有关职能部门，和我们一起起草与莫大历史系合作的方案，获得了学校的支持。2015 年 11 月 16 日，于潇院长与来访的莫大历史系主任卡尔波夫院士签署了《吉林大学东北亚研究院与莫斯科大学历史系合作方案（2015~2020年）》，两校学术合作与交流进入了新阶段，其中，我们团队拟 4 年内翻译莫大学者 30 种左右学术著作的工作正式启动。学校职能部门和东北亚研究院的大力支持是我们团队翻译出版"俄国史译丛"的根本保障。于潇院长为我们团队补充人员和提供一定的经费使我们更有信心完成上述任务。

2016 年 7 月 5 日，吉林大学党委书记杨振斌教授率团参加在莫大举办的中俄大学校长峰会，于潇院长和张广翔教授等随团参加，在会议期间，杨振斌书记与莫大校长萨多夫尼奇院士签署了吉林大学与莫大共建历史学中心的协议。会后，莫大历史系学术委员会主任卡尔波夫院士、莫大历史系主任杜奇科夫（И. И. Тучков）教授（2015 年 11 月底任莫大历史系主任）、莫大历史系副主任鲍罗德金教授陪同杨振斌书记一行拜访了莫大校长萨多夫尼奇院士，双方围绕共建历史学中心进行了深入的探讨，有力地助推了我们团队翻译莫大历史系学者学术著作一事。

四是由于我们团队同莫大历史系长期的学术联系。我们团队与莫大历史系交往渊源很深，李春隆教授、崔志宏副教授于莫大历史系攻读了副博士学位，张广翔教授、雷丽平教授和杨翠红教授在莫大历史系进修，其中张广翔教授三度在该系进修。我们与该系鲍维金教授、费多罗夫教授、卡尔波夫院士、米洛夫院士、库库什金院士、鲍罗德金教授、谢伦斯卡雅教授、伊兹梅斯杰耶娃教授、戈里科夫教授、科什曼教授等结下了深厚的友谊。莫大历史系为我们团队的成长倾注了大量的心血。卡尔波夫院士、米洛夫院士、鲍罗德金教授、谢伦斯卡雅教授、伊兹梅斯杰耶娃教授、科什曼教授和戈尔斯科娃副教授前来我校讲授俄国史专题，开拓了我们团队及俄国史研究方向的硕士生和博士生的视野。卡尔波夫院士、米洛夫院士和鲍罗德金教授被我校聘为名誉教授，他们经常为我们团队的发展献计献策。莫大历史系的学者还经常向我们馈赠俄国史方面的著作。正是由于双方有这样的合作基础，在选择翻译的书目方面，很容易沟通。尤其是双方商定拟翻译的 30 种左右的莫大历史系学者著作，需要无偿转让版权，在这方面，莫大历史系从系主任到所涉及的作者，克服一切困难帮助我们解决关键问题。

五是由于我们团队有一支年富力强的队伍，既懂俄语，又有俄国史方面的基础，进取心强，甘于坐冷板凳。学校层面和学院层面一直重视俄国史研究团队的建设，一直注意及时吸纳新生力量，使我们团队人员年龄结构合理，后备充足，有效避免了俄国史研究队伍青黄不接、后继无人的问题。我们在培养后备人才方面颇有心得，严格要求俄国史方向硕士生和博士生，以阅读和翻译俄国史专业书籍为必修课，硕士学位论文和博士学位论文必须以使用俄文文献为主，研究生从一入学就加强这方面的训练，效果很好：培养了一批俄语非常好、专业基础扎实、后劲足、崭露头角的好苗子。我们组织力量翻译了米罗诺夫所著的《俄国社会史》《帝俄时代生活史》，以及在中文刊物上发表了 70 多篇俄罗斯学者论文的译文，这些都为我们承担"俄国史译丛"的翻译工作积累了宝贵的经验，锻炼了队伍。

译者队伍长期共事，彼此熟悉，容易合作，便于商量和沟通。我们深知高质量地翻译这些著作绝非易事，需要认真再认真，反复斟酌，不得有半点的马虎。我们翻译的这些俄国史著作，既有俄国经济史、社会史、城市史、政治史，还有文化史和史学理论，以专题研究为主，涉及的领域广泛，有很多我们不懂的问题，需要潜心研究探讨。我们的翻译团队将定期碰头，利用群体的智慧解决共同面对的问题，单个人无法解决的问题，以及人名、地名、术语统一的问题。更为重要的是，译者将分别与相关作者直接联系，经常就各自遇到的问题发电子邮件向作者请教，我们还将根据翻译进度，有计划地邀请部分作者来我校共商译书过程中遇到的各种问题，尽可能地减少遗憾。

"俄国史译丛"的翻译工作能够顺利进行，离不开吉林大学校领导、社科处和国际合作与交流处、东北亚研究院领导的坚定支持和可靠支援；莫大历史系上下共襄此举，化解了很多合作路上的难题，将此举视为我们共同的事业；社会科学文献出版社的恽薇、高雁等相关人员将此举视为我们共同的任务，尽可能地替我们着想，使我们之间的合作更为愉快、更有成效。我们唯有竭尽全力将"俄国史译丛"视为学术生命，像爱护眼睛一样地呵护它、珍惜它，这项工作才有可能做好，才无愧于各方的信任和期待，才能为中国的俄国史研究的进步添砖加瓦。

上述所言与诸位译者共勉。

吉林大学东北亚研究院和东北亚研究中心

2016 年 7 月 22 日

中文版序

　　拙作得以与中国读者见面，笔者感到无比喜悦与自豪。若非张广翔教授的倡议与大力推动，这套"俄国史译丛"难以取得如此丰硕的成果，拙作的中文版亦难以问世。同时，笔者衷心感谢许金秋教授和杨欣玥博士在翻译过程中所展现出的严谨态度和专业素养。借此机会，谨向她们致以最深切而诚挚的谢意。

　　在此，笔者无意详述本书中所收录各篇章的内容特征，也不准备阐述将它们纳入本书的背景和原因——如今，得益于中文版的问世，有兴趣的中国读者可通过书中的前言与正文自行了解相关信息。然而，笔者认为，有必要对本书所涵盖的历史时期作一简要说明，毕竟笔者已将这一历史时期——"近代"——纳入了书名之中。那么，所谓"近代"时期究竟指的是什么？在当代俄罗斯史学中，尤其是在研究俄国历史时，这一概念是如何被理解和界定的？

　　"近代"这一历史与时间范畴源自西欧史学传统，其时间界限并不固定，通常指中世纪之后的历史阶段。关于近代起点的划定，学界迄今尚无统一意见，观点多样：有人认为应从 15 世纪末 16 世纪初，即文艺复兴高峰与地理大发现开启之时算起，也有人以 16 世纪初的德国宗教改革、16 世纪 60 年代的尼德兰革命，或 17 世纪 40 年代的英国革命开端作为起点。苏联历史学家在界定这一历史分期的起点时，通常以上述最后一个时间点（即英国革命的开端）以及几乎同时发生的另一重大事件——三十年战争的结束——作为主要参照。至于近代的结束时点，学界观点则相对一致，普遍认为是 1914 年至 1918 年的第一次世界大战，而苏联史学界则倾向于将 1917 年十月革命视为近代的终结。无论如何，"近代"的时间范围，尤其是在其起点方面，呈现一定的模糊性，而对其内部阶段的划分亦存在争议。这种模糊性恰恰说明，历史进程并非线性推进，也不是沿着某种指数式的轨道发展，而是沿着多元化路径展开，常伴随偏离、回溯、死胡同乃至曲折的迂回。尽管各国的历史发展命运和阶段或有相似之处，但每一个国家或每一类国家都有其独特的演进路径与节奏。这种多样性注定无法被强行纳入某一套统一而刻板的历史范式之中。显然，从一种历史状态向另一种状态的"质变"，并非像纸上画线那般清晰分明。新生活从来不会"自星期一开始"，不是翻过日历的一页就意味着进入新时代，天文学上的时间，并不等同于历史的时间。在那些拥有明确特征的"经典"历史时期之间，总会存在或长或短的过渡期。这些过渡阶段充满了传统与创新之间的碰撞与交融，其过程既复杂，又往往带有悲剧性。而这些创新最终也可能演化为新的传统。正是对这种"过渡期"，即历史转型阶段的研究，启发我们意识到，人类历史的本质，恰恰不是由所谓"静止的"阶段构成的，而是由一个个"过渡"时期所塑造的。这也正是一切进程的本质：动态，而非静态。

在这方面，俄国历史亦不例外。尽管俄国的发展路径具有自身独特性，但从根本上讲，它仍可与欧洲整体的历史进程相比较。即便俄国拥有诸多特殊的历史背景，促使其形成了独有的历史分期方式。但在一定条件下，俄国历史亦可纳入由 14 世纪中叶意大利人文主义者，或者 18 世纪末思想家与历史学家（如儒勒·米什莱等）所提出的历史分期框架之中。就俄国而言，15 世纪末至 16 世纪初这一时期亦可被视为"近代"的起点——尽管其历史转型的鲜明程度不如意大利或法国。值得注意的是，尽管立场各异，但多位享有盛誉的学者均倾向于将此阶段视为"质变"的开端。例如，德米特里·谢尔盖耶维奇·利哈乔夫院士曾指出，这一时期可被称为俄国的"前文艺复兴"；又如，亚历山大·亚历山德罗维奇·齐明教授，将其一部研究 16 世纪初期俄国政治史的专著命名为《站在近代门槛上的俄国》。近几十年来，所有讨论 16~18 世纪俄国历史问题的重要学术会议，或多或少都认为有理由将这一时期视为"近代"（或"早期近代"）时期。

对于俄国而言，这一时期的确展现了标志着从中世纪向全新质态过渡的诸多特征，这些特征以不同的强度、规模与深度显现出来：民族国家开始形成；脱离传统领主制和私法体系、以公共法为基础的国家机构逐步建立；生产方式由手工业向工场手工业转变，经济关系日益商品化；军队的组织结构与征兵原则发生深刻变化；精英文化中世俗因素逐渐增强（这一过程在苏联史学中，某种程度上在当代俄罗斯史学中也被称为"世俗化"）；俄国逐步，尤其是自 18 世纪初以来加速融入欧洲政治与文化空间，吸收文艺复兴与启蒙时代的体制与思想；自 16 世纪末起，俄国亦逐渐参与到地理大发现的历史进程之中；等等。

若以中国历史发展阶段为参照，按照天文历法计算，近代大致对应明朝后半期及整个清朝时期。然而，中国拥有自身的伟大历史和独特的发展路径，在这一时段内，同样经历了兴盛与低谷，既有追求辉煌的志向与成就，也有挫折与失败，既有战胜苦难的奋斗历程，也有值得骄傲或深思的众多历史事件。当笔者向中国读者讲述俄国近代史的若干片段时，不仅希望读者从中获取相关知识，进而更好地理解俄国历史发展的某些特征，更期望这些内容能够激发中国读者对本国历史的联想与比较。因为，对"他者"的认知，归根结底，是为了更加深刻地理解我们自身。

德米特里·阿列克谢耶维奇·列金

叶卡捷琳堡　2025 年 4 月 12 日

前　言

本书内容成文已久。笔者在深入研究 18 世纪俄国史各个领域的过程中，积累了一些学术文本。其中有些文本的体量远超论文篇幅，但还不足以成书。事实上，所有这些学术文本，笔者都是将其作为某些大部头著作的章节来撰写的，但出于种种原因，这些著作一直未能出版。然而，其中笔者就每个主题撰写的文本都已被雕琢得相对完整，自认为可以呈现给读者评判。因此，笔者最终决定将它们整合为一本书，并将其定位为"特写"风格的著作。

在文化传统中，在不同的创作领域（音乐、文学或视觉艺术），"特写"（этюд）这一概念有着不同的内涵。在将这部著作定位为"特写"风格之时，笔者遵循了绘画中对这个术语的理解。对于画家来说，特写具有双重含义。一方面，特写是大型绘画作品的预备材料，避免了日后在更大的构图中重复写生的需要，还可以更深入、全面、细致地研究对象及其构造和造型的原理。另一方面，特写本身就是一种完整的艺术表达，有别于草样、草图等其他预备材料，特写足以作为独立展品呈现，可以与属于同一画家的其他作品一起，让人了解画家的兴趣、技法、哲学和美学观点以及创作迭代过程，其完整性不亚于大型画作。在笔者看来，特写在美术领域的这些特点或属性都非常适用于本书所选择的文本内容。

本书聚焦于 18 世纪的俄国历史，所涉地理范围包括国家与地区乃至超地区（西伯利亚）层面。其内容主题源于笔者长期以来的两大学术研究兴趣：政权史与社会史。

诚然，学术研究领域的划分具有相对性。德国历史学家汉斯·罗森伯格（Rosenberg H.）于 20 世纪 60 年代末不无讽刺地指出，"社会史"概念如此宽泛，几乎包括了"历史学中被视为必要且进步的"所有范畴，政权史亦被纳入其中。[①] 尤其是政权史研究已不再局限于法律规范和行政结构的历史，而是更多地聚焦于掌权者的历史，诸如其行使权力的行为、政治意愿以及对其作为权力承担者或代表者的自我定位等，而后者正是笔者长期以来最为关注的，出于研究的必要性，笔者始终致力于对权力机构形成过程的历史重构。

同时，尽管这两个学术研究领域看似邻近，但它们之间依然存在一定的界限，甚至在我们的思维中也是如此。例如，我们在探讨政权史时，总会将人类学方法与历史和法律方法区分开来，因为后者的运用会引导我们转换视角，进而关注其他的主题——国家行政史或国家机构史。对同一研究对象采用多样化的研究方法，虽然会导致关注主题的区别，但实际上是有益的，它有助于我们调整和完善对世界的认知，使之更加系统化。此外，这些方法并非孤立存在，而是展现出一种互补性，满足了我们对于跨学科研究的追求，并再次赋予了世界图景其固有的广度和系统性联系。

正是这种研究广度（在主题与概念方面）与局限性相结合的辩证矛盾，赋予了本书中这些"特写"独特的意义和完整性，并使本书具备了

---

① Rosenberg H. Deutsche Agrargeschichte in alter und neuer Sicht // Rosenberg H. Probleme der deutschen Sozialgechichte. Frankfurt a/M., 1969. S. 147. Цит. по: Задер Р. Что такое социальная история? Разрывы и преемственность в освоении «социального» // THESIS. 1993. Вып. 1. С. 163.

专著的特性，假使我们将专著定义为"针对某一主题、对有限问题进行深度探索的学术著作"的话。[①] 本质上，该书始终聚焦于一个核心主题：18 世纪的俄国人是如何征服并适应包括地理、行政及社会环境等在内的各种环境，并面对由此产生的种种挑战的。同时，这些内容在书中又呈现"形散而神不散"的特点，尽管每一"特写"都自成一格，内容上亦各自独立，却共同构建了一个既统一又多元的整体。

最初，笔者计划在本书中仅收入三个"特写"，它们写于不同时期，也有各自迥异的命运。其中之一撰写于 2013 年，专注于探讨彼得大帝推行人头税改革的行政层面，是旨在全面剖析 17 世纪末至 18 世纪上半叶俄国税收政策变迁的大型研究项目的一环，这个项目的远景目标是编纂一部大型集体专著。然而，"有限的项目经费拨款"不仅造成了缺乏长期规划的局面，也影响了俄罗斯国内学术研究的生态，最终导致了这个项目的无奈终止，计划中的大型集体专著也遗憾地未能面世。尽管如此，包括笔者在内的所有参与者[②]均忠实履行了受资助者的义务，在享有盛誉的高影响力期刊上以论文形式发表了各自撰写章节的节选，并以此作为研究成果，暂时满足了科学计量学——这个贪婪地吞噬自己顺从的孩子的现代版克洛诺斯那永不餍足的肚子。后来，笔者在其他几份出版物中零星地运用了这个文本的若干片段，但将其以最初设想的原貌完整出版的念头始终未曾消散。因此，在本书中，笔者特地将此文本作为第一个"特写"（本书第二章）呈现给读者，使其得以首次以原始形态和完整篇幅示人。

本书收入的第二个文本同样是为一本专著撰写的，于 2017 年收尾，但至今尚未以全文或部分形式发表。这是一项专门探讨贿赂现象的综合

---

① Современный словарь иностранных слов. М., 1992. С. 392.

② 全文 1/3 的内容发表于 Редин Д. Канцелярии сбора подушных денег: статус и место в административной системе России первой трети XVIII в. // Cahiers du Monde russe. 2014. № 55/1-2 (Jan.-Juin 2014). P. 51-69。

性研究，更精确地说，是在现代国家构建背景下，对古老且恒久的礼物交换与进贡行为的演变及其刑事化过程的考察。这一研究激发了笔者对17世纪末至18世纪前1/3时段俄国社会中描述官员各类私酬的词汇进行分析的浓厚兴趣。对材料的系统化收集和分析表明，很难将贿赂简单定义为一种犯罪类型的收入。这部分内容已经具备相当完整和独立的形式，因此笔者并不拒绝将其作为一个章节纳入笔者期待与同事 Д. О. 谢罗夫共同完成的专著中。同时，遵循俄国十月革命前史学界一个悠久却逐渐被遗忘的传统，即提前出版未来重要著作的个别章节。在本书中，这一主题被安排作为第二个"特写"（本书第三章）。

本书最初计划收录的"特写"中最早完成的是第三个（本书第四章）。原始文本于20世纪90年代中期完成，最初是笔者探讨18世纪下半叶最高权力机构、采矿与冶金工厂主及其各类工人之间关系史的副博士学位论文中若干章节的一部分。1995年通过论文答辩后，笔者原本计划以此为基础出版一部专著。然而，或因资金匮乏，或因时间不足，这一心愿至今未能达成。不过，值得一提的是，笔者所搜集的资料不仅内容丰富、引人入胜，表现形式也颇具新意（请读者原谅笔者的自大）。其中涉及乌拉尔地区工厂居民对普加乔夫起义的态度问题。尽管关于1773~1775年农民战争的研究成果浩如烟海，但缺少对这场战争在矿区具体演进过程的完整的专门研究。此外，鉴于该主题的意识形态色彩浓厚，对工厂居民的立场（其立场多样，不乏加入反起义阵营的工厂居民）、矿业当局为抵御普加乔夫起义所组织的工厂防御措施，尤为关键的是，对促使众多工厂工人积极支持政府军的内在动因，均缺乏令人满意的分析。关于该主题的大量新近文献与对已出版资料的概括性文献，以及改革及改革后时期所体现的修正主义思潮（在笔者看来，这仍然是建设性的），使我们可以重新评判这些事件。然而，自2000年起，历史学界的关注点（包括笔者个人的研究重点）发生了转移，导致对普加乔夫的研究热情有所减退。直至近来一阵纤弱却不息的风，为这一主题的旧帆注入了新动力，才促使笔者回想起自己往昔的研究成果。在重温这些内容后，笔者认为自己 20 多年前得出的主要结论依旧具有价值，是时候将其公之于众了。当然，出版前的准备不可或缺：重新编排文本、梳理学术史，同时，词汇库与方法论基础也需与时俱进。或许，这部分内容能够吸引一些读者的目光，它也是首次面世。

在本书的架构逐渐清晰、创作进程不断推进的过程中，另一个主题悄然浮现在笔者的脑海之中。回溯至 2011 年，笔者有幸接受新版《西伯利亚史》编委会的邀约，负责撰写关于 16 世纪晚期至 18 世纪该地区交通状况的章节。一如往常，时间紧迫，任务繁重。然而，7 年时光转瞬即逝，这部卷帙浩繁的作品至今仍无法窥见出版的曙光。2012 年，笔者撰写的部分以论文形式刊发于《近代西伯利亚历史问题》文集，不过该文集仅发行了 100 册。① 深思熟虑后，笔者认为将这篇文章纳入即将问世的新书中并无不妥，毕竟，除了文集作者外，该内容对于广大读者而言仍较为陌生。因此，在最初计划的以前未发表过的三个"特写"的基础上，笔者增加了第四个，鉴于其时间段的上限居前，故将其置于全书之首（本书第一章）。

几何学告诉我们，三点构成一个平面；"三"这个数字的魔力令人着迷。随着第四个"特写"的加入，本书已经"变得方正"，抑或在失去了精巧性之后，它会变得更加具有沉稳感？当然，重点并不在于数字和形式。笔者满怀欣慰地撰写了这些篇章，无论是单独成文还是汇编成书，笔者都力求让它们既生动有趣又内涵丰富。笔者衷心期盼这本书能够找到它的读者，并对它的读者不无裨益。

---

① Редин Д. А. Транспортные коммуникации Сибири в конце XVI–XVIII в. // Проблемы истории Сибири в Новое время : сб. науч. ст. Вып. 2 / отв. ред. А. Х. Элерт. Новосибирск, 2012. С. 9–28.

最终，秉承一贯的优良传统，笔者诚挚地向同事与朋友们表达深深的谢意，是他们在笔者不同的人生阶段撰写这些文本时给予鼓励，以宝贵的建议和实际行动支持笔者，更在笔者迷茫彷徨之际给予莫大的支持。没有他们的积极帮助，这本书的出版之路无疑将更为坎坷。笔者衷心感谢 A. И. 阿列克谢耶夫、B. И. 拜丁、A. B. 茹科夫斯卡娅、A. Б. 卡缅斯基、C. M. 卡什塔诺夫、A. И. 科米萨连科、E. C. 科尔奇米娜、П. И. 曼吉列夫、P. Г. 皮霍耶、Д. O. 谢罗夫、И. И. 费尤金、A. X. 埃列勒特，以及不幸已经离我们而去的 A. T. 沙什科夫和 C. O. 施密特，当然还有Д. B. 布格罗夫。

笔者将此书献给我的挚友，一位才华横溢、专业洞察力敏锐的历史学家——安德烈·波列塔耶夫，正是我们的共同努力奠定了这部著作的最初形态。

叶卡捷琳堡，2019 年 1 月 14 日

目　录

第一章

16 世纪末至 18 世纪西伯利亚交通状况

第一节　没有道路，只有方向：西伯利亚的自然交通

广义的通信作为信息交换的往来通信系统，构成了社会存在的基础。在当今时代，信息资源、信息技术乃至信息战争等概念不仅成为影响政治、商业及国际关系的重要因素，也深刻融入了现代人的日常生活实践。我们的时代不仅被视为后工业时代，还被定义为信息化时代。当下，"谁拥有信息，谁就拥有一切"已然从隐喻变成了公理。信息传输速度的改变不仅重塑了历史时间维度，还设定了一种飞速的生活节奏。这不禁让笔者想到了地理学家贾内尔提出的"时空趋同"概念，其描述了通过改善交通系统来克服物理距离所必要的"时间压缩"现象。如今，信息传输的主要手段——通信系统——已经远远超越了传统交通的范畴，其多样性和高效性也超乎以往幻想家们最为大胆的想象。

就欧洲历史而言，交通问题是从中世纪向近代过渡的关键问题之一。随着大型民族国家和广袤帝国（在欧洲次大陆及其以外的地区）逐渐取代封建领主国家，为扩展空间的竞争以及与扩展空间的竞争变得尤为紧迫。对于这些国家的统治者来说，管理不断扩大的空间，即在自然和气

候、种族、人口、宗教特征、治理传统、社会结构和经济活动形式等方面各不相同的领土，交通状况成为巩固政权的重要条件。事实证明，道路状况、路线优化和运输技术水平不仅是调遣物资的手段，也是传达管理决策、控制和支配空间的重要手段，并最终成为实现可持续发展的战略工具。

从这个角度而言，俄国历来被视为基督教世界中最为脆弱的君主制国家。在广袤疆域内的恶劣道路与交通条件成为俄国的刻板形象之一，也成为其固有的麻烦（让人联想到被归为卡拉姆津提出的有关俄国的"两个麻烦"的俗语①）。然而，从费尔南·布罗代尔和皮埃尔·肖努的研究开始，到布莱恩·戴维斯、南希·希尔兹·科尔曼、瓦莱丽·基韦尔森、安德烈亚斯·卡佩勒、苏珊娜·斯卡滕贝格等人的当代著作，均指出了东欧和西欧国家在社会发展类型上的相似性，且这一观点在近代早期的文献资料中已有所体现。这种相似性体现在前现代时期的欧洲国家同样面临着类似的挑战：交通不畅、高素质官员匮乏、信息闭塞以及物质资源短缺，这些问题同样困扰着"莫斯科统治者"和"他的欧洲双胞胎"（南希·希尔兹·科尔曼）。16世纪末至17世纪上半叶，欧洲各国都在寻求摆脱危机的出路，尽管程度不同，却惊人地同步，具体表现为积极改革国家和社会制度，倡导世俗观念和发展世俗意识形态。

俄国领土的扩张，主要得益于向东推进，其在速度和结果上或许都超越了欧洲其他相似国家，但扩张地区的空间范围、自然和气候条件，都极大地增加了中央对这些地区进行持续控制的难度。② 造成这种困境的

---

① 这个俗语为"俄国有两个麻烦：傻瓜和道路"（«В России две беды：дураки и дороги»）。——译者注

② 早在16世纪30年代初，俄国（莫斯科大公国）的面积已达250万平方公里，是现代法国领土的5倍。История Европы: в 8 т. М., 1993. Т. 3. От Средневековья к Новому времени（конец XV—первая половина XVII в.）. С. 118.

主要原因就是缺乏稳定的交通运输系统。当俄国的殖民浪潮越过乌拉尔山脉，向广袤的北亚地区进一步扩张时，这一点变得尤为明显。

叶尔马克远征标志着俄国开始在新的土地上密集修建据点，但当时没有人能预见到它们的真正规模。1585年，也就是传说中的阿塔曼首领死后的第二年，在鄂毕河-额尔齐斯河河畔——未来的萨马罗夫村（今汉特-曼西斯克境内），出现了俄国在西伯利亚的第一座城市——鄂毕或称曼苏罗夫（以督军 И. А. 曼苏罗夫的名字命名）。随后俄国在西西伯利亚相继建成了秋明（1586年）、托博尔斯克（1587年）、别列佐夫（1593年）、苏尔古特和塔拉（1594年）、奥勃多尔斯克（1596年）以及纳雷姆（1598年），为进一步向东推进奠定了坚实的基础。西伯利亚汗国战败后不久，俄国依靠从莫斯科派来的军政长官、北方沿海地区居民、乌拉尔附近城市官员以及叶尔马克哥萨克的参与，在额尔齐斯河、鄂毕河中游和下游建立边防堡垒，向内陆纵深推进。[1] 17世纪初，俄国又在鄂毕河上游（托木斯克，1604年）、塔兹河出海口附近的海岸（曼加泽亚，1601年）、鄂毕河与叶尼塞河河间地带（克茨基和马科夫斯基边防堡垒，分别为1602年和1618年）以及叶尼塞河上游（叶尼塞斯克，1619年）建立了最重要的基地。

这是伟大探险时代的开端，凭此契机，俄国将大片无人踏足的地区纳入自己的势力范围，这片地区堪比新西班牙总督辖区内的秘鲁和墨西哥，或北美洲密苏里河和密西西比河之间广袤的法属路易斯安那州。在这一系列探险壮举中，有几次成果斐然的行动值得我们再次重温：17世

---

① Древний город на Оби: история Сургута. Екатеринбург, 1994. 336 с., ил.；Очерки истории Югры / отв. ред. Д. А. Редин, Н. Б. Патрикеев. Екатеринбург, 2000. С. 119-133；Березово: (Очерки истории с древности до наших дней) / отв. ред. Д. А. Редин. Екатеринбург, 2008. С. 63-66；Никитин Н. И. Соратники Ермака после «Сибирского взятия» // Проблемы истории России. Вып. 4. Евразийское пограничье / отв. ред. А. Т. Шашков. Екатеринбург, 2000. С. 51-87.

纪 20 年代末 30 年代初，П. 贝捷托夫远征队发现了外贝加尔地区辽阔的勒拿河流域（中下游和重要支流维柳伊、阿尔丹和奥廖克马河）和希尔卡河上游地区，并在新领土上建立了几个边防堡垒，包括至今仍然存在的日甘斯克（1632 年）和奥廖克明斯克（1636 年）。B. 波亚尔科夫历时三年（1643～1646 年）发现并探索了阿穆尔河流域、结雅河流域以及鄂霍次克海西南岸。C. 杰日涅夫（1648 年）从科雷马河河口到北冰洋和太平洋海域的航行，不仅开辟了亚洲和美洲之间的海上通道，还建立了从科雷马到阿纳德尔和楚科奇的最短航线。E. 哈巴罗夫则凭借 1649～1650 年和 1651～1653 年的探险活动，被誉为达斡里亚的征服者、B. 波亚尔科夫探索阿穆尔河流域的继任者。当然还有"堪察加的叶尔马克"（根据普希金的说法）B. 阿特拉索夫的探险活动，正是他在 1697～1699 年发现并记录了堪察加半岛和千岛群岛。①

在深入西伯利亚所获取的各类信息中，最关键的莫过于有关交通线路的信息。西伯利亚城市和边防堡垒的军政长官记录了探险家们的"问询实录"和"故事集"，并将其呈送至莫斯科。这些文本无一例外都详细记录了陆地和河流路线、河流间的连水陆路以及穿越不同距离所需的时间等信息。早在 17 世纪中叶，俄国人就对北亚几乎所有主要河流、难以通行的河段和险滩有所了解。探险家们通过对外贝加尔地区、阿穆尔河

---

① 有关西伯利亚和远东开发最初进程的详细资料可参考 Каманин Л. Г. Первые исследователи Дальнего Востока. М., 1946. 84 с.; Русские мореплаватели. М., 1953. 671 с.; Александров В. А. Россия на дальневосточных рубежах（вторая половина XVII в.）. М., 1969. 240 с.; Лебедев Д. М., Есаков В. А. Русские географические открытия и исследования до 1917 г. М., 1971. 516 с., ил.; Fisher R. The Voyage of Semen Dezhnev in 1648; Bering's Presuorsor. With selected documents. L., 1983. 340 p.; Дёмин Л. М. Семён Дежнёв. М., 1990. 334 с.; Леонтьева Г. А. Землепроходец Ерофей Павлович Хабаров. М., 1991. 144 с.; Никитин Н. И. Русская колонизация с древнейших времен до начала XX века（исторический обзор）. М., 2010. С. 69–72; Вершинин Е. В. Русская колонизация Северо-Западной Сибири в конце XVI – XVII в. Екатеринбург, 2018. 504 с., ил. и др.

流域和滨海边疆区的探查，终于开辟了通往中国的"捷径"，而这正是欧洲人长期以来在世界各地所孜孜以求的。1618年，托木斯克哥萨克 И. 彼杰林首次穿越西伯利亚前往这个神秘的国度。他的探险成果不仅有文字记录，还有"关于中国地区的草图和绘图"，这也是绘制西伯利亚通往中国路线的地图的首次尝试。[①] 应当指出，绘制地图作为随后建立交通系统的首要条件，在17世纪的俄国探险活动中获得了广泛的实践。其中颇为关键的有：1655年根据 C. 德日涅夫的指示绘制的阿纳德尔河流域图；1657年 M. 斯塔杜辛探险期间绘制的鄂霍次克海北部图；K. 伊万诺夫绘制的勒拿河上游、贝加尔湖和东西伯利亚一些地区图；等等。[②] 随着区域性地图的出现，莫斯科当局也启动了西伯利亚地图的制作工作——为伟大君主的无限"领地"绘制地图册。[③]

因此，到17世纪末，从西边的维尔霍图里耶和秋明到东边的雅库茨克，连接俄国定居点的主要路线图已经绘制完成并广为人知。17世纪和18世纪之交西伯利亚交通线路的信息可见于当时的各类记载。1697年西伯利亚城市税册中的《西伯利亚地区图册》[④] 就描绘了如下画面。

托博尔斯克是通往西伯利亚各地的重要交通枢纽。沿西伯利亚主

① Демидова Н. Ф., Мясникова В. С. Первые русские дипломаты в Китае. М., 1966. С. 41.

② 详细资料可参见 ДАИ. 1851. Т. 4. Док. № 47；Полевой Б. П. Курбат Иванов — первый картограф Лены, Байкала и Охотского побережья（1640–1645 гг.）// Изв. ВГО. Т. 92. 1960. Вып. 1. С. 46–52；Русские арктические экспедиции XVII–XX вв.：Вопросы истории изучения и освоения Арктики. Л., 1964. 232 с.

③ См. об этом：РИБ. 1884. Т. 8. Стб. 410–412；Лебедев Д. М. География в России XVII века（допетровской эпохи）：Очерки по истории географических знаний. Л., 1949. С. 127–164；Лимонов Ю. А. «Роспись» первого общего чертежа Сибири（опыт датировки）// Проблемы источниковедения. М., 1959. Т. 8. С. 343–360；Полевой Б. П. Гипотеза о «Годуновском» атласе Сибири 1667 г. // Изв. АН СССР. Сер. География. 1966. № 4. С. 123–132；Гольденберг Л. А. Семён Ульянович Ремезов. М., 1965. 266 с. и др.

④ ОР РНБ. ОСРК. F. IV. 76. Л. 20–27 об.

城以南的托博尔河逆流而上，进入塔夫达河，继续沿河而上便可抵达西伯利亚西北部的边防堡垒——佩雷姆。经塔夫达河河口，沿托博尔河上行，穿过图拉河河口就有路到达秋明，再沿图拉河向西北方向前进、穿过图林斯克镇和图林斯克边防堡垒到达维尔霍图里耶，再往西就是通往俄国欧洲部分的艰险路段。沿托博尔河溯流而上，转过秋明，可通向亚卢托洛夫镇，再从那里经伊塞特河河谷，可到达外乌拉尔南部的开发地区——沙德林斯克和卡塔伊斯基边防堡垒。从秋明出发，除了通往维尔霍图里耶的主要路线外，还有几条向西通往乌拉尔中部地区的路线，即沿尼察河通往涅维扬斯克边防堡垒，以及沿佩什马河穿过佩什马河流域的一些俄国村镇。这一整套路线通过外乌拉尔山脉与乌拉尔地区连接起来。

托博尔斯克的东南偏东方向，沿着额尔齐斯河溯流而上，过了阿巴拉克，就到了当时俄国人在该地区的最后一个前哨站——塔拉，越过塔拉，便是广阔而危机四伏的游牧民族领地。

但是，通往西伯利亚内陆的主要道路从托博尔斯克向北延伸，沿额尔齐斯河而下，穿过德米扬斯克，可到达位于额尔齐斯河与鄂毕河交汇处的萨马罗夫驿站。从萨马罗夫岔路口再往北走，途经北索西瓦河上的别列佐夫镇，穿过奥布哨所和冻土地带，进入奥布湾，旅行者们便来到了"曼加泽亚海"。据描述，最后"船行 4 天到达塔兹河河口，路途艰险，狂风肆虐"[1]。这条"必经之路"可以沿着塔兹河到达传说中的曼加泽亚，然后到达图鲁汉斯克过冬点，再"走水路，换小船驶过连水陆路"[2]，沿着叶尼塞河上行到达叶尼塞斯克边防堡垒。

当然，还有另一种方式可以到达叶尼塞斯克边防堡垒，依然从萨马罗夫驿站出发，向东沿鄂毕河上行到达苏尔古特，再到达纳雷姆。在纳

---

① OP РНБ. OCPK. F. IV. 76. Л. 24.

② OP РНБ. OCPK. F. IV. 76. Л. 24.

雷姆，必须为漫长而艰难的旅程做好准备：1692 年，伊兹布兰特·伊德斯率领的使团在这里储备了"足以支撑 3 个月"的粮食给养及生活必需品，原因在于从这里前往叶尼塞斯克（距离 6000 俄里或 1200 德意志里）的途中，既无法获得草料，也难以寻觅食物补给。[①] 从纳雷姆出发，沿鄂毕河逆流而上，沿克季河经过克季边防堡垒和马科夫斯科耶过冬点，就可以抵达叶尼塞斯克。这样一来，鄂毕河与叶尼塞河河间地带最难走的两条路线最终在叶尼塞斯克边防堡垒汇合，由此再向北，大部分进入极地范围；向东，则可沿着鄂毕河而行。

从纳雷姆枢纽出发的道路不仅通向叶尼塞河，还通向阿尔泰和绍里亚山区。由此，大可不必穿越克季河，而是沿着鄂毕河上游，按东南偏南方向行至托木斯克。托木斯克向东可通往克拉斯诺亚尔斯克边防堡垒，向南则可沿托木河到达库兹涅茨克边防堡垒。

越过叶尼塞斯克，东西伯利亚便豁然出现在眼前。这条路线沿着安加拉河中游延伸至伊利姆河河口，并在此分叉。向南，沿安加拉河，经下布拉茨基和巴拉岗斯基边防堡垒，到达贝加尔湖，再穿过贝加尔湖南部，继续沿着色楞格河上行，到达塞伦金斯基边防堡垒，然后向东，经过伊尔根斯基边防堡垒，"穿过湖泊和连水陆路"，最终可达涅尔琴斯克。而从伊利姆河河口沿东北偏东方向航行，经由伊利姆边防堡垒，穿越勒拿河流域复杂的水系，可达雅库茨克。雅库茨克边防堡垒是西伯利亚最东端的交通枢纽，从这里可以经亚纳河和因迪吉尔卡河到达北部的维尔霍扬斯克和扎希维斯克冬营地，也可以经阿尔丹流域向东南到达鄂霍次克海。

这种道路指南可视为一种官方出行指南，不仅标明了特定路线的行程时间、难度和出行方式（如陆路或水路），还简要介绍了西伯利亚地区

---

① Идес И., Брант А. Записки о русском посольстве в Китай（1692-1695）. М., 1967. C. 89.

的民族情况和自然奇观。同时，它也反映出 17 世纪与 18 世纪之交莫斯科东部属地在交通建设方面的技术与组织能力极为有限，交通体系非常脆弱，几乎完全受制于地形与气候条件。这就是俄国殖民第一阶段的成果，法国史学经典作家之一皮埃尔·肖努简明扼要地评价说："这片土地还没有完全俄国化，一如 16 世纪末的美洲仍和西班牙与欧洲相去甚远。"他将西伯利亚开发的第一阶段类比为美洲式的"古老征服"，并指出，在此之后，"真正的西伯利亚会如新英格兰一般逐渐繁荣，而不会经历新西班牙或秘鲁那种破坏性、毫无前景的急速扩张……这正是一个通向无限未来的朴素开端"。①

通向"无限未来"的关键，在于对广阔地域实施系统的行政管理与经济开发。如果缺乏一个稳定、可靠且相对安全的交通网络体系作为支撑，那么无论在宗主国与新获得的领土之间采用何种联结模式，这一发展进程都不可能取得成功。尤其是在帆船与马车作为主要交通工具的时代背景下，提升道路交通效能的方法十分有限。几个世纪以来，交通工具（从技术演进的角度出发）几乎没有改变，那么具有可行性的改善手段也只剩下优化交通路线（寻找更短或更便捷的路线）和努力提高交通服务的质量。下面让我们通过西伯利亚地区 17~18 世纪的历史文献，细致考察这些改善措施的实施情况。

第二节　交通路线的优化

优化俄国北亚属地的交通路线的首要之务（就时间顺序与重要性而言），在于探寻通往西伯利亚腹地的最为便捷的运输通道。到 16 世纪末，

---

① Шоню П. Цивилизация классической Европы / пер. с фр. и послесл. В. Бабинцева. Екатеринбург, 2004. С. 33.

甚至在"占领西伯利亚"①之前，俄国人就已经掌握了乌拉尔山以外的几条道路，其中最重要的是沿河流和山隘（沿丘索瓦亚河经过谢列布良卡和巴兰察河）通往塔吉尔河的连水陆路，这条道路通向图拉河、托博尔河和额尔齐斯河的广阔河域。1584 年成立的上塔吉尔市负责管理这条通道。约在 1588 年，在佩什马河和大孔达河流域击溃与莫斯科敌对的奥斯特亚科-沃古尔斯基公国后，上塔吉尔市的轮值军政长官 И. И. 奥丁·纳乔金接到命令，要在伊夫杰利河与洛济瓦河的交汇处修建一座新的边防堡垒。上塔吉尔市被废弃，驻军转移到新建的洛济瓦市。塔吉尔河的连水陆路通道逐渐失去其战略意义，洛济瓦河上的边防堡垒在接下来的 10 年里成为通往西伯利亚的主要转运基地。②最后，索利卡姆斯克本地人 А. 巴比诺夫于 1595 年勘探，并在 1597 年修建了从索利卡姆斯克到图拉河上游——维尔霍图里耶（1598 年建），再到秋明的土路。在随后一个半世纪里，这条长度仅为维谢罗—洛济瓦老路 1/8 的"巴比诺夫"土路，成为俄国欧洲部分与西伯利亚之间唯一经官方批准的道路。然而，随着乌拉尔中部和西西伯利亚的开发，"巴比诺夫"土路已无法满足日益增长的东进人流和物流的需要。17 世纪，人们发现了维尔霍图里耶以南更为便捷的路线，到 17 世纪末，这些路线已被完全开发。上文提及的 1697 年《西伯利亚地区图册》中写道：

在冬季，沿城市经由沃洛格达快速前往维尔霍图里耶需 2 周时

---

① Загоскин Н. П. Русские водные пути и судовое дело в допетровской России. Казань, 1909. С. 193 - 199；Бахрушин С. В. Научные труды: в 4 т. М., 1955. Т. 3, ч. 1. С. 73；Овчинникова Б. Б. Взаимоотношения Новгорода с Югрой（XI - XV вв.）// Проблемы истории России. Вып. 7. Источник и его интерпретации / отв. ред. А. Т. Шашков. Екатеринбург, 2009. С. 14 - 17.

② Оборин В. А. Заселение и освоение Урала в конце XVI——начале XVII в. Иркутск, 1990. С. 110 - 111；*Шашков А. Т.* Начало присоединения Сибири // Проблемы истории России. Вып. 4. С. 36, 41 - 43.

间，在夏季，由于该路段有许多崎岖的连水陆路和沼泽地，所以经
由陆路和水路共需 7 周时间，如果通过喀山经维尔霍图里耶市前往
阿亚茨和涅瓦镇，则需 3 周时间。①

正因如此，俄国驻华大使伊兹布兰特·伊德斯在 5 年前选择了这条
从南面绕过维尔霍图里耶的道路，以便从索利卡姆斯克尽快到达秋明，
但他同时指出，"这条路是禁路，官员和商人均不得通行"。根据伊兹布
兰特·伊德斯的说法，"索利卡姆斯克地方长官"是出于尊重沙皇特使使
命的重要性，才破例批准他的使团从该路段经过。②

出于财政支出考虑，俄国政府一直坚持使用维尔霍图里耶的老路，
直到 18 世纪最后 25 年。但随着时间的推移，不仅是个人，就连地方政府
也越来越忽视这项禁令。从 18 世纪前 1/4 阶段开始，随着乌拉尔中部地
区大规模矿业生产的迅速发展，以及其与本国欧洲部分和西伯利亚部分
地区间商品交换的复苏，一条更加便捷的自西向东的路线——沿佩什马
河经昆古尔和叶卡捷琳堡到秋明——开始备受青睐。众所周知，18 世纪
30 年代，В. Н. 塔季舍夫曾试图使这条路线合法化，但直到 1763 年维尔
霍图里耶的境内海关被取消，18 世纪 80 年代初主要运输流最终转至彼尔
姆—昆古尔—叶卡捷琳堡—卡梅什洛夫—秋明这条道路后，维尔霍图里
耶这个西伯利亚的"针眼"才失去了其战略中转的重要地位。③

在本章节所涉及的历史时段中，西伯利亚内部线路也进行了各种
"拉直"尝试。譬如，1654～1656 年，经过对阿穆尔河支流阿尔贡河、松
花江和乌苏里江局部的勘测，俄国修建了阿尔贡河边防堡垒，随后发现

---

① OP PHБ. OCPK. F. IV. 76. Л. 28.

② Идес И.，Брант А. Указ. соч. С. 57-58.

③ 然而，迫于客观压力，俄国政府早在 1721 年就被迫允许伏尔加河和乌拉尔地区商人通过这条道路向东旅行。参见 История Урала с древнейших времен до 1861 г. / отв. ред. А. А. Преображенский. М.，1989. С. 289。

了一条通往中国的更便捷之路，17 世纪俄国使节团（1672 年 И. 米洛瓦诺夫使节团、1675~1677 年 Н. 斯帕法里亚使节团、1692~1695 年伊兹布兰特·伊德斯使节团）积极利用了这条道路。18 世纪 20~40 年代，鉴于堪察加半岛考察活动的组织与鄂霍次克港①的活动频繁，雅库茨克与鄂霍次克之间的交通得到了显著发展。17 世纪后 30 年，从雅库茨克沿勒拿河、阿尔丹河、马伊河和尤多马河到尤多马十字路口，再走陆路到鄂霍次克的道路已广为人知。到 18 世纪 30 年代，在上述道路的南面发现了一条更短的新路：从雅库茨克经陆路到乌斯季马亚码头，再沿马伊河和尤多马河到鄂霍次克。不过，这两条路线的最后一段（从尤多马十字路口到鄂霍次克）也有多种选择，既可以通过前文提到的陆路穿越山区到达港口，也可以选择一条距离更长但更平缓的路线，即从尤多马十字路口穿过一小段连水陆路，再沿着乌拉克河继续前行。②

　　18 世纪末，在西伯利亚距离最长、问题最多的地区——从额尔齐斯河源头到勒拿河流域，开辟了一些替代路线。例如，1790 年被流放到伊利姆斯克监狱的 А. Н. 拉季舍夫，在其非自愿往返服刑地的旅行笔记（1797 年）中提到了沿额尔齐斯河修建从托博尔斯克到塔拉的新路段。与 17 世纪和 18 世纪之交的情况不同，18 世纪 90 年代，人们已经可以通过巴拉宾斯克大草原抵达塔拉东南方的广阔地域。最终，这批"旅行者们"选择了伊尔库茨克和勒拿河之间的道路。А. Н. 拉季舍夫记录道：

　　　　我们离开伊尔库茨克，取道雅库茨克大路，行进半天，这条路虽然更远，但更好走，根据走那条路到过伊利姆斯克的人的说法，

---

①　鄂霍次克港是俄远东地区主要且唯一的海军基地。

②　Казарян П. Л. Первый тракт на Северо-Востоке России // Наука и техника в Якутии. 2006. № 2 (11). С. 50–51.

· 11 ·

那条路狭窄且多山，极为难走。①

诚然，我们还可以列举出很多通过"拉直"路线或开辟更长但更平缓的道路，以优化 17~18 世纪西伯利亚交通路线的实例，但上述例证已足以说明，这一改善交通状况的手段，无疑在整个北亚地区发挥了至关重要的作用。

第三节　交通基础设施的形成与发展

如前所述，在我们所研究的时段，提升交通运行效能的另一关键途径是提高交通服务质量。在这方面，西伯利亚组织的驿站服务迈出了重要一步。西西伯利亚在 17 世纪前 35 年前后形成了第一个有足够分支的驿站网络（1600 年在维尔霍图里耶组建驿站小镇，1635~1637 年在鄂毕河-额尔齐斯河流域创建并开始运营德米扬斯克和萨马罗夫驿站）。驿站路线是从维尔霍图里耶沿图拉河到图林斯克边防堡垒，再经图林斯克镇到达秋明。从秋明出发，这条路的一条支线向东南可延伸到亚卢托罗夫镇。到 18 世纪 20 年代初，驿站车夫开始为秋明至别利亚科夫村镇这一小截路段提供服务，这条路打通了沿佩什马河向西通往叶卡捷琳堡的道路。② 但主要的驿站路线仍是沿着平坦的道路从秋明向东北方向延伸到"首府"托博尔斯克，再从托博尔斯克沿额尔齐斯河向东北方向延伸，穿过德米扬斯克和萨马罗夫驿站。从萨马罗夫出发，穿过额尔齐斯河河口到达鄂毕河，随后沿鄂毕河而下可到达苏尔古特和纳雷姆，向上到达别列佐夫。17 世纪时，塔拉东南部和纳雷姆东部的驿站交通中断。17 世纪至 18 世纪

---

① Радищев А. Н. Записки путешествия в Сибирь // Радищев А. Н. Полн. собр. соч. : в 3 т. М. ; Л. , 1952. Т. 3. С. 261, 264.

② ГАСО. Ф. 24. Оп. 1. Д. 707. Л. 558–559.

初，在东西伯利亚建立驿站服务机构的地方性尝试①均未取得显著成果。直到18世纪30~40年代，稳定的驿站交通才遍及西伯利亚。这与前文提到的鄂霍次克港（第二次堪察加半岛考察的主要海军基地）的开发以及西伯利亚道路的铺设密切相关。

如前所述，俄国远东科学考察队的补给需要刺激了雅库茨克与鄂霍次克间交通线路的勘探和开发。1731年，雅库茨克-鄂霍次克线路获得官方地位；18世纪30年代，沿途设立了驿站。② 至于西伯利亚驿站线路的建设尝试最早可以追溯到17世纪末，而在托博尔斯克以东的建设也始于18世纪30年代。该线路一直延伸到卡赫塔，途经塔拉、凯恩斯克、科利万、托木斯克、叶尼塞斯克、克拉斯诺亚尔斯克、伊尔库茨克和韦尔霍丁斯克。到18世纪末，在这些枢纽之间已然形成了众多分布不均的驿站点，А.Н.拉季舍夫在他的旅行笔记中详细列举了这些驿站点。③ 可以说，整个西伯利亚耗费了近两个世纪的时间才建成了基本稳定的驿站交通体系。

然而，17~18世纪，在绝大多数的西伯利亚地域都不提供驿站马车夫服务，因此所有公路沿线的俄罗斯和非俄罗斯居民都需参与运输服务。国家使节的通行和货物运输由"驿站的马车和县里的马车"保障，"在驿站，由马车夫承担，在乡里和鞑靼人定居点，由鞑靼人或奥斯加克人承担，不论是谁，没有例外"④ ——与之类似的表达在上述时代的西伯利亚通信管理文件中屡见不鲜。多数情况下，附近居民都是被迫承担满足运输需求的责任。尽管18世纪时，为保障国家包裹运输，会预先划拨驿车

---

① В. 布格勒于1629年在叶尼塞斯克提出申请，要求解除当地官宦中的大车差役并修建驿站；1639年，Е. 哈巴罗夫倡议在乌斯季库特边防堡垒提供驿站服务；1701年在伊尔库茨克提供驿站服务。

② Казарян П. Л. Указ. соч. С. 53.

③ Радищев А. Н. Указ. соч. С. 261-280.

④ ОР РНБ. Эрм. собр. Ед. хр. 321. Л. 65 об.

马费，以覆盖"地方"大车的支出，但国库在这方面的拨款却过于吝啬。例如，根据西伯利亚省省长 M. B. 多尔戈鲁科夫公爵 1726 年 1 月 31 日的报告，"根据人员编制划拨的支出和驿车马费……不用说支撑全年，就是单用于莫斯科包裹的驿马运输也还相差很多"。每年 254 卢布 50 戈比的运输费用确实令人啼笑皆非。为了用计算数据支持自己的结论，省长报告说，1724 年，"根据省税务局的年度报告，向莫斯科、圣彼得堡、叶尼塞斯克和伊尔库茨克州等设有'皇家国库的地区……以及其他法定地区'提供驿马运输的支出为 2476 卢布 76 戈比"。这只是用于支付驿站马车的费用，"而县里按俄里计算的里程费还没有算"。他强调说，如果 1726 年分配给西伯利亚的预算额度甚至不能达到过往的实际开支，那么"在至关重要的邮件递送和利益增长方面，该地区将会陷入无尽的停滞并招致巨大的损失"。①

用马车运送邮件历来是最繁重的国家赋役之一，在地广人稀的西伯利亚体现得尤为明显。在 17 世纪 70 年代，库兹涅茨基军政长官 Г. 沃尔科夫向托木斯克军政长官 Д. 巴里亚金斯基公爵书面解释道，"……如今，在某些情况下无法用马匹送最后一程，单独公文包裹的运送无法实现，君主从人口稠密区寄来的冬季包裹，加重了缴纳毛皮贡赋者拉车的负担，造成缴纳毛皮贡赋者的纳税困难"②。半个世纪后，В. 根宁将军在给索利卡姆斯克军政长官 H. 瓦德博尔斯基公爵的一项命令中重复了 Г. 沃尔科夫的话："我很清楚，马车运输的混乱给农民带来了巨大伤害和损失，正是由于缺乏对运输马车的规划，那些住在道路沿线（索利卡姆斯克至维尔霍图里耶。——作者注）的穷人，他们的马车总是被征用，而其他村庄几乎不被分派这样的任务，他们的生活也因此被完全破坏……"③

---

① РГАДА. Ф. 24. Оп. 1. Д. 25. Л. 3 об. -4 об.
② ОР РНБ. Эрм. собр. Ед. хр. 321. Л. 67 об. -68.
③ ГАСО. Ф. 24. Оп. 1. Д. 19. Л. 35-35 об.

西伯利亚大小河流众多，山脉峡谷和岩石丘陵纵横交错，分布有多个自然和气候区，仅靠陆路运输根本不可行。河流阻碍了交通（尤其是大多数隶属于北冰洋水系的河流呈南北走向，而非东西走向），但又是穿越茫茫原始森林的唯一通道。因此，除陆路运输外，水路运输对西伯利亚的交通也至关重要，有时甚至是决定性的。17~18世纪，西伯利亚地区出现过的河船种类众多，并非都为人们所熟知，但其中一些常见且在该时期被长期使用的船只，值得特别提及。平底大木船与俄国欧洲部分的"科洛明卡船"类似，是货物运输中无可争议的佼佼者。这种双层甲板平底船采用舱壁式结构，船体长约20米、宽约3.5米，吃水浅，配备带有桅杆侧支索的帆具，最大载重可达24吨。这种船既可用桨划水行进，必要时也可用纤绳拖动。平底大木船的生产相对简单，不同时期的估价为10~18卢布（通常情况下，降价也是因为国库要节省开支）。一名船工头带领四名木匠几个星期即可打造一艘平底船。当然，成本低廉和结构简单会在一定程度上影响船只的质量，因此大多数平底船往往只能承受单次航行，随后便被当作柴火出售，尽管偶有例外。

最小的河运客船和货船是"内河单桅木帆船"，这是一种无甲板、有桨带帆的有篷船。船长有时可达15米，最多可装载4.8吨货物，造价为5~6卢布。常见的小型船只种类还包括各种帆船、钉板海船和独木舟。到19世纪末，几乎上述所有类型的船只都在西伯利亚的河流上使用过。

在西伯利亚，人们使用"科恰"（коч）这种能够在河流上航行的海上帆船和划艇进行海上运输。资料显示，科恰船分大、小两种型号；船只龙骨长15~16.5米不等，宽5.5~6.5米不等。关于科恰船的载重能力，史料记载不一：根据具体情况以及船只的大小不同，它们的载重能力为6.5吨~25吨。不过，文献中也有零星记载提到这种结构的船只在个别情况下体积更大、载重能力更强。科恰船一般可载10人，极少数情况下最多可载15人。凭借卓越的航行能力，科恰船被长久地使用，尤其是在东西伯利亚地区，17~18 世纪，该船被广泛应用于北冰洋和太平洋海域。众所周知，第二次堪察加半岛考察队的船只是按照欧洲方式制造的。1734 年在阿尔汉格尔斯克建造了两艘科恰船。在西西伯利亚，科恰船的航运主要与曼加泽亚贸易有关，应用于从伯朝拉河河口出发，沿亚马尔半岛绕行至塔兹湾的近海航行（曼加泽亚海上通道，1619~1620 年被禁），以及沿图拉河、托博尔河、额尔齐斯河和鄂毕河到鄂毕湾的航行（西伯利亚航道，17 世纪 60 年代末之前一直存在）。科恰船的价格要比平底船贵得多，从 38 卢布到 45 卢布不等，在 17 世纪下半叶，价格更高。[①]

　　鉴于水运的重要性，以及每年建造新船的需求，西伯利亚的许多城市和边防堡垒都开设了造船厂。主要的造船中心位于维尔霍图里耶、托博尔斯克、秋明、伊尔库茨克、巴尔古津边防堡垒（未来的赤塔）、叶尼塞斯克（叶尼塞河流域最大的造船厂）、乌斯季库特（勒拿河流域最大的造船厂）等地。最繁重、最大规模的船木采伐工作均由附近的农民承担。

　　持有官方颁发的特别许可证——驿道通行证（或称驿马使用证）方能使用驿站服务。尽管有传言称，空载返程的马车夫会"私下收费"搭载私人乘客和货物，但个人大多难有这种机会。驿道通行证会写明前往某个定居点的人员、目的和路线；应为通行者提供交通工具的类型和数量，以及需要为其调配多少名向导、划桨手和舵手（如果考虑水路交通的话）。通行者凭证件可获得所有必要的交通工具（在驿站由驿站长提供，在没有驿站服务的定居点则由军政长官和衙吏提供）。驿站小镇、驿站和宿营点的车夫供应和更换均会记录在所谓的驿站簿或记事簿上。

---

① 本段关于西伯利亚水运的阐述参考了一篇内容丰富的文章［Вершинин Е. В. Дощаник и коч в Западной Сибири（XVII в.）// Проблемы истории России. Вып. 4. С. 87-131.］，其中包含有关西伯利亚航运的详细信息，与之前的文献相比，该文献更准确地呈现了这一经济领域的观念，并提供了诸多新信息。另可参见同一作者的最新作品 Вершинин Е. В. Русская колонизация Северо-Западной Сибири. С. 161-219。

　　10月2日，图林斯克军人米哈伊尔·谢普金凭借图林的驿道通行证免费获得了从秋明到托博尔斯克的马匹和向导。和他一同从图林斯克被送至托博尔斯克的还有一张公文……租金1卢布16阿尔滕①2戈比。驿站派了3名马车夫：彼得·帕斯别洛夫、阿加芬·德沃尔尼科夫和德米特里·莫洛特金。……10月10日，根据昆古尔的驿道通行证，需要为从秋明到托博尔斯克的特使、从昆古尔派出的33名士兵配备向导……提供19辆大车并免除驿车马费……将这些士兵从昆古尔送到托博尔斯克……分两批走水路，配有8名桨手和2名舵手，总共10艘船。租金为12阿尔滕。②

　　我们节选这段出自1716年10月"从秋明到托博尔斯克的根据驿道通行证调派马车记录簿"的文字并非偶然，它能够为我们提供了解西伯利亚驿站服务运作特征的线索。首先，综观全文，令人吃惊的是，绝大多数划拨车辆都不包含驿车马费：在一个月内的15次运行中，只有一名信使的旅行包含驿车马费。其他人都需要自掏腰包支付马车夫的费用（租用），那么，当局要如何补偿他们的花销呢？我们不知道。其次，这份记录表明了在西伯利亚所使用交通工具的多样性。根据地形、气候和时节的差异，广义的"大车"（подвод）概念包括了骑马、马车、雪橇和带有必要装备的河船。在驿道通行证中还能发现，交替使用这些交通工具，甚至使用更奇特的交通工具用于远距离交通运输的情况。譬如，17世纪70年代中期，从托博尔斯克派往库兹涅茨克县勘探矿产的军人被安排如下：

　　……顺流而下的路段配一条船、一名舵手和两名划手，逆流而

---

① 阿尔滕是俄国旧铜币单位，1阿尔滕相当于3戈比。——译者注
② НИА СПбИИ РАН. Ф. 187. Оп. 2. Д. 130. Л. 1, 5 об. -6.

上的路段配一条船、一名舵手和五名划手。陆路路段，给波雅尔子弟配三辆马车，给书吏配两辆马车，给三个哥萨克配一辆马车，夏天配好鞍具，冬天提供雪橇和向导。雪橇路段配两个狗拉雪橇和两名向导。[1]

　　无论哪种运输方式，驿站马车夫们都有义务通过所谓的每份"帕伊"或"谓季"（пай-выть）[2] 供养四辆配有必要装备和向导的大车。政府给每个驿站或"驿站镇"都分配一定份数的"帕伊"或"谓季"，即驿车马费，它们被分配给"自愿"应召的车夫。西西伯利亚最大的驿站居民点被分配 50 份"帕伊"。1740 年，Г. Ф. 米勒到访了萨马罗夫驿站，并留下了关于其运行和服务原则的详细描述。根据他提供的信息，每份"帕伊"分为四份，每份保障一辆大车。国库每次为每份"帕伊"拨款 20 卢布和 20 俄石[3]黑麦及燕麦，每年两次。这位院士写道："我们发现，根据家庭人口和拥有马匹多寡的差异，有些车夫领取一份'谓季'供养大车，有的领取半份，大多数领取 1/4，有的只领取 1/8'谓季'，他们每年可据此按比例领取相应数额的金钱和粮食。"[4]

　　这段描述体现了西伯利亚和俄国欧洲部分驿站服务报酬的差异。在 17 世纪的大部分时间里，西伯利亚驿站马车夫的收入并非来自向旅行者收取的驿车马费，而是来自固定的现金和实物报酬。图林斯克和秋明的驿站马车夫由于工作量少，报酬较低，每份"谓季"15 卢布。萨马罗夫

---

① ОР НРБ. Эрм. собр. Ед. хр. 321. Л. 66.

② "帕伊"或"谓季"，即驿车马费，国家每年向驿站马车夫发放的固定数量的金钱和口粮，与按行驶公里数发放的"跑路费"不同，"帕伊"或"谓季"数额固定，因此，驿站马车夫在一年中提供服务的次数越多，其收入就越少。

③ 俄石是旧时俄国容量单位，装散体物等于 209.91 升，装液体等于 3.0748 升。——译者注

④ Сибирь XVIII в. в путевых описаниях Г. Ф. Миллера / подг. А. Х. Элертом (История Сибири. Первоисточники. Вып. 6). Новосибирск, 1996. С. 264.

和维尔霍图里耶驿站马车夫的报酬不稳定：前者在 17 世纪 60 年代初至 80 年代初的报酬提高到每"谓季"23 卢布，而后者在 17 世纪 80 年代达到 28 卢布。① 不过，政府还是一如既往地试图尽量减少开支。早在 1639 年，就已经决定将耕地和草地分配给西西伯利亚驿站马车夫，替代实物报酬，除了萨马罗夫因周围的土地完全不适合耕种外，其他地方都按此法操作成功。② 17 世纪 40 年代中期，对萨马罗夫的驿站马车夫们重新给予实物报酬。从 1688 年底开始，经过西西伯利亚所有驿站马车夫的集体请愿，他们的报酬改成了按里程计算的驿车马费。最初的驿车马费为每 10 俄里 1.5 戈比；1710 年和 1711 年法令确认了这一定价，③ 但 A. H. 维吉廖夫认为，政府早在 17 世纪末就被迫向西伯利亚的车夫支付双倍的驿车马费。④

如上所述，尽管驿站运输的组织无疑是西伯利亚地区交通运输发展的一大进步，但它远非完美，特别是效率低下。首先，用驿马送邮件对驿站马车夫本身来说是一项非常艰苦的工作。一方面报酬不足以覆盖马车疾驰的花费，另一方面报酬的支付也非常不准时。因此，随着路程转用俄里计算，收取驿车马费成为必然选择。随着货运和客运强度的增加，"帕伊"或"谓季"数量却没有增加，这就导致数量有限的车夫群体的运送次数急剧增加。为满足马车运输业的需要，驿站马车夫不得不租用他人马车，因而造成了巨大损失，直至倾家荡产。此外，地方行政部门还使其承担大量的额外工作。1556 年和 1557 年的法令规定，车夫（和其他

---

① Вигилёв А. Н. История отечественной почты : в 2 ч. М. , 1979. Ч. 2. С. 43 ; Шашков А. Т. Население Самаровской ямской слободы в начале XVIII в. // Три столетия академических исследований Югры: от Миллера до Штейница : в 2 ч. / отв. ред. Д. А. Редин. Екатеринбург, 2006. Ч. 1. С. 84—85.

② Шашков А. Т. Самаровский ям и его жители в XVII в. // Западная Сибирь: прошлое, настоящее, будущее / отв. ред. Т. А. Исаева. Сургут, 2004. С. 66—67.

③ Шашков А. Т. Население Самаровской ямской слободы в начале XVIII в. С. 85.

④ Вигилёв А. Н. Указ. соч. С. 44.

"招募"的供职人员一样）免于徭役，然而在实际操作中，他们却被强行征收国家税，被动员参与道路修建、船只建造与修理、国家建筑施工等，甚至要被迫执行警卫巡逻任务。① 其次，驿站服务具有固定性，无法满足多频次运输的需求。而与之相悖的是，国家行政管理的需要和贸易业务的增长都迫切要求政府和商业信函能够以最迅速、最有保障的方式定期送达。在此情境下，唯一的出路便是组织以驿站运输网络为基础的邮政。

事实证明，凭西伯利亚的条件建立邮政是极其艰难且漫长的过程。西伯利亚最早的邮政尝试可以追溯到 17 世纪 90 年代，特别是 1697 年 3月 31 日，托博尔斯克军政长官 A. Ф. 纳雷什金和他的"战友"收到了沙皇直接针对邮政下达的命令。彼得大帝对从托博尔斯克向莫斯科递送公函的体系表示不满，他在陈述了不满的原因后，下令要求"由两名骑着好马的优秀信使"每两个月递送一次西伯利亚的信件。托博尔斯克和秋明在邮件转运系统中扮演着"分拣"枢纽的角色。在托博尔斯克对来自西伯利亚偏远地区的"快件"进行分类，如"来自下级城市……叶尼塞斯克、托木斯克、塔拉、纳雷姆、凯茨基、苏尔古特和别列佐夫的快件"，并按类别打包。一名专门委派的书吏负责处理邮件，他将这些邮件"用纸包好，用我们伟大君主的托博尔斯克印章和火漆密封捆扎"并进行专门登记。其他包裹也用同样的方式打包。这些信件将被装在"特别安排的袋子或手提箱"中，然后被送往秋明，交由当地的军政长官签字。同样，在秋明对来自首都的信件、"公文"进行分类和打包。送到托博尔斯克后，这些信件又被再次分类：寄给托博尔斯克军政长官的信件仍存放在当地的官署衙门；寄给"下级城市"的信件则"在两个月内送达，根据时间和道路情况选择最有利和最可靠的路线"。除国家的紧急邮件

---

① 详情参见 Семёнов О. В. Система ямской гоньбы в Сибири в конце XVI–XVII в. : качество функционирования // Россия и мир : панорама исторического развития / отв. ред. Д. А. Редин. Екатеринбург, 2008. С. 534–539。

外，邮局也可以接收"商人"的私人邮件，但会收取高额运费："小的半卢布，大的一卢布。"其他邮件（如毛皮贡赋税册、海关税册以及"关于我们伟大君主的恩赐"的请愿书）则可以根据以往的方式派送："沿着冬季的第一条路，带着……托博尔斯克国库未缴足的毛皮贡赋税。"只有在"事关重大"的极特殊情况下，托博尔斯克军政长官才可以向沙皇派遣特别信使。①

显然，这完全是一个乌托邦计划。如果说托博尔斯克和秋明之间以及从秋明到俄国欧洲部分的交通状况还有可能支持定期运送，那么在西伯利亚内部地区则完全没有可能，甚至到17世纪末，这片区域都还没有一个稳定的驿站系统。彼得大帝在171年、1721年和1723年的重大改革中曾多次提及建立西伯利亚邮政的必要性，试图解决在该地区和全国范围内迅速递送官方文件的问题，这从侧面表明了西伯利亚组织邮政通信的失败。② 即使在18世纪30年代初，当邮路的组织工作真正延伸到达西伯利亚时，该地区的大部分土地仍被视为难以通行之地，即使是那些因职责所在不得不忍受旅途危险和艰辛的人也深感无奈。

> ……穿越西伯利亚的这条路……非常艰难，对国库来说无利可图，因为有时需要走水路，有时需要走陆路，有时必须骑马；部分地方需要人们自行携带粮食、行李和其他东西；有些地方在夏天无

---

① OP РНБ. Эрм. собр. Ед. хр. 358. Л. 64 об. -65.

② РГАДА. Ф. 248. Кн. 17. Л. 390；Ф. 425. Оп. 1. Д. 8. Л. 131-132；ГАТО. Ф. И-47. Оп. 1. Д. 439. Л. 22-22 об. 值得注意的是，18世纪20年代，在一些地区，在客观环境许可和行政机关能够积极助力的地方，得以在地方一级建立定期通信，例如，在矿业部门管辖地区，其管辖范围扩展到西西伯利亚的一些县和乡。因此，1726年2月7日，В. 根宁同西伯利亚矿务总局决定在叶卡捷琳堡设立一个由6辆大车组成的常设值班组，"负责运送最需要的包裹"。这6辆大车将"由地方办事处轮流提供"，如果没有急需的任务之时，它们将被用于市内的工厂工作，"而非用于长途运输"（См.：ГАСО. Ф. 24. Оп. 12. Д. 194. Л. 38.）。当然，这并没有改变整体局势。

法通行，只能等到冬天，另一些地方则是冬天无法通行，只能等到夏天……

1732 年，海军中将 Н. Ф. 戈洛温伯爵在向沙皇提交的一份规划第二次堪察加半岛考察路线及其后续保障措施的提案中，描述了西伯利亚旅行的"魅力"。他认为，从圣彼得堡经海路绕过合恩角到达堪察加半岛，要比向东穿越西伯利亚花费少得多，也快得多。①

困难不仅在于遥远的距离、季节性波动以及地形和气候的变化。"人能拉近距离，距离使人疏远：越是人迹罕至的地方，越是难以穿越"，皮埃尔·肖努主要是（但不只是）从欧洲材料中推断出的这个"旧地理学"的规律②也同样适用于西伯利亚。在人口密度较高的地方，人类居住地间的距离较短，可以换马，寻找住所、食物和草料，寻求帮助，无论是否有驿站或邮局，长途旅行都相对容易。17 世纪末，西西伯利亚最靠近乌拉尔山脉的地区交通已经发展得相当不错，在伊兹布兰特·伊德斯 1692 年穿越涅瓦河河谷和图拉河河谷前往秋明的记录中，甚至对此充满了赞叹之意：

走陆路前往涅维扬斯克让我心情愉悦，在路上我遇到了最美丽

---

① РГАДА. Ф. 16. Оп. 1. Д. 8. Л. 3-3 об. 根据 Н. Ф. 戈洛温伯爵的计算，从圣彼得堡经西伯利亚前往太平洋沿岸的探险之路至少需要两年的时间，而从堪察加半岛向首都递送信件的国家信使则需要 8 个月的时间（РГАДА. Ф. 16. Оп. 1. Д. 8. Л. 3 об）。事实上，在 18 世纪，鄂霍次克和圣彼得堡之间的信件往来时间更长，单程平均需要 11 个月 [ОхотинаЛинд Н. «Я и мой Беринг...»（частные письма Витуса Беринга и его семьи из Охотска в феврале 1740 г.）// Россия в XVIII столетии. Вып. 2 / отв. ред. Е. Е. Рычаловский. М., 2004. С 187]。1732 年，另一位经验丰富的海军中将 Т. 桑德斯提出了与 Н. Ф. 戈洛温类似的提案。参见 Вторая Камчатская экспедиция : Документы 1730-1733 / отв. ред. В. Хинтцше. М., 2001. Ч. 1. Морские отряды. Док. № 42. С. 132-145. 即使我们从 Н. Ф. 戈洛温和 Т. 桑德斯的提案中看到了为舰队利益进行游说的因素，但乘坐重载船舶进行海上航行，可 16~18 个月往返，看起来却确实更可取。

② Шоню П. Указ. соч. С. 269.

的草地……最肥沃、精耕细作的田野……俄国居民也很好；在这里可以用合理的价格买到各种物资……通往图拉的水道两岸有人口稠密的俄国人村镇，也有开垦良好的田地……

托博尔斯克附近人口稠密，"既有从事农业的俄罗斯人，也有其他民族的人。这里的谷物非常便宜，16戈比就能买到100德国磅的黑麦粉"[1]。Г.Ф.米勒在1741年从托博尔斯克前往秋明的旅途中感到非常惬意，他在日记中写道："在这里我们吃了两三个小时的饭，这里还有一个邮局，距上一个邮局34俄里远。"在这里，俄罗斯人和鞑靼人的村庄一个挨着一个：与前一个村庄的距离大约为两俄里，五俄里，三俄里，一俄里，一俄里半。米勒细致地记录了从他眼前掠过的村庄、农场和帐篷。[2] 直到18世纪末，东西伯利亚的部分地区才具有类似特征。А.Н.拉季舍夫曾在1790年和1797年路过这些地方，并使用了驿马和普通的驿站马车，他在笔记中写道，"勒拿河沿岸有许多村庄，有时非常稠密"，"公路沿线有相当多美丽的村庄"（在布拉茨克边防堡垒和乌第之间），"库尔赞河沿岸和伊亚河上游有许多村庄"。[3] 通过阅读他的日记可以发现，到18世纪末，西伯利亚大部分地区不仅设立了驿站，邮政通信也已成为现实。

基于对文献资料的深入研究，我们可以确信无疑地说，西伯利亚的交通线路在两个世纪的时间里经历了翻天覆地的变化。16世纪与17世纪之交最初的开拓者水路跋涉的场景与18世纪末旅行景象之间的差异显而易见。由于国家移民政策的成功、移民者对边疆的经济开发，"商人们开辟的道路可以穿过西伯利亚的大集市——托博尔斯克、鄂木斯克、托木

---

① Идес И., Брант А. Указ. соч. С. 78-80.

② Сибирь XVIII в. в путевых описаниях Г. Ф. Миллера. С. 289-297.

③ Радищев А. Н. Указ. соч. С. 265, 269.

斯克、克拉斯诺亚尔斯克、叶尼塞斯克、伊尔库茨克、恰克图",穿过
"城市和羁押站及店铺""集会和娱乐场所"①，这些巨大的变化尽数展现
在眼前。即便如此，直到 18 世纪末，横跨西伯利亚依然是一段难以完成
的旅程。哪怕是托博尔斯克和秋明之间最平顺的路段（通常单程需要三
天），也很有可能因季节变化而被拉长至数周，因为"正值春季，冬路已
失……陆路和水路也走不通"②。

不过，交通状况不佳是当时的共性问题。英国历史学家杰里米·布
莱克在研究 18 世纪欧洲国家运行时指出，交通不畅、资金短缺、合格官
员和可靠信息（由于缺乏可靠的统计数据）的匮乏，也是令许多欧洲国
家中央政府"头疼"的问题。③ 费尔南·布罗代尔指出，1776 年"关于
北美殖民地宣布独立的消息，从费城传到查尔斯顿花了 29 天的时间，与
从费城到巴黎所花的时间一样长"④。通过"大西洋特权之路"（同样为
费尔南·布罗代尔的说法）所需的时间大约相当于走完托博尔斯克和赫
雷诺夫（维亚特卡）之间 1500 公里长的陆路所需的时间，即在有利条件
下为 25~29 天。⑤ 如果考虑到费城经大西洋至巴黎的距离约为 6000 公里，
费城至查尔斯顿的陆路距离约为 1100 公里，那么上述计算结果就证明了
海路相较于陆路具有毋庸置疑的优势，同时也表明了 18 世纪美国东海岸
与乌拉尔—西西伯利亚地区的陆路交通状况在一定程度上具有可比性。

据皮埃尔·肖努基于 18 世纪 20 年代官方邮件投递情况所做的估算，
法国皇家邮政从巴黎到加的斯的 2500 公里路程平均需要 35~40 天，在莫

---

① Бродель Ф. Время мира: Материальная цивилизация, экономика и капитализм, XV-
　　 XVIII вв.: в 3 т. М., 1992. Т. 3. С. 470-471.

② ГАТО. Ф. И-181. Оп. 1. Д. 2. Л. 58 об.

③ Black J. *Eighteenth Century Europe. 1700-1789.* L., 1990. P. 328-331.

④ Бродель Ф. Указ. соч. С. 399-400.

⑤ 通常，考虑到季节性波动和其他条件，托博尔斯克和赫雷诺夫之间的航程会更长，可达
　　 45 天。参见 Редин Д. А. Административные структуры и бюрократия Урала в эпоху
　　 петровских реформ（западные уезды Сибирской губернии в 1711-1727 гг.）.

雷纳山脉的最后 500 公里路段（马德里到加的斯）需耗时 20~25 天。[1]
这样一来，与巴黎到加的斯的道路相比，托博尔斯克和赫雷诺夫之间的
交通状况也并非糟糕透顶，毕竟这两个地区的人口密度差异巨大，且从
巴黎出发有一条极其平顺的皇家大道，而乌拉尔地区和西西伯利亚却
"一无所有"。

　　上述例子和其他例证表明，西伯利亚的交通状况总体上与时代的面
貌相符。在最发达的地区（甚至可与欧洲周边地区如比利牛斯相媲美），
交通状况尚可接受，但在边远地区，交通状况则极为恶劣，甚至到 18 世
纪末，旅行仍面临着极大的困难与不安全因素，这与从缅因州到佐治亚
州长达 2000 公里、人口稀少的北美英国殖民地之间的交通状况颇为相似。

　　在当时的情境下，俄国东部属地交通系统的发展还远达不到质的飞
跃，只能静待 19 世纪的技术革新、伟大发明以及铁路的兴建。在蒸汽动
力和铁路运输拉开序幕之前，西伯利亚的居民只能依靠他们熟知的方式
去应对广袤的空间挑战，而他们真的做到了。

---

[1]　Шоню П. Указ. соч. С. 266-268.

第二章

彼得大帝税制改革：立法保障与行政支持

第一节　军队、赋税与行政管理

几乎与第二次地方行政改革同时，俄国启动了一项与引入新税制有关的改革。众所周知，推行这一改革的主要目的是引入一种新的直接税——人头税，按一定税率向每个"男性农奴"征收，用于供养正规军。这项改革不仅对财政制度及国家整体经济状况产生了影响，还产生了十分广泛的社会影响，为新的人口统计模式奠定了基础，加速了等级稳固的进程，强化了国家对社会的控制，刺激了农奴制发展，等等。在实施税制改革所面临的诸多问题中，建立新直接税的征收系统显得尤为关键。在学术文献中，传统上认为所谓的团部营院（полковый двор）① 是人头税征收机制的关键要素。

但是，团部营院在史学上的命运却与它在历史上的作用不符。尽管该机构的运作，乃至其创建历程，均对俄罗斯帝国地方国家机器的运行产生了深刻影响，然而，针对它的专门研究文献却极为稀少。由于团部

---

① 此术语在我国学界被译为"团长府第""团部办公室"等，依据本书作者的释义，本书采用"团部营院"这一译法，以更精准地呈现其含义。——译者注

营院的产生源于彼得大帝的税制改革，故而每当论及这一重要改革之时，总会提及这一机构。① 然而，至今关于团部营院历史的唯一系统论述仍然只有 M. M. 博戈斯洛夫斯基于 1902 年出版的经典著作《彼得大帝地方行政改革——1719~1727 年各州实录》的第五章。② 这部著作的作者 M. M. 博戈斯洛夫斯基备受学界尊崇，因为其所有作品均展现出史料运用的精确性与科学的严谨性，这也使其有关团部营院历史的概述为接下来进一步的研究奠定了可靠的基石。该部分内容的价值至今依然显著，唯有通过独立的专题研究，方能超越博氏所搜集与梳理的资料。笔者目前尚未设定如此宏伟目标，但认为在 18 世纪 10~20 年代行政设计与积极实践的宏观背景下，探究团部营院的历史颇为合理。

哪位君主不渴望拥有一支骁勇善战且易于供养的军队？彼得大帝同样怀抱此梦。自 1696 年独掌俄罗斯帝国大权，直至 1725 年 1 月逝世，彼得大帝始终是这个不断进行战争的帝国的领航者。陆军和海军成为彼得大帝最喜欢的"孩子"，关注军队建设成为其执政生涯的主旋律，也就没什么可奇怪的了。鉴于军费开支在某些年份竟占据国家财政收入的 90%以上，提升税收制度效率变得刻不容缓。同时，国库收入的严峻挑战也促使彼得一世积极寻求更为合适的国家管理制度。笔者研究彼得大帝的行政改革史越久，越坚信他改革的初衷与其说是源于国内发展的客观需要，不如说是出于供养一支能与欧洲最强劲对手抗衡的军队的需要。随着时间的推移，"军队、赋税与行政管理"之间的联系逐渐变得复杂。彼得大帝国家治理经验逐渐丰富，他日益受到"共同幸福"国家理念的影

---

① 参见 Милюков П. Н. Государственное хозяйство России в первой четверти XVIII столетия и Реформа Петра Великого. 1-е изд. СПб., 1892. 688 с. (2-е изд. —1905. 696 с.）; Анисимов Е. В. Податная реформа Петра I : Введение подушной подати в России 1719-1728 гг. Л., 1982. 296 с. В настоящей работе ссылки на монографию П. Н. Милюкова даются по второму изданию 1905 г.

② Богословский М. [М.] Областная реформа Петра Великого : Провинция 1719-27 гг. М., 1902. С. 322-443.

响，在立法进程中勾勒出一幅理想的治理体系蓝图，符合官房主义的警察国家模式。① 这种国家机器组织合理、军力强盛并且治理有序的国家理念，竟然与俄国沙皇的实用主义思想和目标不谋而合。彼得大帝几乎在18世纪初就本能地信奉了这一理念，并在瑞典波罗的海沿岸被俄军夺回的那些城市和要塞中，见识到了这一理念的实际应用案例。也正是这一时期，他首次在俄国国家建设中尝试使用官房主义原则。尽管彼得一世在该领域的首次尝试惨遭失败，且对第一次地方行政改革期间所构建的管理结构感到失望，但这并未使他对官房主义原则本身感到失望。相反，1713~1715年，他再次尝试进行更为全面的行政改革，此次改革建立在对官房主义更为系统化的理解之上，尽管他对官方主义进行了有其特色的重新诠释。沙皇对他所创建的国家的意义和性质的最鲜明、最全面的看法，充分体现在1719~1720年规范地方政府机构的一揽子法令和为中央政府活动提供规范基础的法规中。② 虽然这些文件更多聚焦于国家整体（在此，原则上强调"国家"、"社会"和"人民"概念的统一性，因当

---

① 有关官房主义理念和实践的更多信息参见 Small A. W. The Cameralists: The Pioneers of German Social Polity. Kitchener; Ontario, 2001. 544 p. (переиздание—1909 г.); Raeff M. The Well-Ordered Police State: Social and Institutional Change Through Law in the Germanies and Russia, 1600–1800. N. Haven, 1983. 281 p., см. также его статью в русском переводе: Раев М. Регулярное полицейское государство и понятие модернизма в Европе XVII–XVIII веков: попытка сравнительного подхода к проблеме // Американская русистика: Вехи историографии последних лет. Императорский период: антология / сост. М. Дэвид-Фокс. Самара, 2000. С. 48–79; Weakfield A. The Disordered Polise State. Chicago, 2009. 240 p.; Филиппов А. [Ф.]. Полицейское государство и всеобщее благо. К истории одной идеологии. Статья первая // Отеч. зап. 2012. № 2 (47). С. 328–340; Зубков К. И. Камерализм как модель взаимодействия государства и общества: новое прочтение // Урал. ист. вестн. 2013. № 3 (40). С. 20–29.

② 从整体上解读和分析这些法律法规，或许可以最为全面地复原彼得大帝对其所构建国家的设想——一种理想化的结构，笔者大胆地称之为彼得大帝的"精神国度"。参见 Редин Д. А. «Ментальное государство» Петра Великого и культура управления в петровской России // Памятники российского права / под общ. ред. Р. Л. Хачатурова: в 35 т. Т. 4. Памятники права в период единодержавия Петра I. М., 2014. С. 80–90.

时的观念认为只有三者的统一才能缔造共同幸福），而非仅仅是关注军队，但对于沙皇来说，军事议题并没有被置于次要地位。在彼得大帝看来，军队的管理和供养自然而然地应在国家总体结构中占据重要地位。但现实远比想象复杂得多。

第二节　如何供养正规军？

彼得大帝建立了一支庞大的正规军，取代了此前基于民兵集结原则创立的武装力量，同时也面临着一系列挑战：军队的物质保障（即征税制度本身的组织架构难题）；组织收税、税收统计及监督（即成立财政管理机构问题）；和平时期部队的安置问题。尽管这些问题之间存在显而易见的关联，但其中每个问题都有其独特的意义。沙皇似乎早已洞察并一直致力于解决这些难题，其解决方法若以现代术语表述，犹如运用不同的算法策略。本书力求更深入地探讨相关历史进程。

一　征税制度的组织

早在 18 世纪头十年，俄国政府和社会（我们在一定程度上使用这一术语描述那个时代）显然就已意识到现行财政制度的低效问题。首先，如果按照现代观念来看，这实际上是俄国沿用了几个世纪的直接税（分摊税或定额税）制度的危机。直接税制度意味着，国家设定某一纳税群体应缴的直接税总额后，由地方村社自行将这些税额分配至各纳税人。当对于纳税农户来说税额总数适中且税种相对较少时，这种制度尚属合理，但在紧急情况下，则不能令所有人认同。

在彼得大帝登基前的 17 世纪，尤其是 17 世纪下半叶，俄国与波兰-立陶宛联邦就乌克兰问题进行的旷日持久的战争，以及与瑞典和土耳其的战争，加剧了俄国的税收危机。俄国政府曾多次尝试通过简化税收结构（放弃各种小额直接税，将征税重心转向间接税），或通过扩大纳税人数量和完善纳税人登记制度（转用按户征税制）来优化直接税原则。然而，这些措施治标不治本，只是在短期内起到一定的作用。① 当时的征税方式仍十分繁复，且在北方战争期间变得更加混乱和难以掌控。各种"定额税"和"非定额税"、"特别税"、"每年都征收的税"和"非每年都征收的税（在进行战争的年份征收）"、浴室税、胡须税、棺材税、运输税、养蜂场税、渔业税、印花消费税以及投机者巧立名目的税收，均无法使帝国摆脱持续的预算赤字困境，同时也使纳税人的支付能力几近崩溃。俄国政府似乎也意识到，仅凭征收例行的"特别税"来弥补财政缺口存在弊端，甚至试图以某种方式对其加以限制②，但不得不违反自身的禁令。税收压力日益增加，税收结构日趋复杂，加之负责分配赋税的行政官员和村社选举产生的代表在分配中滥用职权，所有这一切交织成了一个问题与矛盾的死结，最终致使国家财政体系崩溃。

北方战争导致军队资源需求骤增，这引起了社会各方力量对王室财政政策强烈的集体自发抵制。直接纳税人因不堪纳税重负，纷纷逃亡。地主们为了保持领地的经济潜力，谎报其领地内纳税农户的数量。负责税基核算与税款征收的贪腐官吏，不仅篡改缴税统计数据牟取私利，更对已无力缴清欠款者采取了严苛的追缴措施。上述行为直接致使俄国政府不仅无法足额征收必要的税款，甚至无法准确掌握可征税人口的真实数量。1710 年的按户普查结果令人失望，不仅触怒了沙皇，也遭到了公众的批评。社会各界为摆脱这种困境做了种种探索，在 18 世纪 20 年代涌现出一系列计划。值得注意的是，这些计划提出者的出身与社会地位各

---

① 迄今为止，有关这一主题最详细、最深入的文献仍是 A. C. 拉波-达尼列夫斯基的硕士学位论文。参见 Лаппо-Данилевский А. С. Организация прямого обложения в Московском государстве со времен Смуты до эпохи преобразований. СПб. , 1890. 560 с。

② 例如，1712 年 2 月 29 日俄国政府颁布的著名法令，禁止省长在参政院不知情的情况下向民众征收新税。参见 ПСЗ. Т. 4. № 2493。

异，有的身居高位，有的无官无职，他们的受教育水平与文化底蕴也不尽相同。但他们都在一点上达成了共识——征税组织形式亟须变革。大家对现有按户征税制度弊病的诊断基本一致，认为这种不公平制度的根源是不平等的分摊，且在税款的统计和征收的操作过程中容易滋生舞弊，导致"在赋税缴纳中，负责征税的全权代表从中得利，而贫弱者和小地主不堪重负"①。

彼得大帝的随从官之一费奥多尔·斯捷潘诺维奇·萨尔季科夫率先公开支持税收制度改革。他曾在 1697 年接受海军和造船培训，1711 年赴英国购买战舰，后又撰写了两份内容翔实的奏章，向沙皇阐述必要的改革措施。② 1712 年，费奥多尔·斯捷潘诺维奇·萨尔季科夫在其撰写的第一份奏章（后被出版商称为《提案》）中提议向工商业者征收"人头税"，税率约为 0.5 卢布③，但这一提议被淹没在作者众多杂乱叙述的神奇倡议中，没有得到进一步展开。

直接税应以农民个体而非农户为单位征收的思想，在伊万·菲利波夫致沙皇的报告中得到比较详细的阐述。④ 在他看来，罪恶的根源在于"只统计农户而不统计个体人数"且"各区的调查员对农户的描述不一致"，"显然，导致统计差异的不无贿赂因素，这最终使人民走向破产"。农民破产的后果就是农民逃跑、土地荒芜、"产生大量拖欠税款"且"劫掠事件频发"。因此，他提议放弃按农户征税，改用"除老幼外的男女性人口统计"数据来确定税基⑤，从根本上扭转局势。然而，伊万·菲利波

---

① Павлов-Сильванский Н. П. Проекты реформ в записках современников Петра Великого: опыт изучения русских проектов и неизданные их тексты. СПб., 1897. Ч. 2. С. 60.

② О Ф. С. Салтыкове см.: Павлов-Сильванский Н. П. Указ. соч. Ч. 1. С. 11–17.

③ Павлов-Сильванский Н. П. Указ. соч. Ч. 1. С. 32.

④ Н. П. 巴甫洛夫-西利万斯基基于对文本内容的分析，认为这一报告问世的时间为 1715~1716 年。参见 Павлов-Сильванский Н. П. Указ. соч. Ч. 1. С. 100。

⑤ Павлов-Сильванский Н. П. Указ. соч. Ч. 2. С. 61–62.

夫更为关注反逃亡和反抢劫的思想，他在后续论述中探讨的都是这一主题。

总监察官（обер-фискал）А. Я. 涅斯捷罗夫在著作《均衡支付报告》（1714 年）中对新税制进行了最详尽的阐述。作为精通业务的行家与计划制定者，他向彼得大帝建议统计"各省当前人口"，并在确定直接税征收额后，"阐明个人应缴纳上述税额的理由"。[①] 这一清晰明了的方案后来成为计算人头税的基础，А. Я. 涅斯捷罗夫也被 М. М. 博戈斯洛夫斯基称为人头税改革的思想之父。[②] 值得注意的是，А. Я. 涅斯捷罗夫与伊万·菲利波夫均倡导"按人头征税"或"均等"的征税原则，即纳税主体应是具有劳动能力的男女，不包括儿童和老人。从中不难看出从分摊税制向份额税制转变的潜在趋势，新税制有望切实提升公平性、民众接受度及国库收入。然而，这些方案的提出者对于"人头税"征收机制的描述较为笼统，并没有为我们留下足够的材料，以据之正确阐释他们的意图。

同时代人的奏章中更细致地描绘了破坏国家财政基础的另一关键问题——纳税人口统计的不准确性，以及解决这一问题的方法。由于意识到税务组织工作的缺陷造成了纳税人外逃、窝藏逃犯、篡改人口普查统计数据以及滋生贿赂、勒索、抢劫等犯罪行为等问题，一些方案的提出者便将其注意力集中在如何完善人口登记监督系统方面。其中，以 А. Я. 涅斯捷罗夫为代表的一部分人认为，通过实施"均等"的征税原则，情况会自行好转。这位总监察官以一种近乎天真的乐观态度，向沙皇展示这个看似能够同时应对多个复杂问题的简单解决方案，他认为，在新的公平征税制度下，"人人都能满意，不会再有欠缴税款"。因为没有人再会因为"税额过高"而受到欺辱，"小地主"也就无须将多个农户合并为

---

① Павлов-Сильванский Н. П. Указ. соч. Ч 2. С. 58.

② Богословский М.［М.］Указ. соч. С. 322.

一户来隐匿自己的农民，农民自己也就不会通过逃跑来躲避几乎令其破产的沉重赋税。此外，А. Я. 涅斯捷罗夫还相信，"因为这种均等的征税原则"，农民自己会"回到他们逃离的前主人身边"。① 然而，只有 А. Я. 涅斯捷罗夫一人持乐观态度。其他方案的提出者则更多寄希望于警察的手段，即严格监督居民并重罚窝藏逃犯者。但他们的逻辑和 А. Я. 涅斯捷罗夫一样天真，因为他们所提出的措施在 17 世纪制止逃亡方面就收效甚微。尽管如此，18 世纪初的方案提出者们提出的建议仍值得关注，它们反映出当时有关控制纳税人员流动性措施观点的发展变化。例如，谢苗·尤尔洛夫上校作为最早探讨此类主题的报告之一——《国家利益要点》（1710～1711 年）的作者，在俄国率先提出采用特殊证件的制度。没有特殊证件——由政务委员（ландрат）签署担保的"书面许可证"，农民不能合法地离开其常住地。前文提到的伊万·菲利波夫构想了一个周密的制止农民逃跑的制度。他建议把农村和城市的居民划分成若干个十人团和百人团，由选举产生的甲长和乡村警察领导，并将打击逃亡和犯罪的全部重任赋予这些组织，而组织成员须对其负责区域内的情况承担连带责任。居民无论因何种原因离开居住地，都必须"向甲长申报"，离家超过 100 俄里的人则必须持有由衙门官员或当地牧师证明的"请假条"。②

引入新的直接税原则和相关措施以加强对纳税人流动管控的构想弥漫到整个社会，已不仅仅停留在想法层面。据 М. М. 波戈斯洛夫斯基所述，1715 年，亚速省副省长 С. А. 科雷切夫就已下令，"为了人民的平等和国家的更高利益"，"按人数而非农户数"征收直接税。③ 彼得大帝对这些方案提出者的呼声并未置若罔闻，他审阅了几乎所有的奏章并且熟

---

① Павлов-Сильванский Н. П. Указ. соч. Ч. 2. С. 59–60.

② Павлов-Сильванский Н. П. Указ. соч. Ч. 1. С. 114–115.

③ Богословский М. [М.] Указ. соч. С. 323.

悉了其中的想法。诚然,如研究税制改革前史的学者们达成的共识,彼得大帝更关注的是如何供养军队而非缓解农民疾苦,他早已知晓"人头税"这一术语,并对"请假条"的想法饶有兴趣,作为一个专制者,他却在转行人头税问题上踟蹰不前。即使到了 1717 年 11 月,他仍建议参政院研究"一名士兵、一名龙骑兵和一名军官应由多少农奴或多少农户供养(哪种方式更适合)"的问题,但很快他就转向了向"劳动人口"征税的想法。[①] 在这一决定成熟之前,彼得大帝花费了大量时间钻研此问题,同时他试图优化现有财政模式,并为其构建更为高效、适配的行政机构。此番努力,至少花费了沙皇十几年的时间。

二 对财政的行政支持

军队补给系统的重组最初是在国家行政系统重构的大背景下提出的,而国家行政系统的设计又服从于建立更高效的征税机制的迫切需要。笔者认为,正是这些因素几乎构成了实施第一次地方行政改革的核心动因。在这一改革过程中创建的省份被立法者设想为税区——现在是时候承认П. Н. 米留科夫的论点的正确性了。从 1708 年到 1711 年,在筹备建立省级行政体制的整个过程中,解决财政问题始终占据首要位置。被任命的省长、省法务官(ландрихтер)和市长(городовой бурмистр)负责全面核查辖区内居民的纳税支付能力,以明确省级经济的财政状况。1710年国家预算编制、官员编制确定以及军队供养费的分配(实际上是 1711年军事预算的制定),是在沙皇亲自领导的第一次省长会议和第二次省长会议(分别在莫斯科和圣彼得堡举行)上进行的,咨议大臣委员会(Консилия министров)也参加了会议。[②] 笔者认为,这充分说明,所设

---

① Сб. РИО. Т. 11. С. 355-356, 357; Павлов-Сильванский Н. П. Указ. соч. Ч. 1. С. 108; Богословский М. [М.] Указ. соч. С. 323.

② Милюков П. Н. Государственное хозяйство России в первой четверти XVIII столетия и реформа Петра Великого. СПб. , 1905. С. 280-294.

立的省级组织的经济和税务性质显著。将各省分为税区的意图同样明显：旨在由各省直接承担军队的供养费用。1711 年 1 月 14 日，咨议大臣委员会在近臣办公厅（ближняя канцелярия）上宣布了一道上谕，其中概括性地命令将各省收入用于供养陆军及卫戍兵团、海军和炮兵。[1] 同年 2 月 19 日，出台了一份文件，详细地规定了陆军和卫戍兵团的人员编制，支付从将军到连队装配工、木工和马医所需要的军饷数额，购买军团物资、维修马场所需要的资金数额，以及这些费用在各省的分摊情况。根据这个计划，各省还有义务根据收入规模"按农户数量比例"为特定规模的军团提供充足的资金、粮食和草料。[2]

为应对极端繁重的收款与收粮任务，建立适当的行政机制势在必行。这一机制的成型之路充满挑战，最初多凭直觉推进，在这套新构建的行政体系中，俄国传统的管理手段和实践与彼得大帝从"瑞典导师"那里迅速拿来的创新奇妙地交织在一起。瑞典行政体系的优势，伴随着俄军在东波罗的海的最初胜利，赫然展现在俄国人面前。

可以说，省级行政机构最初的组织原则与旧有的衙门组织原则非常相似。面对比 17 世纪更为复杂的新条件下供养军队的挑战，沙皇采取了一种经过实践检验的个人委任策略，将调动必要物资的直接责任交给了八九位被任命为省长的亲信。В. О. 克柳切夫斯基精准指出了君主在设立各省的最初措施所依据的基本思想，他写道："彼得那过于具体的思维方式使他相信人胜于相信机构。"[3]

这批首任省长重权在握，直接听命于沙皇，这孕育了有关俄国第一次地方行政改革期间"行政权力下放"的史学神话。此神话广为流传，得益于史学家们（至今仍）普遍认同的观点：衙门制度的瓦解与 18 世纪

---

① ПСЗ. Т. 4. № 2313.

② ПСЗ. Т. 4. № 2319.

③ Ключевский В. О. Русская история：полный курс лекций：в 2 кн. Минск；М. , 2000. Кн. 2. С. 450.

头十年的改革同步。因此，第一次地方行政改革期间形成的国家管理模式，呈现中央一级存在明显的权力真空，而省级机构极其薄弱的讽刺图景。然而，尽管存在诸多明显缺陷，所构建的行政体系也并非表面看上去那么简单。首先，无论是在行政改革之初，还是在改革完成之时，衙门从未完全消失，始终在中央行政系统中占据（相当重要的）一席之地。此外，它们还具有惊人的进化和再生能力。其次，参政院（其办公厅及下属机构和部门）接管了此前衙门作为中央机构的许多职能。最后，参政院与各省公署之间迅速建立了行政沟通和监督渠道：隶属于参政院和军团的省专员（губернский комиссар）机构以及监察机构（фискалитет）。①

省专员这一职务在本章的叙述中尤为重要，它是为军队提供物质资源的重要环节。笔者认为，省专员职位的设立完全可以被视为俄国政府组织专门的军队供应机制的首次系统性尝试，尽管此前在这一领域已有过零星探索。例如，早在18世纪下半叶，英格曼兰省的官员任命名称中就出现了省法务官（ландрихтер）、总卫戍官（обер-комендант）、卫戍官（комендант）、首席专员（обер-комиссар）和总粮秣官（обер-провиантмейстера）等职位。这些"长官"（名称源自瑞典行政术语）的基本公务职责，在历史学家熟知的、下达给 Я. Н. 里姆斯基·科萨科夫的两份法令中，得到了明确规定。其中第一份法令涉及确认他作为科波尔卫戍官的权力（1706年3月12日），第二份法令是宣布任命他为英格曼兰省省法务官（1707年1月17日）。② 这两份法令大致规定了卫戍官和法务官的权限，其中第二份法令的规定还体现了省法务官与总卫戍官、首席专员和总粮秣官之间关

---

① Блинов И. Губернаторы: ист.-юридич. очерк. СПб., 1905. С. 118–140; Анпилогов Г. Н. Губернские комиссары при Петре I: 1711–1718 гг. // Доклады и сообщения истфака МГУ. 1948. Вып. 8. С. 33–38; Серов Д. О. Юстиц-коллегия и органы надзора // Российская Юстиц-коллегия (1718–1786): Историко-правовые очерки. М., 2003. С. 91–111; Его же. Фискальская служба и прокуратура России первой трети XVIII в.: дис. докт. ист. наук. Екатеринбург, 2010. 443 с.

② ПСЗ. Т. 4. № 2097, 2135.

系的特点。重要的是，上述所有职位（卫戍官职位除外）都具有明显的
专门负责财政和经济事务的特征，其设立的主要目的就是保障军队的活
动。[①] 当然，这些规则明显是针对特定情况制定的。尽管这些法令后来成
为国内其他地区构建权力机构的参照范例（П. Н. 米留科夫就对此做了尤
为详尽的阐述，Н. А. 科马罗夫在最新的史学著作中则聚焦于特定省份的
实例[②]），但如果断言它们构成统一且被普遍采用的制度的基础，则是不
准确的，尽管这样的观点频繁出现在教科书及参考书籍中。[③]

从这个意义上说，1711 年 2 月 22 日设立参政院的法令所催生的省
专员的建立要成功得多。[④] 1711 年 3 月 16 日的参政院法令更详细地规定
了省专员的职责。[⑤] 根据规定，省专员应定期向参政院通报本省的事态
发展，并向地方传达参政院的命令。在实践中，这些官员不仅负责各级
国家机关之间的业务沟通，还经常直接负责监督省当局忠实且及时地执

---

① 这完全适用于省法务官，与其职务名称不符，无论是从职责规定还是从实践活动来看，他
都与诉讼程序执行关系不大。这些结论是在对第一次地方行政改革期间西伯利亚省和亚速
省的省法务官的职能进行深入研究的基础上得出的。参见 Редин Д. А. Административные
структуры и бюрократия Урала в эпоху петровских реформ（западные уезды Сибирской
губернии в 1711-1727 гг.）. Екатеринбург, 2007. С. 154-162, 175-178；Комолов Н.
А. Азовская губерния（1709-1725 гг.）：территория и высшие администраторы. Ростов
н/Д, 2009. С. 139-160。

② Милюков П. Н. Государственное хозяйство России. С. 378-379；Комолов Н. А.
Азовская губерния. С. 140, 149-152.

③ Ерошкин Н. П. История государственных учреждений дореволюционной России. 3-е
изд. М., 1983. С. 88-89；Голикова Н. Б., Кислягина Л. Г. Система государственного
управления // Очерки русской культуры XVIII в.：в 4 ч. М., 1987. Ч. 2. С. 56；
Коротков Ю. Н. Губерния // Отечественная история. История России с древнейших
времен до 1917 года：энциклопедия：в 5 т. М., 1994. Т. 1. С. 649. 笔者也有同样的误
解，直到有机会专门详细研究这个问题。参见 Алексашенко Н. А., Шашков А. Т.,
Редин Д. А., Бугров Д. В. История Урала с древнейших времен до середины XIX в.：
учеб. пособие. Екатеринбург, 2002. С. 138。

④ ПСЗ. Т. 4. № 2321.

⑤ ПСЗ. Т. 4. № 2339.

行法令。① 显然，省专员最初的要务之一就是负责军团补给。1711年2月19日的法令明确规定，每省被分配给一定数量的军团。1711年7月至8月，参政院成立特别机构——军需委员会（Кригс-комиссариат），统筹全军的财务、粮食、制服、弹药、草料和运输补给。② 因此，到1711年夏天，省专员已经实现了内部专业化。每省两名专员代表常驻莫斯科参政院（参政院省专员），其余人员（人数因省而异）监督军团的工作，履行军团省专员职责，并向军需委员会报告。尽管这样明确的专业化分工在实践中存在偏差，但不可否认，为确保军队供应而建立的新行政机制还是相当系统化的。

对西伯利亚省组建省专员队伍的实践研究表明，贵族担任专员职务的任命由省长和参政院共同决策，前者负责提名候选人，后者负责审批。③ 笔者认为，这种做法并非西伯利亚独有，而是具有普遍性。但这些官员在行政等级中的官阶则较为模糊。参政院并没有通过立法确定专员的隶属关系。在1711年3月16日的法令的相关条款中，仅提及他们需留驻参政院办公厅，"接受伟大君主的法令，全天候处理这些省份的迫切事务"。④ 立法中关于军团省专员的信息就更少了。1711年7月31日关于成立军需委员会的法令规定，军团省专员在履行职责方面直接受军需委员

---

① Блинов И. Губернаторы: Историко-юридический очерк. СПб., 1905. С. 61; Анпилогов Г. Н. Губернские комиссары. С. 33 – 38; Голикова Н. Б., Кислягина Л. Г. Система государственного управления. С. 61; Анисимов Е. В. Государственные преобразования и самодержавие Петра Великого в первой четверти XVIII века. СПб., 1997. С. 29–30.

② ПСЗ. Т. 4. № 2412; Карпеев И. В. Генерал-пленипотенциар // Государственность России: словарь-справ: в 6 кн. Кн. 5, ч. 1 (А-Л). М., 2005; Анисимов Е. В. Государственные преобразования. С. 30. 在军需委员会之前设立，其职能由两名官员履行，即1700年设立的军队专员（генерал-комиссар）和军粮官（генерал-провиант）。参见 Бобровский П. О. Военное право в России при Петре Великом: в 2 т. СПб., 1886. Т. 2, вып. 2. С. 388–389。

③ Редин Д. А. Административные структуры и бюрократия Урала. С. 146–149.

④ ПСЗ. Т. 4. № 2339.

会领导。但显然，军需委员和该部门的其他官员无权对军团省专员进行人事决策或责任追究。下面的这个案例似乎能够揭示后者的管理机制。1712 年秋天，大将 Б. П. 谢列梅杰夫伯爵向参政院投诉，一些隶属于首席军需委员（обер-штер-кригс-комиссар）和 Л. С. 奇里科夫少将的省专员，被借调到他指挥的小俄罗斯的兵团，他们身上带着一批公款，但后来他们卷款跑了，导致兵团经费短缺。Б. П. 谢列梅杰夫伯爵要求追查这些专员，处以其罚款并要求其退还钱款。参政院下令调查此事，并对省政府予以纪律处分。[①] 该案例表明，省专员虽经参政院批准任命，且职务上隶属于参政院办公厅与军需委员会，但在行政层面实则依附于省长。在此基础上，考虑到其职责所在，省专员无疑构成了省级管理体系的关键一环。此外，军团省专员领导的办事员团队（笔者认为数量非常有限）由各省派遣的书吏组成。[②]

因此，俄国政府为建立一个能有效调动资源以保障部队补给的高效行政机构，做出了巨大努力，其构思实际上比人们所通常认为的更加合理。在中央管理层面，自 1711 年夏天起，参政院便承担起对这一过程的监督职责。军需委员会内的官阶顺序包括军需委员长（генерал-пленипотенциар-кригс-комиссар）、首席军需委员（обер-штер-кригс-комиссар）、总军需委员（обер-кригс-комиссары）和军需委员（кригс-комиссары）。新建省份的主要目的在于供养军队，省专员则主要被派遣到分驻各省、由各省供养的军团里，并与中央机构直接交流。在职能上，省专员隶属于中央专门行政机构，而在行政上隶属于省级机构（直接隶属于省法务官）。

这一制度的运作效果与当时政府的运作效果相当，谈不上更好或者更糟。П. Н. 米留科夫已然详尽剖析过政府的系统性计划难以落实的缘

---

① РГАДА. Ф. 248. Кн. 154. Л. 48–48 об.

② Анпилогов Г. Н. Указ. соч. С. 37.

由①，此处无庸赘述。但可以确定的是，这绝非省专员制度本身的问题。就国家行政机构的状况而言，国家行政机构运作系统无论是在人员配置还是在行政公文保障制度方面都十分薄弱。这在 1711 年 3 月至 10 月就一目了然。当时，依据一系列上谕与参政院法令，俄国掀起了一场旨在削减地方开支、最大限度地降低军事预算赤字的省级财务稽查运动。技术上，省公署负责编制 1710～1711 年的税收（包括定额税、非定额税及关税）收支账簿，以及 1678 年与 1710 年的"农户数量"人口普查表。最终成果是一份综合报表，其汇编工作由参政院办公厅承担，各省则需派遣一定数量的官吏赴莫斯科协助执行任务。鉴于信息传递缓慢及各机构资源匮乏，大概率不能按时传达法令与召集必要数量的行政官员。П. Н. 米留科夫认为，1711 年参政院试图掌控省级预算收支的尝试未果。不过，1712 年 2 月 12 日，参政院又颁布了一项法令，宣布政府将对财政和税基进行全面审计，由首席专员 М. И. 瓦德博尔斯基公爵带头负责。该法令用 14 条细则详尽规划了瓦德博尔斯基审计委员会的行动方案，并确定了人员构成。该委员会规模很小，仅含两名书记和若干书吏，但依据 1711 年法令从各省调来的书吏也归公爵调遣。此外，该委员会可从各省获取纸张、墨水、蜡烛和木柴的支持。②

瓦德博尔斯基委员会遭遇了严峻挑战，根源在于各省提交的财务与人口普查原始资料残缺不全且编纂粗糙，尤其是多数省份未能寄送必要文件，

---

① Милюков П. Н. Указ. соч. С. 369－371.

② РГАДА. Ф. 248. Кн. 17. Л. 39－43ᵃ; Кн. 37. Л. 341－345 об., 427－429, 491. 有关 1711～1714 年中央政府组织省级经济财务审计活动的详细介绍参见 Петровский Т. О Сенате в царствование Петра Великого. М., 1875. С. 278－280; Милюков П. Н. Указ. соч. С. 307－311; Мрочек-Дроздовский П. Н. Областное управление России XVIII века до Учреждения о губерниях 7 ноября 1775 года: ист.-юридич. исслед. М., 1876. Ч. 1. Областное управление эпохи первого учреждения губерний (1708-1719 гг.). С. 345; Бабич М. В. Государственные учреждения XVIII века: Комиссии петровского времени. М., 2003. С. 98-100, 197-198。

只有喀山省顺利完成"清点"。因此，这个委员会两年后无奈停止运作，其职能转由 H. M. 佐托夫主导的近臣办公厅（Ближняя канцелярия）会计衙门（счетный приказ）接管。此后，对省级支出的审计近乎常态化，但地方当局的敷衍执行依然是审计进程中的主要绊脚石。财务汇报状况不佳与税收完成率低以及向"法定部门"（主要是向军事部门和直接向部队）提供的资金不足紧密相关。为扭转这种局面，沙皇特命地区机构首脑——省长和省法务官亲自督管税收及记录工作。譬如，1712 年，各省省长被命令亲携收支账簿到莫斯科汇报"多处疏漏"。[1] 1716 年（根据参政院 7 月 6 日法令），省长、副省长和法务官因未向海军委员会上缴 1715 年的款项而被杖刑追责。[2] 次年，地方各级官员普遍遭受严酷的杖刑追责，尤其是因为拖欠 1711～1717 年为满足军需而征收的定额税。据总监察官 A. Я. 涅斯捷罗夫的检举，参政院于 1717 年 4 月 3 日发布命令，责令向所有领薪官员（正规卫戍部队官员和士兵除外）追回其于 1714～1716 年领取的薪资。[3] 然而，严惩各省高层领导乃至大规模回收其薪资，并未能从根本上扭转地方行政纪律的颓势。俄国政府或许已清楚地意识到，问题的根源在于整个行政体系。1715 年前后，沙皇着手探寻新的国家机关组织原则与方案，最终促成了 18 世纪 20 年代"大"改革的到来。

三　部队驻地问题

与建立新税制和高效税收机制想法一同发展起来的，还有针对和平时期部署军队原则的构想。俄国十月革命前史学研究已然表明，彼得大帝在波尔塔瓦战役胜利后不久就开始关注这一问题，当时人们普遍渴望

---

① РГАДА. Ф. 248. Кн. 17. Л. 44-45 об.

② РГАДА. Ф. 248. Кн. 17. Л. 676-677.

③ РГАДА. Ф. 248. Кн. 46. Л. 533 об.；Кн. 154. Л. 793-794, 808.

尽快结束与瑞典的战争。① 与民兵不同，正规军不能解散，因此亟须寻找
一种既能安置正规军，又能使其保持战备状态的方法。敌军瑞典采用的
军队安置实践——"印德拉"制度（индельта）正是不二之选。② 1680
年查理十一世的改革使"印德拉"制度（更确切地说，是"年轻的印德
拉"制度）臻于完善，不仅实现了非征兵式军队补充的可能性，还确立
了一种能保证军队在和平与战时均能获得充足且有序补给的机制。

实际上，"印德拉"是瑞典对承担供养一名士兵义务的一组农户的称
呼，他们须为其供养的士兵提供土地、居所、制服及额外口粮。具体而
言，供养一名步兵的"印德拉"称为"罗特霍尔"（ротехолл），而供养
一名骑兵的则称为"罗斯霍尔"（рустхолл）。来自同一领地的"印德拉"
所供养的士兵组成一个军团。军士们居住在专为他们在军团驻地建造的
住宅中，并从供养他们的农户那里获取薪酬。若"印德拉"供养的士兵
出征，则有新士兵递补其位，如此往复。这一条理分明且高效运作的系
统，构成了瑞典王国武装力量人员配置与供养的基石，尽管当局仍在一
定比例上并行采用了征兵体系与贵族民兵。③

尽管"印德拉"制度很有吸引力，但在俄国条件下并不适用。笔者
认为，这主要归因于俄国与瑞典在人口及地理特征上的显著差异。俄国

---

① Богословский М. [М.] Указ. соч. С. 324；Милюков П. Н. Указ. соч. С. 297-298. 不
过，部队专门驻扎在冬季驻地的做法始于更早的时候。1708 年春，龙骑兵军团就被安
置在诺夫哥罗德。参见 ПСЗ. Т. 4. № 2194。

② 1715 年 9 月，彼得一世委托罗曼·维利莫维奇·布鲁斯："弄清楚，瑞典有多少士兵被
安置在农户中，以及士兵和他们的军官是如何安置驻扎的？"参见 Павлов-Сильванский
Н. П. Указ. соч. Ч. 1. С. 108。

③ 所述期间瑞典军队的详细情况可参见 Беспалов А. В. Северная война. Карл XII и
шведская армия：Путь от Копенгагена до Переволочной. 1700-1709. М.，1998. 48 с.，
ил. 类似的做法也曾在普鲁士实行。А. А. 马特维耶夫于 1705 年访问欧洲时指出："在
波美拉尼亚、科尔贝格以及其他一些地方，士兵的供养依靠一种专门的税收（代役
租），该税由被指定供养士兵的地区（份地或 А. 马特维耶夫用俄语区划单位所称的
'县'。——作者注）的农民缴纳。"Цит. по：Павлов-Сильванский Н. П. Указ. соч.
Ч. 1. С. 10。

地域广袤，难以在全国范围内部署军事力量。鉴于当时主要战场集中于西部及西南部边境，且交通通信落后，分散驻扎在全国的军队难以在紧要关头迅速集结。因此，即便前线相对平静，彼得大帝仍然维持相当规模的常备军可供其随时调遣。此点可由沙皇 1717 年 10 月 17 日向参政院下达的一则简短谕旨佐证：

> 鉴于我军长期驻扎国外，现正返程至本国边境，故需要预先规划其冬季驻地，具体要求如下：步兵团应驻扎于距圣彼得堡不远之地，以便来年初春迅速抵达圣彼得堡；龙骑兵团则可灵活部署。近卫军则奉命驻扎于诺夫哥罗德与普斯科夫周边。①

俄国地域广阔，人口分布极不均衡，这一无法克服的客观困境阻碍了君主建立基于统计原则的行政—税收分区制度的计划，如省政务委员会领导的税收区（按计划其后将发展为财政委员会管理的区，旨在取代县成为最低一级的行政区划单位）。由于全国各地区纳税人口数量差异显著，经济潜力与支付能力（体现在纳税农户的数量与质量上）亦各不相同。因此，无法按照"印德拉"原则安置军队，直接让地方农民供养部队。也就是说，一些研究人员的观点十分正确，他们认为，彼得大帝从瑞典经验中仅能借鉴在地方安置与供养部队的理念，而无法直接套用其实施细则。② 在这方面，从 17 世纪末起俄国自身在其南部地区采用的做法或许更具参考价值。E. B. 阿尼西莫夫根据沃罗涅日历史学家 B. M. 瓦津斯基提供的信息，注意到了 1696 年别尔哥罗德军区正规军团在食品和津贴供应方面的一项做法。简而言之，其本质就是南方各县正规部队的现役军士由尚未被编入新兵团的士兵及其亲属按人头缴费供养。但只有

---

① Сб. РИО. Т. 11. С. 355.

② Милюков П. Н. Указ. соч. С. 303；Богословский М.［М.］Указ. соч. С. 325.

当地士兵团体的成年人需要承担这种按人头纳税的责任，且不是所有人（其中一部分人履行实物赋役）都需要以此方式纳税，而非士兵人口则继续按户纳税。[1]

还有一点似乎被研究者忽视，即瑞典军队的供养原则与彼得大帝最终采纳的原则之间存在明显差异。在瑞典，被编入"印德拉"（无论是"罗特霍尔"还是"罗斯霍尔"）的农户均为国家土地的自由持有者，这一身份使他们有别于俄国农民，因为后者大多为农奴，其财产支配权受到更为严格的限制。瑞典这些国家土地的自由持有者有权转让（出售）其拥有的土地，并附带转让其义务（即新的土地拥有者需要连同土地一起接受供养一名士兵的义务）；在和平时期，他们有权（根据双方意愿）使用定居士兵的劳动；他们可免缴所有其他税赋和租金。[2] 这使得瑞典农民的经济实力更加强大，从而可以直接为定居士兵提供主要的物资。士兵生活在农民中间，从他们那里获得院落、土地、牲畜、家用器具和制服。

相比之下，彼得大帝的部队供养系统运作依然主要依赖于货币化。鉴于上述原因，俄国难以实现"一个定居的士兵——一组农户"的直接供给模式。因此，无论沙皇如何努力缩短纳税人与受益人之间的距离，都必须着手建立新的行政财政机构，因为现有的省专员制度已无法满足国家需求。

第三节　税制改革与地方政府改革：建立配套行政机构的尝试

到 18 世纪 20 年代末，彼得大帝显然已经形成了一套应对和平时期军

---

① Подробнее см.：Анисимов Е. В. Податная реформа Петра I. С. 52—54.

② Подробнее см.：Анисимов Е. В. Податная реформа Петра I. С. 55—57.

队供养和驻扎问题的基本思路。首先，引入按人头征收的特别直接税，用于军队的物质保障。其次，决定在各省设立冬季驻地，并由当地居民承担供养驻扎军团的费用。最后，设立简洁高效的行政机构来收取上述资金。1718 年秋，沙皇宣布同时启动两项重大改革——地方政府改革（史称第二次地方行政改革）和税制改革，并在立法层面迈出了第一步。

尽管 M. M. 博戈斯洛夫斯基感叹，第二次地方行政改革和税制改革（在此过程中出现了团部营院）"是并行讨论推进的，但各自独立且并未尝试进行彼此协调或整合"①，但笔者认为这一观点失之偏颇。沙皇曾试图实现国家行政机构、国库与军队的和谐统一，他提出了一项综合方案，其核心内容体现在 1718 年 11 月 26 日发布的两项法令中。

其中一项法令规定，自 1719 年起在圣彼得堡省率先试行新的行政职位，并于 1720 年起推广至全国。② 到 1718 年底，新设地方官员所需遵循的工作规范及其他制度均参照瑞典模式制定（"或与我国国情不符者，可自行以新条款取而代之"）。法令中列出的"官职表"详细规定了地方机构管理层及高层办事员的构成，同时提供了瑞典语职位名称的俄语解释。

在"官职表"中所列出的 12 个职衔中，有 8 个可被视为省级官员。地方职级以省长（ландсгевдинг）为首，该职位名称源自瑞典省的首脑（ландсгевдингство）③，并据此成为俄国省长的职级名称。"官职表"中的下一个级别是总法务官（обер-ландрихтер）或"高级地方法官"（вышний земский судья），这一职位在国内行政实践中早已存在，如上所述，早在 18 世纪 10 年代的省级国家机构中就已设有省法务官。我们所提到

---

① Богословский М.［М.］Областная реформа Петра Великого. С. 404–405.

② ПСЗ. Т. 5. № 3244.

③ Богословский М.［М.］Областная реформа Петра Великого. С. 49. 有关瑞典管理制度的特点及其对第二次地方行政改革设想的影响（体现在彼得一世改革计划者的提案以及沙皇在此基础上制定的法律法规中）的详细内容参见 Peterson C. *Peter the Great's Administrative and Judicial Reforms: Swedish Antecedents and the Process of Reception. Stockholm,* 1979. 448 p.

的这个法令只是进一步强调了新式总法务官所拥有的特殊司法权力。省级最重要的前三位官员中，最后一位是"地方书记"（ланд-секретарь），即省公署①的负责人。另有五名官员分别负责省级行政管理的不同领域：地方征税监督员（бухгалтер）、国库主管（ланд-рентмейстер）、地方监察官（ланд-фискал）、土地测量员（ланд-мессер）和监狱长（профос）。

还有三个代表地方政府中层的职位：地方专员（ланд-комиссар）、地方法官（ландрихтер）和地方书吏（ландс-шрайбер）。他们是县或州一级的主要官员，相当于行政级别上低一级的省长、总法务官和地方书记。

在"官职表"中提到的最后一个职位——кирхшпиль-фохт（对其未给出俄语解释），表明存在第三层，即最低的管理层级。但在瑞典地方政府体系中，教区长（кирхшпиль-фохт）是初级行政单位——教区（кирхшпиль）的首脑，而教区正是瑞典三级行政区划体系中最低一级的行政区划单位。②

因此，可以认为1718年11月26日的这项法令也确立了俄国地方政府的三级组织结构。这项法令的内容清晰地表明了改革者对行政管理专业化的渴望。对最高级别（省级）的行政管理设置的专业化程度最高。"官职表"中包括了司法、财政、监督官员，甚至土地测量员和监狱长这样的"新奇"职位。在这一层级中，省长可能被赋予一般行政职能，甚至还有军事职能。相比之下，下一级政府的专业化程度较低。在这一层级，专业化行政部门的代表仅提及了地方法官，而立法者对于基层政权的组织设置似乎并未有明晰的思想。

1718年11月26日通过的另一项法令，对地方下层权力机构的职能划分进行了重要的补充规定。这项法令规定开始进行税收改革（在学界

---

① 彼得大帝地方行政改革期间建立的省级、州级和县级政府机构以及部门管理机构一般称为"канцелярия"，直译为"办公厅"或"办公室"，本书酌情将其译为"公署""官署""专署"等。——译者注

② Богословский М.［М.］Областная реформа Петра Великого. С. 49.

常被称为"推行人头税的法令")①，并明确了按人头统计的纳税人口普查流程、新的税收原则及征税程序。

这项法令篇幅不长，但内容非常明确。依据法令第一项，为确定纳税人数量，须收集各村庄男性纳税人的信息。第二项则要求计算出能供养普通士兵的"纳税农奴"数目，以及"其应承担的连队和团部的份额"。法令第三项规定，为征收足额税款，每团设两名专员。一名由各县地主选举产生，负责在当地征收人头税，即地方自治专员（комиссар от земли），另一名则由团内指派（默认为军团军官），负责接收税款，即军团专员。法令还规定了税收和税款移交的监督程序：地方自治专员应在指定时间内，当着团内所有军官的面，将税款交给军团专员，团内所有军官须对这一事实进行签字证明。对于这种有证明人的税款交接活动，要上报军事委员会、监察委员会和省长。军事委员会和省长须接收经此程序确认的证明。为保证男性纳税人数及兵团在农民中分布的信息的准确性，法令制定了严厉的制裁措施，包括对犯错者没收财产及死刑。②

对我们的研究而言，法令的第三项尤为值得关注，它设立了一个特殊职位——地方自治专员，代表地方贵族阶层负责征收既定税款。这使得地方自治专员成为地区（准确说是县级，因为根据法令该专员由县贵族选举产生）一级的人头税征收者。值得注意的是，1718 年 11 月 26 日颁布的两项法令均未明确说明所列官员的具体隶属体系。然而，鉴于这两份法令是同时发布的，且沙皇本人无疑也参与了起草工作，我们有理由相信，这些文件是对地方行政、财政及部队供养组织问题进行系统性思考的结果。尽管彼得大帝时期的行政立法存在诸多矛盾和缺陷，但这两项法令共同构成了一个总体的权力框架，其中，地方自治专员作为关键角色，起到了重要的联结作用。就行政等级而言，地方自治专员的地

---

① ПСЗ. Т. 5. № 3245.

② ПСЗ. Т. 5. № 3245.

位与地方中层行政机构的三个职位（地方专员、地方法官和地方书吏）相当；就权限而言，则可视为负责征税的省级官员（地方征税监督员和国库主管）在县级层面的对应角色。此外，"推行人头税"的法令还明确了地方自治专员汇报工作的职责，即对省级行政首脑省长以及两个中央部门——监察委员会和陆军委员会汇报工作。地方自治专员需要向这些层级的官员"汇报"，将所征收的税款"上缴"给特定县所负责供养军团的授权专员。因此，军团及军团专员——作为地区军事行政组织的雏形，后来逐渐演变为团管区和军事财政机构——间接地融入了虽有缺陷但比较系统的地方民政管理之中。

然而，"愚笨之害，甚于盗窃"，1718 年 11 月法令带给人的印象正是这样。为了执行上述法令规定，必须在全国范围内开展以下工作：一是男性人口普查（鉴于 1710 年的按户人口普查和 1715～1717 年的地方人口普查均告失败，对此次普查的结果也难抱乐观态度）；二是按省和县部署军队（同时需解决全体人员的住宿用房和团部的公务用房问题）；三是选举"地方自治专员"。上述任务本就难以完成，再叠加整个国家行政机构大规模改革的启动，无疑使任务变得更加艰巨。而沙皇又以惊人的同步性，在同一日宣布了改造地方机构的计划。① 君主希望在人口普查结束的同时，建立新的三级专业化管理：到 1719 年底得到关于人头税纳税人数量的"真实数据"，并从 1720 年起铺开一个新的地方管理网络。关于这一点，尽管我们可以探讨彼得大帝对法令效力的过度乐观、性格中的急躁、改革行动的理论深度不足、方案设计的欠缺等后世对其的诸多批评，但仍应关注 M. M. 博戈斯洛夫斯基的见解，他指出："不要忘记，在彼得大帝之前，并无全面且深思熟虑的改革计划或总体改革思想，17 世纪末18 世纪初的人们整体上是没有这类计划或思想的，这实则是 19 世纪思想

---

① ПСЗ. Т. 5. № 3244.

家强行加诸的。"① 诚然，为了秉持公正，我们应当肯定，在彼得大帝统治晚期，他确实以独特的方式为其所建立的国家构筑了一个完整的、连贯的发展模式。

考虑到 18 世纪 20 年代末期的具体情境，彼得大帝在力所能及的范围内，为自己及臣民明确了当下的任务，并构建了相应的机制以完成这些任务。如前所述，"推行人头税的法令"设立了地方自治专员与军团专员职位，作为新直接税的征收手段，这个法令可以与另一项确定新地方政府结构框架的法令一并考量。地方自治专员向省长汇报工作，大体上将正在组建的行政—财政机构与地方机构体系联结在一起。这种联结的思路非但没有消失，反而在数月后得到深化与发展，表现为一系列明确地方行政官员职权的法令的出台。1719 年的法令虽在一些细节上与 1718 年11 月法令有所出入（包括地方长官称谓的明显调整），但仍保留了设想中改革的总体精神，即地方政府官员之间职权的划分，且对人头税征收者与地方官员间的互动原则进行了更广泛和明确的阐述。在这方面，《军政长官规章》尤其具有参考价值，该规章针对地方机构的首脑，即州军政长官（воевода）及省长（губернатор），通过四项条款规定了军政长官与军事和税务部门之间的关系。军政长官首先要为在特定村庄驻扎军队提供便利；对"士兵应得的军饷"进行"正确计算"（即掌握应向农民征收多少税款用以供养屯兵驻扎的准确信息）。军政长官被赋予了一种既能在军团专员、军团军官与地方专员（指负责人头税征收的地方专员，而不是财政委员会下属的地方专员——省和州的基层行政区划单位的首脑）、农民之间进行仲裁，又能"在欺侮和争吵以及各种纠纷中进行审查，使双方都免受伤害"的权力。在海军补给方面，军政长官也拥有类

---

① Цит. по: Шмидт С. О. Многотомное исследование академика М. М. Богословского «Петр Великий: Материалы для биографии» // Богословский М. М. Петр Великий: Материалы для биографии: в 6 т. М., 2005. Т. 1. С. 427—428.

似权力："如果海军要求为舰队提供物资补给，应向军政长官下达指令从村庄征收所需物资，并提供给海军。"人头税的征收本身也归军政长官管辖，根据这份规章，他们有权监督地方自治专员及其下属书吏的活动，以保障他们在征税过程中"实事求是"。此外，军政长官有义务监督人口普查的实施，并有权对普查期间滥用职权的行为进行查处。在行使这一权力时，军政长官拥有充分权限，即仅需将制裁措施通知财政委员会。①显然，军政长官被授予广泛的行政监督权，不仅可以监督在其管辖领土内税收改革的关键程序，还有权介入地方自治专员、人口普查专员和（在较小程度上）军团代表的活动。这意味着彼得大帝不仅没有放弃将地方政府、财政和供养部队纳入统一组织系统的想法，而且极大地拓展了这一构想，并在法律规范层面对其加以强化。

然而，尽管对新地方机构的权力做了详细描述，但1719年的法令仍然充满了含糊、遗漏以及直接矛盾，为任意解释留下空间，并不可避免地造成了不同级别的部门管理者之间的紧张关系。这不仅阻碍了军政长官权力的有效实现，也模糊了其他地方官员的地位，尤其是职责主要或完全集中于财政和经济领域的官员，如地方财政官（地方税收监督员）和地方专员（最基层地方政府的领导）。尽管在法令中明确了他们保障税收和进行财务报告的职能，但对于他们与实施税制改革的关系，只有非常笼统的说明。在《地方专员规章》中明确指出，"地方专员的核心职责是在规定时间内征收并登记其管辖地区除关税外的所有收入"。②《军政长官规章》第41条明确规定了军政长官财务助理的职责，"地方税收监督员应该把地方专员提交的所有收支和税收报表都真实记录在按字母顺序排列的账簿中"。③《地方财政官规章》（《Инструкция земским камерирам》）

---

① ПСЗ. Т. 5. № 3294, п. 8, 11, 27, 35.
② ПСЗ. Т. 5. № 3295.
③ ПСЗ. Т. 5. № 3294.

明确规定，地方财政官编写人口普查簿，其中要记录君主可征税的帝国所有村庄、农户、住户以及适宜农业经营或狩猎的场所，以后所有专员的账目以及定额税和非定额税的征收均需以此为"主要依据"。①

应该如何理解这些法规？立法者是否将人头税也纳入财政官员管理的税款范畴之内？此问题目前尚无定论，对它的解答显然需依据具体情境或未来明确的准则。而在所引用的规章条款中，依然沿用了村庄和农户作为征税单位、定额税与非定额税的旧有概念，这似乎表明彼得大帝在制定这些指示时忽略了税收制度和纳税人口统计方面的变革。甚至在《地方专员规章》涉及人口普查和部队调动的段落中，也未体现出新的现实。例如，在本县进行"农户或土地普查"时，地方专员及其下属官员必须到场协助"普查员"；若"部队途经本县，或上级要求提供补给"，则地方专员须向"军人"提供所需物资，并尽力在所有纳税者中平均分配为部队提供补给的负担。② 这种不一致只能归咎于所研究时期法律技术的不完善，只能假定彼得大帝以其特有方式，确定了地区行政机构高级官员（军政长官）与人口普查员和人头税征收员的关系后，的确有意将其他规范的详细制定留待以后进行。

沙皇无疑是急切的，在他看来，按人头进行人口普查是在一年内必须完成的任务，务必迅速解决部队的冬季驻地安置问题。他认为将这些事务交由地方行政部门处理是理所当然的，似乎也别无良策。为此，专门在中央成立人口普查事务办公室（канцелярия переписных дел），负责收集和汇总人头普查数据，该机构位于圣彼得堡，隶属于参政院，在总监察长（генералревизор）В. Н. 佐托夫准将的领导下开展工作，因此在当时也常被称为 В. Н. 佐托夫总监察长办公室。

---

① ПСЗ. Т. 5. № 3296.
② ПСЗ. Т. 5. № 3295, п. 10, 17.

第四节　事与愿违：人口普查办公室 与兵团分驻各省问题

地方政府未能达到君主的期望，但这并非他们的过失。频繁的改革、人事动荡、相互冲突的指令、堆积如山的报告、对当前进程缺乏了解，办事人员短缺并且因各类委员会和新成立的特别管理机构而频繁进行人事调整，最终让国家机器在地方的运作陷入瘫痪。统计男性纳税人数量的最初阶段非常困难，到 1719 年底人口普查也远未完成。[1] 到 1720 年底，收集到的信息仍不完整、不可靠，因此还需对纳税人数量进行核查。起初，彼得大帝试图强制地主自行提交更正及补充信息[2]，并警告他们，若不服从，将面临财产被没收的惩罚。[3] 同时，他还着手提高地方行政机构的工作效率，采取已经使用过的方法，即用近卫军作为督办者，以前曾经令近卫军负责过此类事务。[4] 在君主授意下，他们有权对各级地方官员实施行政拘留，并将其关押在办公室，戴上镣铐，直至完成收缴欠款或提交汇报文件等任务。但这些极端手段未能如愿奏效。因此，参政院于 1721 年 1 月下达有关押解军政长官至圣彼得堡调查并没收其不动产的法令。[5] 最后，彼得大帝不再相信民政当局有能力担此重任，他决定动用

---

①　ПСЗ. Т. 5. № 3470.

②　ПСЗ. Т. 6. № 3492.

③　ПСЗ. Т. 6. № 3687.

④　有关保障人头税收缴的督办者活动的更多信息，请参见 Анисимов Е. В. Податная реформа Петра I. С. 66 – 68. О понудителях вообще см.: Серов Д. О. Понудители: (Из истории чрезвычайного контроля в России первой четверти XVIII в.) // «Мы были!»: Генерал-фельдцейхмейстер Я. В. Брюс и его эпоха: материалы всерос. науч. конф. (12 – 14 мая 2004 г.): в 2 ч. СПб., 2004. Ч. 2. С. 74 – 76; Редин Д. А. Ревизия И. С. Арсеньева: к вопросу об эволюции чрезвычайных институтов петровского времени // Проблемы истории России. Вып. 7. Источник и его интерпретации. Екатеринбург, 2008. С. 139 – 152。

⑤　ПСЗ. Т. 6. № 3707.

最后的也是最重要的后备力量——军队。

1722 年 1 月，核查全国男性纳税人数量的全部工作都移交给了被授权的将军和参谋军官，在他们的领导下成立了专门机构，工作人员由驻扎在各省的军团军官担任。这些在资料中被称为"将官们"或"普查员们"的组织，最后在文献中被统称为人口普查办公室（переписная канцелярия）。① 1722 年 1 月 26 日，在参政院向陆军委员会下达的指令中，体现了这些人口普查办公室负责人的姓名：

圣彼得堡——少将切尔尼绍夫；莫斯科——少将沃尔科夫和尤苏波夫共同领导；基辅——准将列瓦绍夫②；亚速——上校米亚基宁；里加——上校维利亚米诺夫；西伯利亚——上校松佐夫；喀山——准将法缅津；下诺夫哥罗德——少将萨尔蒂科夫；阿斯特拉罕——准将法缅津。③

鉴于 M. M. 博戈斯洛夫斯基已经对他们的活动进行了详尽叙述，E. B. 阿尼西莫夫所发现并分析的关键材料也对此进行了重要补充④，故

---

① 文件显示，这些机构的名称更加多样化："人口普查事务办公室"（канцелярия переписных дел）、"团部驻地办公室"（канцелярия расположения полков）、"男性纳税人普查办公室"（канцелярия ревизии свидетельства мужеского полу душ）、"调查和修订办公室"（канцелярия следования и ревизии）以及以"少将（准将、上校）名字命名的办公室"［канцелярия ведения генерала-маэора（бригадира, полковника）имярек］。

② 文件中该行左侧空白处标注："派上校切尔尼绍夫代替列瓦绍夫。"

③ РГАДА. Ф. 350. Оп. 3. Д. 127. Л. 23 об. 这份名单不包括阿尔汉格尔斯克省和派往该省的普查员。从后来的文件中可以得知，切金少将曾于 1724～1725 年在该省境内担任过普查员（见下文）。

④ Богословский М.［М.］Областная реформа Петра Великого. С. 328-389；Анисимов Е. В. Податная реформа Петра I. С. 80-100. M. M. 博戈斯洛夫斯基关注的是人口普查办公室与地方当局之间的关系，E. B. 阿尼西莫夫则重点研究人口普查员发现的隐瞒纳税人的情况，并惩罚对此负有责任的地主和世袭领地管理当局代表而采取的措施。

而，我们无须过多讨论这一问题，仅需简要概述人口普查办公室在军管区构建及军事财政管理体系形成过程中发挥的作用和职能。

几乎从一开始，人口普查办公室除了核实人口普查数据（实质上也是继续进行普查）的主要任务之外，还承担着安排部队冬季驻地和组织征收人头税的职责，首先是召开县代表大会，选举地方自治专员。

把军团分驻各省的进程深刻影响了国家的行政区划结构。具体而言，军团驻扎的区域通过向当地居民征收人头税来供养军团，逐渐演变成为一个特殊的行政与财政区域单位——团管区（полковой дистрикт）。由此，团管区的分布有可能与第二次地方行政改革中确立的州和一般行政区所构成的行政区划分布重叠。值得注意的是，团管区的边界与一般行政区（或称财政委员会管理的区）的界线完全不一致。如果一般行政区的地理范围由于其基本因袭了旧的县域划分体系而大体上①清晰的话，那么我们对团管区地理范围的认识至今仍非常模糊。② 因此，只有通过对军团驻地进行专门的区域研究，才能相对清楚地解决这一问题。鉴于这类研究并非能在短期内取得突破，厘清部队冬季驻地部署的总体地理分布状况仍极为重要。

---

① 笔者在此使用"大体上"的表述，是因为尽管如 М. М. 博戈斯洛夫斯基所证明的那样，大多数一般行政区都是通过对原有县份的简单更名而设立的，但也有将一个县拆分为若干个区、将几个县合并为一个区或将区作为县内的特殊下级单位的情况。最后，还有矿厂管辖区，其组织模式与一般行政区或财政委员会管理的区相同。См.：Богословский М.［М.］Областная реформа. С. 34, 49–51, 146–148. 有关西伯利亚省的区组织的独特性参见 Редин Д. А. Административные структуры и бюрократия Урала. С. 315–341.

② 有关团管区历史的研究，可参见 Ананьев Д. А. Воеводское управление Сибири в XVIII в. Новосибирск, 2005. С. 113–117；Редин Д. А. Административные структуры и бюрократия Урала. С. 343–348；Его же. Полковые дистрикты в системе местного государственного управления России первой трети XVIII века（На примере Сибирской губернии）// Проблемы социальной и политической истории России / под ред. Р. Г. Пихои. М., 2009. С. 161–172. 必须承认，所有这些著作的结论都属于初步判断，所引用的信息和所做出的判断存在各种误差，鉴于基础资料研究尚不充分，这一点是完全可以理解的。

然而，由于两方面的因素，即便是探究这一问题也极具挑战性。首先，部分军团并不总是驻扎在为其征收人头税的省份或州内。这一状况导致了管理和供养这些军团的军事及行政机构架构变得更为复杂：它们的团管区及其相关机构设在一个地点，而军团的参谋部、军团办公室以及整个军团的基础设施则分布在另一个地点。其次，我们不知道某些军团驻地是否会随着时间的推移而改变，或者在军管区组织存在期间是否保持不变。而我们对 18 世纪前 1/3 时期国家机构体系中军事及财政机构活动的理解是否准确，却恰恰取决于对这些问题是否准确理解。

依据 M. M. 博戈斯洛夫斯基的看法，"军团分驻各省的第一份总体计划进度表是在 1722 年初制定的"①，即与设立由将军和参谋部军官领导的省级人口普查办公室的法令是同时制定的。但 B. H. 佐托夫总监察长办公室保存的文件（参政院和陆军委员会的法令）则提供了更确凿的证据，表明这一计划的制定时间实际上更早，可追溯到皇帝于 1721 年 12 月 3 日颁布的一项诏令。在按师划分的军团清单中详细记录了各军团的冬季驻地，并提及其恰是依据这项诏令拟定。这份清单是研究团管区地理分布情况的重要基石，值得全文引用：

依据 1721 年 12 月 3 日圣诏，从现在起至陛下新旨意下达前，军团按师分配如下。

军团	军团当前驻地
第一师,皇帝陛下近卫军军团： 英格尔曼兰 阿斯特拉罕 列弗尔托夫 布特尔	莫斯科

----

① Богословский М. [M.] Областная реформа Петра Великого. С. 362.

军团	军团当前驻地
第二师,列普宁将军、公爵龙骑兵团: 拉波夫掷弹兵团	普里卢卡
阿斯特拉罕	坦波夫州
彼尔姆	波尔塔瓦
诺夫哥罗德	沙茨克州
英格尔曼兰	卢布尼
西伯利亚	米尔哥罗德
特维尔	涅任
普斯科夫	加季齐
卡尔戈波尔	里加省
亚速	苏米和阿赫季尔村镇
下诺夫哥罗德	谢夫斯克州
步兵团: 列斯涅夫 掷弹兵团: 卡宾豪森 斯摩棱斯克 雅罗斯拉夫尔	里加省
纳尔瓦 彼尔姆 罗斯托夫	雷瓦尔省
维亚特卡 维堡	纳尔瓦州
基辅 下诺夫哥罗德 特罗伊茨克	一半在圣彼得堡和普斯科夫,另一半被派至 雅罗斯拉夫尔、罗曼诺夫、乌格利奇、特维尔
第三师,冯-阿拉尔特将军、男爵龙骑兵团: 克罗波托夫掷弹兵团	佩列亚斯拉夫尔
克朗施洛茨	阿尔扎马斯
维亚特卡	哈尔科夫和维亚济马
喀山	叶列茨州

续表

军团	军团当前驻地
莫斯科 阿尔汉格尔斯克 梁赞 罗斯托夫	喀山省
梅克伦堡	瓦卢伊卡
卢茨克	沃罗涅日州
沃洛戈茨	奥尔洛夫州
纳尔瓦	别尔哥罗德州
步兵团： 第一掷弹兵团 莫斯科 圣彼得堡	一半在拉多加、季赫温以及科波尔县，另一半被派遣至雅罗斯拉夫尔、乌格利奇、罗曼诺夫、特维尔
沃洛季莫尔 诺夫哥罗德	科特林岛
托博尔斯克 科波尔	一半在科波尔县，另一半被派至特维尔、乌格利奇、罗曼诺夫、雅罗斯拉尔
别尔哥罗德	纳尔瓦州
伦泽列夫	维堡
加利茨	一半在普斯科夫，另一半被派至雅罗斯拉夫尔和当地的其他城镇
切尔尼戈夫	奥洛涅茨
阿拉托夫掷弹兵团	科特林岛，由诺夫哥罗德州纳税人供养
第四师，戈利岑将军、公爵龙骑兵团： 赫洛波夫掷弹兵团	斯塔罗杜布
圣彼得堡 奥洛涅茨	上沃洛乔克和别热茨克区
雅罗斯拉夫尔	雅罗斯拉夫尔军团根据诺夫哥罗德州纳税人数量分配
沃洛季莫尔	乌斯秋日纳-热列佐波利乡村
新特罗伊茨克 基辅 特罗伊茨克 涅瓦	旧鲁萨县城及德列夫斯卡娅区

续表

军团	军团当前驻地
托博尔斯克	托罗佩茨乡村
亚姆堡	托罗什卡乡村
步兵团： 2 个掷弹兵团 施卢腾堡 喀山 亚速 普斯科夫 韦利科卢茨 涅瓦 阿尔汉格尔斯克	一半在圣彼得堡、科波尔和亚姆堡，另一半被派至特维尔、乌格利奇、罗曼诺夫和雅罗斯拉夫尔
西伯利亚 沃罗涅日 雷赞 沃洛戈茨	一半在诺夫哥罗德，另一半被派至上述城市

资料来源：РГАДА. Ф. 350. Оп. 3. Д. 127. Л. 25-27。

表中的"军团当前驻地"似乎非常明确地表明，其是各团的安置计划。关于阿拉托夫掷弹步兵团的一个典型说明也印证了这一点。该军团"驻扎"在"科特林岛，由诺夫哥罗德州纳税人供养"。这是军团的冬季驻地与为其供应资金及物资的纳税者地理位置不吻合的情况之一。当然，在这种情况下，该军团的驻扎地及其供养地都在同一个地区——圣彼得堡省。但也有更复杂的情况，譬如，被分配由西伯利亚省供养的陆军军团驻扎在圣彼得堡附近的冬季营地①，这种做法是对 1722 年 2 月 5 日诏令规定的一般原则的进一步延伸，该诏令规定："若省份较远，士兵无法驻扎那里，则被分配至该地区的军团可以驻扎在英格尔曼兰、科雷利亚、

---

① РГАДА. Ф. 350. Оп. 3. Д. 127. Л. 28.

里夫兰和爱斯特兰。"①

关于这种军团驻地与财政供养区不一致的现象究竟有多普遍，以及它是否仅限于上述几个例子，仍需进一步的研究来解答。我们只能做出这样的推测：采取这种做法的必要性在于上文引述的彼得大帝2月诏令中所蕴含的常识性思考，即陆军部队的部署必须相对接近可能的战场，而不应被派往如西伯利亚等偏远地区。但这一考量并未解答另一个关键问题，即军团依照1721年12月3日清单中记录的部署地点进行安置的稳定性如何？M. M. 博戈斯洛夫斯基在阐述其对1724年春季军队驻地和补给问题的进一步研究时指出，最初"在各省分配军团的做法与1722年的计划基本相同"。② 但笔者所掌握的史料让我对这位历史学家的权威观点持保留态度。

比如，根据1721年底（按M. M. 博戈斯洛夫斯基的说法是1722年初）的清单，隶属于冯-阿拉尔特将军第三师的克罗波托夫龙骑兵掷弹军团应驻扎在佩列亚斯拉夫尔。然而，我们发现，1725年，该团的代表来到苏兹达尔（未来该团的团部营院所在地）接收长期驻扎营地并组织征收人头税。③ 清单中的信息与后来有关一些军团的驻地文件也不一致。在"弗拉基米尔州记载接收长期驻扎营地的军团参谋军官和尉官的登记册"中，涅瓦军团和纳尔瓦军团的代表赫然在列。④ 遗憾的是，该文件没有具体注明，这些军团是龙骑兵团还是步兵团。但无论如何，根据1721年的清单，他们不应该出现在弗拉基米尔。涅瓦龙骑兵团应驻扎在旧鲁萨县城及德列夫斯卡娅区；涅瓦步兵团和其他7个兵团则被划至圣彼得堡和圣彼得堡省的各州县（科波尔、亚姆堡县、特维尔、乌格利奇、罗曼诺

---

①　РГАДА. Ф. 350. Оп. 3. Д. 127. Л. 24–24 об.

②　Богословский М.［М.］Областная реформа Петра Великого. С. 362.

③　РГАДА. Ф. 987. Оп. 1. Д. 2. Л. 2, 4.

④　РГАДА. Ф. 987. Оп. 1. Д. 2. Л. 3.

夫和雅罗斯拉夫尔）驻扎。根据 1721 年清单，纳尔瓦龙骑兵团应该驻扎在别尔哥罗德州，而纳尔瓦步兵团则驻扎在雷瓦尔省。[①] 显然，随着时间的推移，不仅兵团部署的地理位置发生了变化，而且征收人头税以供养军队的区域地理位置也发生了变化。1722 年，从西伯利亚省征收的人头税款计划用于供养（除卫戍兵团外）五个陆军步兵团：英格尔曼兰军团、阿斯特拉罕军团、圣彼得堡军团、第一掷弹军团和第二掷弹军团。[②] 然而，根据彼得大帝在 1724 年 8 月 4 日下达的法令，不再是两个掷弹兵团，而是弗拉基米尔和诺夫哥罗德步兵团使用"西伯利亚的税款"供养。[③]

因此，即使这些情况只是个别现象，并未从根本上改变军团的原始驻地布局，我们也不能完全以 1721 年清单为准，认定其中记录的场景是稳定不变的。此外，该清单没有考虑到卫戍兵团。1722 年 2 月 28 日，陆军委员会的法令确定了全体正规军的总体分配方案。[④] 这份文件深化了我们对 18 世纪 20 年代俄国军队构成与结构的理解，同时也为团管区的地理布局增添了更多待解谜题。依据法令内容的基本逻辑，卫戍兵团应该"留守在他们当前所驻扎的卫戍地区"。[⑤] 据此，我们可以合理推断，相较于野战兵团，卫戍兵团的驻地应稳定驻扎在各自的省份。但法令文本的内容却驳斥了这种假设。根据法令规定，四个雷瓦尔卫戍兵团和一个纳尔瓦卫戍兵团"驻扎于莫斯科省"。阿尔汉格尔斯克省只负责供养卫戍兵团，除了自己的两个卫戍兵团外，还要负责供养三个里加卫戍兵团和一个别尔诺夫卫戍兵团。[⑥] 将该法令的内容与最初的文件进行比较后发现，问题的核心并非如表面那样，仅仅是将供养这些兵团的费用分配给"外

---

① РГАДА. Ф. 350. Оп. 3. Д. 127. Л. 26—26 об.
② РГАДА. Ф. 350. Оп. 3. Д. 127. Л. 28.
③ ПСЗ. Т. 7. № 4542.
④ РГАДА. Ф. 350. Оп. 3. Д. 127. Л. 27 об. -28 об.
⑤ РГАДА. Ф. 350. Оп. 3. Д. 127. Л. 28 об.
⑥ РГАДА. Ф. 350. Оп. 3. Д. 127. Л. 27 об. , 28.

省"男性纳税人，而是关乎为这些兵团建设营房区，即这些兵团在其卫戍区以外驻扎的情况。否则，我们就无法合理解释一些信息，比如 1724 年 10 月 12 日阿尔汉格尔斯克普查员 Ф.Г. 切金少将提交给陆军委员会的报告中所提及的信息。少将在这份报告中明确了在哪里为阿尔汉格尔斯克（古利茨上校和莫纳斯特列夫上校领导的）卫戍兵团修建团部营院的问题，并报告说，对这一问题的解决参照了里加卫戍部队的迪纳缅尚斯克团，Ф.Г. 切金认为，该团的团部营院应建在"申库尔斯克镇的瓦加河畔"。[①] 因此，在研究团管区制度时应考虑到，在某些情况下，卫戍兵团的驻扎位置可能远远超出其卫戍地范围。

1727 年 8 月 24 日，陆军委员会呈交给彼得二世的报告所附文件中的"团部营院奉命设在其现驻地的野战龙骑兵团和步兵团登记簿"，同样未能解答这一疑惑。登记簿共有三栏：第一栏为陆军龙骑兵团和步兵团名称，并未像 1721 年 12 月清单那样按师分组，而是采用按省分组的方式；第二栏是"部署要求"，是 1727 年后的军队驻扎计划；第三栏是"现驻地"，是自登记簿编写之时即 1727 年夏末各军团的所在地。如果在该登记簿上再增加一栏：1721 年 12 月 3 日清单中的军团驻扎地信息，我们便可清晰地判断出 1721 年底至 1727 年下半年俄军部署地理位置是否具有稳定性（见表 1）。

表 1　1721~1727 年俄国军团部署动态

军团名称	1727 年后计划驻地（部署要求）	1727 年 8 月现驻地	1721 年 12 月 3 日清单中驻地
近卫军团	圣彼得堡附近亚姆堡县	诺夫哥罗德	清单中未列
克罗波托夫龙骑兵团	维堡附近	奉命从斯摩棱斯克迁到乌克兰	佩列亚斯拉夫尔

---

① РГВИА. Ф. 2. Оп. 7. Д. 11. Л. 163.

续表

军团名称	1727 年后计划驻地（部署要求）	1727 年 8 月现驻地	1721 年 12 月 3 日清单中驻地
圣彼得堡龙骑兵团	被分配到雷维尔和里加驻扎的两个龙骑兵团仍留在驻地，但不建造营房区	未说明	上沃洛乔克和别热茨克区
卡尔戈波尔步兵团	被分配到雷维尔和里加驻扎的两个龙骑兵团仍留在驻地，但不建造营房区	里加	清单中未列
英格尔曼兰步兵团	圣彼得堡附近	圣彼得堡	莫斯科
阿斯特拉罕步兵团	圣彼得堡附近	雷维尔	莫斯科
圣彼得堡步兵团	圣彼得堡附近	喀琅施塔得	部分在拉多加和季赫温，部分在雅罗斯拉夫尔、乌格利奇、罗曼诺夫和特维尔
莫斯科步兵团	圣彼得堡附近	雷维尔	部分在拉多加和季赫温，部分在雅罗斯拉夫尔、乌格利奇、罗曼诺夫和特维尔
弗拉基米尔步兵团	圣彼得堡附近	喀琅施塔得	科特林
诺夫哥罗德步兵团	圣彼得堡附近	喀琅施塔得	科特林
兹科夫步兵团	凯克斯霍尔姆附近	凯克斯霍尔姆附近	清单中未列
雅罗斯拉夫尔龙骑兵团	旧鲁萨附近	诺夫哥罗德州	分散到诺夫哥罗德州
阿拉尔特步兵团	拉多加附近	圣彼得堡	科特林（分散到诺夫哥罗德州）
加利茨步兵团	诺夫哥罗德附近	雷维尔	普斯科夫和雅罗斯拉夫尔
阿尔汉格尔斯克步兵团	诺夫哥罗德附近	里加	部分在圣彼得堡、科波尔和亚姆堡县，部分在特维尔、乌格利奇和雅罗斯拉夫尔

续表

军团名称	1727 年后计划驻地（部署要求）	1727 年 8 月现驻地	1721 年 12 月 3 日清单中驻地
施利塞尔堡步兵团	大卢茨克州托罗佩茨县	奉命从雷维尔迁往里加	部分在圣彼得堡、科波尔和亚姆堡县，部分在特维尔、乌格利奇和雅罗斯拉夫尔
普斯科夫步兵团	普斯科夫附近	里加	部分在圣彼得堡、科波尔和亚姆堡县，部分在特维尔、乌格利奇和雅罗斯拉夫尔
托博尔斯克步兵团	乌格利奇附近	未说明	部分在科波尔县，部分在特维尔、乌格利奇、罗曼诺夫和雅罗斯拉夫尔
切尔尼戈夫步兵团	别热茨克附近	奥拉宁鲍姆	奥洛涅茨
沃罗涅日步兵团	卡申附近	里加	部分在诺夫哥罗德，部分在特维尔、乌格利奇、罗曼诺夫和雅罗斯拉夫尔
科波尔步兵团	特维尔附近	圣彼得堡	部分在科波尔县，部分在特维尔、乌格利奇、罗曼诺夫和雅罗斯拉夫尔
伦泽尔步兵团	斯塔里察附近	未说明	维堡
列弗尔托夫步兵团	莫斯科附近	一个营在雷维尔，其余营在莫斯科	莫斯科
布特尔步兵团	莫斯科附近	大本营在圣彼得堡，其他部分在莫斯科	莫斯科
雅罗斯拉夫尔步兵团	雅罗斯拉夫尔附近	里加	里加省
冯－哈根步兵团	雅罗斯拉夫尔附近	维堡	清单中未列
彼尔姆步兵团	罗曼诺夫附近	里加	雷瓦尔省
斯摩棱斯克步兵团	韦尼奥夫附近	里加	里加省

续表

军团名称	1727 年后计划驻地（部署要求）	1727 年 8 月现驻地	1721 年 12 月 3 日清单中驻地
梁赞步兵团	叶皮凡附近	圣彼得堡	部分在诺夫哥罗德,部分在特维尔、乌格利奇、罗曼诺夫和雅罗斯拉夫尔
西伯利亚步兵团	阿列克辛附近	里加	部分在诺夫哥罗德,部分在特维尔、乌格利奇、罗曼诺夫和雅罗斯拉夫尔
基辅步兵团	苏兹达尔附近	里加	部分在圣彼得堡和普斯科夫,部分在特维尔、乌格利奇、罗曼诺夫和雅罗斯拉夫尔
特罗伊茨克步兵团	科斯特罗马附近	圣彼得堡	部分在圣彼得堡和普斯科夫,部分在特维尔、乌格利奇、罗曼诺夫和雅罗斯拉夫尔
喀山步兵团	佩列亚斯拉夫尔－梁赞附近	维堡	部分在圣彼得堡、科波尔和亚姆堡县,部分在特维尔、乌格利奇和雅罗斯拉夫尔
维堡步兵团	卡卢加附近	维堡	纳尔瓦州
大卢茨克步兵团	图拉附近	里加	部分在圣彼得堡、科波尔和亚姆堡县,部分在特维尔、乌格利奇和雅罗斯拉夫尔
维亚特卡步兵团	佩列亚斯拉夫－扎列斯附近	里加	纳尔瓦州
纳尔瓦步兵团	弗拉基米尔附近	里加	雷瓦尔省
涅夫斯基步兵团	穆罗姆附近	圣彼得堡	部分在圣彼得堡、科波尔和亚姆堡县,部分在特维尔、乌格利奇和雅罗斯拉夫尔
沃洛格达步兵团	沃洛格达附近	维堡	部分在诺夫哥罗德,部分在特维尔、乌格利奇、罗曼诺夫和雅罗斯拉夫尔
下诺夫哥罗德步兵团	下诺夫哥罗德附近	圣彼得堡	部分在圣彼得堡和普斯科夫,部分在特维尔、乌格利奇、罗曼诺夫和雅罗斯拉夫尔

续表

军团名称	1727 年后计划驻地（部署要求）	1727 年 8 月现驻地	1721 年 12 月 3 日清单中驻地
罗斯托夫步兵团	尤里耶韦茨-伏尔加流域附近	纳尔瓦	雷瓦尔省
别尔哥罗德步兵团	瓦西列夫附近	里加	纳尔瓦州
卢茨克龙骑兵团	喀山州	喀山州切列姆尚前哨阵地	沃罗涅日州
沃洛戈茨龙骑兵团	喀山州	喀山州切列姆尚前哨阵地	奥尔洛夫州
喀山龙骑兵团	喀山附近	尼佐夫军团	叶列茨州
梁赞龙骑兵团	喀山附近	尼佐夫军团	喀山省
莫斯科龙骑兵团	奔萨附近	尼佐夫军团	喀山省
阿斯特拉罕龙骑兵团	萨马拉附近	尼佐夫军团	坦波夫州
诺夫哥罗德龙骑兵团	辛比尔斯克附近	尼佐夫军团	沙茨克州
罗斯托夫龙骑兵团	萨拉托夫附近	尼佐夫军团	喀山省
阿尔汉格尔斯克龙骑兵团	察里津附近	尼佐夫军团	喀山省
英格尔曼兰龙骑兵团	别尔哥罗德附近	乌克兰	卢布尼市
涅瓦龙骑兵团	苏梅军团附近	乌克兰，伊祖姆军团	旧鲁萨县城及德列夫斯卡娅区
拉波夫龙骑兵团	伊久姆军团附近	维堡	普里卢卡
纳尔瓦龙骑兵团	哈利科夫军团附近	奉命从斯摩棱斯克迁往乌克兰	别尔哥罗德州
特维尔龙骑兵团	阿赫特尔军团附近	察里津沿线附近	涅任

军团名称	1727 年后计划驻地（部署要求）	1727 年 8 月现驻地	1721 年 12 月 3 日清单中驻地
普斯科夫龙骑兵团	坦波夫附近	察里津沿线附近	加季齐市
下诺夫哥罗德龙骑兵团	科兹洛夫附近	奉命从斯摩棱斯克迁往乌克兰	谢夫斯克州
西伯利亚龙骑兵团	瓦卢伊附近	乌克兰	米尔哥罗德
亚速龙骑兵团	旧奥斯科尔附近	乌克兰	苏米和阿赫季尔镇军团
亚速步兵团	波尔塔瓦附近	维堡	部分在圣彼得堡、科波尔和亚姆堡县，部分在特维尔、乌格利奇和雅罗斯拉夫尔
维亚特卡龙骑兵团	斯摩棱斯克	乌克兰	哈尔科夫和维亚济马
拉辛步兵团	多罗戈布日	里加	里加省
卡宾豪森步兵团	波列奇	里加	里加省
基辅龙骑兵团	不在小俄罗斯驻扎任何步兵团，但龙骑兵兵团可与往常一样，根据宿营地数量驻扎，但不收取赋税。当其他军团前来轮换时，此前在小俄罗斯驻扎的军团将前往轮换军团的营房区	奉命从斯摩棱斯克迁往乌克兰	旧鲁萨县城及德列夫斯卡娅区
特罗伊茨克龙骑兵团	同上	奉命从斯摩棱斯克迁往乌克兰	旧鲁萨县城及德列夫斯卡娅区
彼尔姆龙骑兵团	同上	雷维尔	波尔塔瓦
托博尔斯克龙骑兵团	同上	奉命从斯摩棱斯克迁往乌克兰	托罗佩茨及县城
新特罗伊茨克龙骑兵团	同上	奉命从斯摩棱斯克迁往乌克兰	旧鲁萨县城及德列夫斯卡娅区

续表

军团名称	1727 年后计划驻地（部署要求）	1727 年 8 月现驻地	1721 年 12 月 3 日清单中驻地
奥洛涅茨龙骑兵团	同上	未说明	上沃洛乔克和别热茨克区
弗拉基米尔龙骑兵团	未说明	乌克兰	乌斯秋日纳 - 热列佐波利及县城
赫洛波夫龙骑兵团	未说明	奉命从斯摩棱斯迁往乌克兰	斯塔罗杜布
亚姆堡龙骑兵团	未说明	奉命从斯摩棱斯克迁往乌克兰	托尔若克及县城

资料来源：Сост. по：Сб. РИО. 1889. Т. 69. С. 14–17；РГАДА. Ф. 350. Оп. 3. Д. 127. Л. 25 об. –27。

在登记簿所列出的 73 个陆军军团中，有 3 个军团在 1721 年清单中缺失。其余 70 个军团中，有 4 个军团未标明 1727 年的部署位置。因此，我们无法了解他们的驻地位置与 1721 年相比是否发生了变化。因此，彼得一世时期的野战军中，我们只掌握了 66 支这两份文件都记录了其位置的部队，从而仅能对这 66 支野战军团的部署位置进行对比研究。在进行初步统计后不难发现，即便我们在比较 1721 年清单的资料和 1727 年登记簿的资料时极为谨慎，考虑到军团驻扎地点未发生显著变动及部分重合的情况，也可清楚地看出，到 1727 年 8 月俄国军团的部署地点已发生了大规模调整。66 个军团中，最多只有 15 个军团（约占 23%）的驻扎位置与 1721 年清单中列出的位置相比没有发生变化。

此番发现对我们的研究究竟意味着什么？1727 年的登记簿是否为我们揭示了团管区地域分布的清晰图景？在笔者看来，答案是否定的。若按传统理解，将团管区定义为当地居民通过缴纳人头税以供养驻扎当地军团的地域，那么上述文件表明：首先，军团完全可能驻扎在供养其的人头税来源以外的地区；其次，在相对短暂的时间内对军团进行大规模重新部署，意味着可以完全打破军团宿营地与其部署地，以及军团的实际位置与其团管区之间的对应联系。否则，我们不得不面对一个极为荒谬的结论，即在每一次军团的重新部署中，团管区体系都会跟着重新调整，即便是在荒诞的彼得大帝时代，也显得过于荒唐。

因此，笔者倾向于认为，团管区作为军事行政税收单位的地理位置，大致上是依据1721年的清单来划定的，1724~1725年——军队大致安置在冬季驻地时——经过一定调整，最终正是在这个时间节点上基本定型。各军团的税务管理机构被设立在团管区的团部营院，即便随后几年间军团有所调动，这些税务管理机构的位置也不变。因而，与其说团管区是与团的实际驻扎地紧密相连，不如说是与其税收管理机构的实际位置，与其部署地相联系。若要证实或纠正这一假设，或许有待于发现一份1724年或1725年的兵团部署汇总信息资料。但笔者还想重申：只有对现存的有关团部营院的地方文件进行全面研究，才有可能相对准确地重建军团管区组织的全貌，而这仍是一项极为耗时且尚未完成的任务。

如果我们回过头来看18世纪20年代前半期的情况，应该意识到，最初编制军团部署文件的人，并未将详尽记录这一过程视为其职责所在。正如M. M. 博戈洛夫斯基所认为的，这项工作"必须在当地、在地区进行"。这项工作始于1724年，当时普查员离开莫斯科前往各分属省份，"但进展非常缓慢"。① 1724年5月1日，彼得大帝通过参政院下令开始向各省部署军队，首先是莫斯科，其次是与莫斯科接壤的省份，最后是在全国铺开。同年5月19日参政院重申了这一命令。② 1724年8月初，皇帝再次要求将部队调往"长期驻地"，这表明他在5月下达的命令没有得到执行。参政院于1724年8月6日颁布的法令明确规定了军团部署原则：距所部署的长期驻地500俄里以内的军团全员转移至该长期驻地；若

---

① Богословский М.［М.］Областная реформа Петра Великого. С. 363.
② ПСЗ. Т. 7. № 4503.

距离更远，则由团长率领团先遣队立即前往"长期驻地"。先遣队包括每个连的一名高级军官、每个营的一名上尉、中尉、少尉、准尉、中士和下士以及 30 名士兵。① 这些先遣队负责准备全团人员的安置宿营，同时着手人头税的征收。但众所周知，8 月的法令并没有得到执行：大多数军团先遣队于 1725 年才开始抵达驻地，而彼得大帝已经没有机会等待他们的汇报了。1725 年 1 月 28 日，彼得大帝逝世。

第五节　冬季驻地

由于需要将军队安置在冬季驻地，这便引发了如何有效规划这些冬季驻地的问题。彼得大帝认为，最好的办法是在军团管区范围内为军队建造专门的营房区，通过向军团管区内的居民征收人头税以维持军团运作。然而，无论是农民还是地主，对建造此类建筑的前景都不乐观，他们深知这将会是一项颇为沉重的新负担。大多数地主表示，他们打算把部队安置在农户院落里。沙皇在最终决定前也曾犹豫，并未排除军队安置的综合原则（既安置在普通农户院落也安置在专门的营房区）②，但到了 1724 年，出于对保持军队战斗力的考虑，他最终倾向于建造专门的营房区。③ 1724 年 6 月 26 日所谓《布告》（«Плакат»）第二部分第 19 条将此作为一项准则，这份基本文件与《上校规章》（«Инструкция полковнику»）和《地

---

① ПСЗ. Т. 7. № 4542.

② 彼得大帝为此犹豫了很久。早在 1708 年，沙皇在考虑将 О.-Р. 冯·绍姆堡少将的龙骑兵安置在诺夫哥罗德的冬季营地时，就下令"在城市附近建造专门的营房和马厩，以免居民因此受到冒犯和困扰"。然而，同年 3 月 21 日，А.Д. 缅什科夫公爵作为包括诺夫哥罗德在内的英格曼兰省的省长，向君主提交了一份报告，其中第三条要求对建造龙骑兵"专门的营房"的问题做出说明，得到了御批："不要建营房，而是在诺夫哥德附近贵族所有的村落建造马厩……龙骑兵也将驻扎在那里。"参见 РГАДА. Ф. 198. Оп. 1. Д. 5. Л. 61；ПСЗ. Т. 4. № 2194。

③ Анисимов В. Е. Податная реформа Петра I. С. 245.

方专员规章》（«Инструкция земскому комиссару»）一起界定了军事行政机构的职权范围。根据上述文件，军团全体人员分别驻扎在不同的营房区，每个营房区至少驻扎一个班，最多不超过一个连。每个营房区的建筑应包括中士独享的木屋一间，两名士官共用的木屋一间，以及按每三名士兵一间的标准供普通士兵居住的木屋若干。为每个连队的高级指挥人员建造一个主管军官营房，由两间军官木屋和一间供"随从人员"使用的木屋构成。在团部中心区域还需建立一个参谋部（或称团部）营院，由八个木屋、一栋医院用房、一些仓库及一些马厩共同组成。《布告》要求在 1724 年 10 月开始建造士兵营房区和团部营院，并于 1726 年之前完工。根据要求，采购建筑木材"和其他木质用品"的任务由"团部驻地"所在地区的纳税居民负责。营房区的建造本身成为军团全体人员最关注的问题。在仅征税军官驻扎的地区，由于无须建造上述营房区以容纳士兵和团部后勤人员，团部营院便由纳税居民出力建造而成。从而，团部（参谋部）营院——一个集"军官与地方专员居所"及后勤设施于一体的综合性建筑群——一词发展为日常通用的概念。①

这个综合性建筑群到底是什么？圣彼得堡省人口普查办公室主任Г. П. 切尔尼舍夫少将绘制了团部营院以及士兵住房的建筑图纸，并将其呈送皇帝审议，皇帝于 1724 年 8 月 4 日在参政院批准了这些设计草案。两日后，参政院正式颁布法令，对这一决定予以确认，② 同时，建筑图纸的副本也被分发至各省人口普查办公室以供执行。其中一份副本被保存在古利茨卫戍部队步兵团指挥官古利茨上校与位于阿尔汉格尔斯克省的陆军委员会的通信中（1725 年 4 月）。得益于这份宝贵的文件，我们才能了解团部营院的确切样子，或者至少是它应有的模样。根据前文提到的《布告》标准，其基础包括 8 间居住用的营房，其中上校、中校、少校各

① ПСЗ. Т. 7. No. 4533.
② ПСЗ. Т. 7. No. 4533.

单独 1 间，团副官和文书占 1 间、军需官和辎重官占 1 间、审计员和监察员占 1 间、他们的勤务兵和仆从被安置在最后两间营房里。此外，通过古利茨上校提供的信息可知，Г.П. 切尔尼舍夫少将（可能是在同一时间，即 1724 年 8 月 4 日向彼得一世提交设计草案时）向沙皇提议，在《布告》确定的标准之上增加团部营院的营房数量，因为参谋人数众多，八间营房安置不下。在他看来，在团部营院，应该再建两间营房：一间供团部军需长使用；另一间供地方自治专员、书吏及仆人使用。①

通过对上述资料的解读，我们能够深入了解《布告》中所勾勒的团部营院经济、后勤设施及住宅建筑的全貌。这些建筑包括 3 个供军官和团部马匹使用的马厩、1 个军需库、8 间营房组成的营房区，供 20 名外部人员（鼓手、钳工和铁匠）以及"卫兵、士兵和车夫"居住。在团部营院，有一个由 6 幢木屋组成的医院区，包括 4 间病房，1 个团部药房兼医生住房，1 个团部牧师和勤杂兵住房。此外，医院区还包括一个供"医师和药房的马"使用的马厩，以及一个供病人使用的浴池。"浴池的建造超出了法令的规定，但对病人来说是必不可少的。"② 上述全部建筑的占地面积颇大：长 69 俄丈，宽 50 俄丈。若按公制度衡量换算，相当于一个约 147 米×106 米的长方形地块，面积超过 1.5 公顷，算得上名副其实的军镇。

可以想象，对于那些肩负施工重任的人来说，这样的任务是多么艰巨。除了需建造如此庞大的团部建筑，还需为彼得大帝麾下的 120 余个步兵、骑兵及卫戍团分别打造专门的连队营房区。或许正是由于看到了建筑图纸，并且考虑到工程的庞大规模，皇帝被迫对部队的安置要求做出适度调整，以减轻民众的负担。这无疑也是人口普查办公室负责人向沙皇呼吁的，毕竟他们的职责就包括组织"冬季驻地"建设的重任。为此，

① РГВИА. Ф. 2. Оп. 7. Д. 11. Л. 165.
② РГВИА. Ф. 2. Оп. 7. Д. 11. Л. 165 об.

参政院于 1724 年 12 月 6 日根据沙皇谕旨下令：

> 根据切金少将的报告和给驻扎在《布告》规定位置的卫戍兵团的图纸，无须建造营房区，应参照随新修订法令下发至所有人口普查员的新图纸，建造军官和地方专员居住的团部营院。①

值得一提的是，前文提及的古利茨上校，以及他在阿尔汉格尔斯克卫戍兵团中的同僚莫纳斯特雷夫上校，均展现出了极高的行动力，迅速着手建设各自的团部营院，并借此契机进行了适度的精简。通过上述提到的信息源可知，这两位指挥官分别于 1724 年 12 月 8 日和 10 日开始修建团部营院工作。古利茨军团的团部营院位于阿尔汉格尔斯克附近（大天使米迦勒修道院），莫纳斯特雷夫军团的团部营院在库兹涅奇哈村（可能离霍尔莫戈雷不远），正如古利茨上校解释的那样，"在阿尔汉格尔斯克镇找不到更适合建造团部营院的地方"。建筑材料的运送和建筑工作由德文斯克县、凯夫罗尔斯克县和梅岑斯克县的农民以及阿尔汉格尔斯克的工商业者承担。显而易见，上述地域成为上述军团的团管区，但依据现有的文献资料，尚无法确切地划定其内部的边界所在。

到 1725 年 4 月 10 日，古利茨军团的团部营院的施工进度如下：4 间住宅用房已完成屋顶施工，另外 4 间木屋刚完成"打桩"。医院区仅有澡堂已经竣工，病房、药房、牧师住宅和勤务兵的 6 间木屋已经用原木造成，并且铺装了地板，医院区马厩和连队外部人员的 8 间木屋只来得及打桩。莫纳斯特雷夫军团的团部营院已准备就绪：

> ……团部人员的 8 间木屋及前厅已经用原木造成，天花板内侧

---

① ПСЗ. Т. 7. № 4611.

（下部）的镶板安装完毕，房屋内部结构、门、窗、护窗板均安装完毕，上层屋顶也即将完工。

然而，莫纳斯特雷夫团部营院的医院区似乎还没有开始建设，尽管"从现在起，农民们正在马不停蹄地为这一建设准备木材、苔藓和其他物资"。① 如果古利茨上校提供的信息属实，那么这些卫戍团建造团部营院的情况并不算最糟。毕竟只有极少数军团按时完成了任务，并按照《布告》的规定在 1726 年初建成了自己的营院。M. M. 博戈洛夫斯基收集了大量相关信息，并指出了此类个别情况。根据他提供的资料，在既定的时间节点之前，仅在普斯科夫州内，为普斯科夫步兵团建成了团部营院，另在别热茨基军团管区也落成了一个团部营院（所属军团名称未予详述）。而（历史学家关注到的）大部分团部营院都在 1725 年春夏之交才开始动工，在亚速省，甚至到 1725 年底还未能准备好所需的建筑木材。②

鉴于意识到在规定时间内大规模建造"冬季驻地"实属不切实际，俄国政府采取了另一种妥协方案。新君叶卡捷琳娜一世通过参政院发布政令，取消了强制"县的居民"建造驻地的要求，允许军队驻扎在普通居民的院落中。至于团部营院的建造，规定那些已经启动的工程必须在1726 年之前完成。1730 年，弗拉基米尔州公署文件中记录了一个案例，涉及位于乌达拉村附近的弗拉基米尔县维梅戈茨基驻地的营院，它是为了满足雷瓦尔卫戍团的需求而规划的，营院内缺少了切尔尼舍夫设计图纸上的部分建筑。该团部营院有 4 幢用栅栏围起来的带有储藏室的营房，供领导人员（"校官"、"尉官"、"专员"和"地方书记员"）使用，每幢房子配有 4 扇窗户；2 幢供办公室职员和士兵使用的房舍，每幢有 6 扇

---

① РГВИА. Ф. 2. Оп. 7. Д. 11. Л. 168–169.

② Подробнее об этом см.: Богословский М. [М.] Областная реформа Петра Великого. С. 372–375.

窗户，由走廊连接；2 幢带 2 扇窗户的供下人住的简易小屋；2 个供军官和士兵马匹使用的马厩和 1 个地窖。[①]

在团部营院缺乏时间储备建筑材料的情况下，建筑工程可以延期至四年内完工，在此期间，"本应安置在长期驻地的军团人员，可暂时安置在农民的院落里"。这道"仁慈的政令"（连同其他标志着女皇登基的法令）表明了叶卡捷琳娜一世女皇对臣民的"母亲般的关怀"以及减轻他们负担的愿望。《法律全集》对该政令发布日期的记录是 1725 年 2 月 12 日（可能有误），而在古利茨上校的信息中（附有全文）所提及的日期是 1725 年 3 月 12 日。[②] 当然，免除纳税居民强制修建"冬季驻地"，以及放宽团部营院的修建条件，无疑都是俄国政府做出的重大让步。但在农民和城镇居民的院落中安置军队仍然是一项繁重的任务，而且与建筑工程有竣工期限不同的是，这是一项无限期的义务。

第六节　团部营院及其居住者，抑或人头税的征收者

在史学传统中，团部营院不仅被理解为集"军官与地方专员居所"及后勤设施于一体的综合性建筑群，还被理解为一个特定的机构。例如，现代辞书《俄罗斯国家体制》中相关词条的作者 M. B. 巴比奇从一开始就将团部营院定义为"地方军事管理机构"。[③] 这位历史学家进一步指出，"所有团部营院都可能是按照军团办公室组织的特殊权力机构"。从某种意义上说，我们应该认同这一观点：团部营院作为一个集中管理团部一

[①] РГАДА. Ф. 423. Оп. 2. Д. 136. Л. 14-16 об. 感谢 Е. С. 科尔奇明为笔者提供了这些信息。不过，这个营院也可能并不是计划容纳团部管理的所有单位，最初的规划只是作为人头税收税员的住所，这一点从房舍的功能用途中可以看出。

[②] ПСЗ. Т. 7. № 4654; РГВИА. Ф. 2. Оп. 7. Д. 11. Л. 170-171.

[③] Бабич М. В. Полковой двор // Государственность России（конец XV в. -февраль 1917 г.）: словарь-справ : в 6 кн. Кн. 3（Л-П）. М., 2001. С. 329.

般行政事务、团部建设和经济事务的机构，① 其概念在团部营院建立前后都存在，即便没有明文规定，也有相当明确的职能界定。但是，团部营院是一个机构吗？这个看似不是问题的问题实则需要清晰的解释。

为了解团部营院是否可以作为机构以及其结构和运作情况，有必要从立法入手，首先要关注 1724 年 6 月 26 日颁布的三项在史学界广为人知的法令，即上文提及的《布告》、《上校规章》和《地方专员规章》，以及相关的《负责监督地方警务的上校职责》法令。

《地方专员规章》和《负责监督地方警务的上校职责》的内容不涉及团部营院。这并不奇怪，因为这两份法令是《布告》和《上校规章》的派生物，几乎是逐字逐句地重复或略微明确了后者中有关地方专员的权限以及上校的行政和警务职能部分的规定。《布告》和《上校规章》中虽含有关于团部营院的信息，但内容相对有限。《布告》中提到团部营院 3次，《上校规章》中提到 3 次，总共 6 次。这些微不足道的统计数字本身也许不能说明什么问题，但对我们的研究来说，更重要的是提及团部营院这几处的上下文背景。

《布告》中第一次出现"团部营院"的概念是在第 1 部分的第 4 条（"关于地方专员"），其中提到组织地方贵族或地方"居民"（在没有贵族的地区）代表大会选举地方专员。根据规定，选举人应前往团部营院，团部营院因此被确定为进行选举程序的地点。在《布告》的第 2 部分第19 条（"关于上校与军官"）中，有两处提到了团部营院。该条款包含关于建造冬季宿营地的一般说明，包括应由谁进行建筑工作。下面引用这一片段：

　　　　还要在团部中建造一个由 8 栋房屋组成的校官营院，并在其中

---

① Военная энциклопедия: в 18 т. Пг., 1915. Т. 18. Полковое управление. С. 545–547.

建造医院和用于存放团部马车及箱子的仓库……并由各团（由各团的全部人员。——作者注）负责建造上述营房区、团部营院以及其他设施……那些将被安置在圣彼得堡附近和其他地方的军团……无须建设营房区，仅由农民为军官和地方专员提供用于居住的团部营院即可。①

在《上校规章》中，有3处提到了团部营院，集中在篇幅较长的第12条（"当军团暂时离开驻地时，哪些人应留下，他们应如何行动"）。例如，留守在冬季驻地的军官应保留一处住所，与团部营院的地方自治专员们同住（第12.1条）；留守军官应"认真监管该团的团部营院，使其完好无损，如有任何损坏，应由留守士兵修复"（第12.3条）；"如遇年底被替换，则留守军官将肩负的职责转交给前来轮值的军官，并根据清单将团部营院移交给他们"（第12.5条）。②

因此，在规定军事财政管理机构基本权利与职责的法令文件中，6处提及团部营院的表述均一致反映出，立法者将团部营院视为一个兼具居住与经济活动功能的综合体，其中进行着各类活动，容纳着生活与工作的人群；它作为一个物质实体存在，会经历侵蚀与损耗，须进行维护。正因如此，我们无法将团部营院视为一个机构。

当然，彼得大帝时期的立法，或许与俄罗斯帝国史中任何时期的立法一样，都具有明显的模糊性，充斥着含混不清与自相矛盾之处，往往只能反映出当局的一些总体构想，而这些构想有时又与当下的实际情况相去甚远。因此，尽管对立法基础进行深入剖析十分重要，但若不结合办公室文牍材料，不涉猎那些记录日常管理惯例的资料，就对国家行政生活的实际情况与现象做出任何最终论断，都将是不公正的。

---

① ПСЗ. Т. 7. № 4533. Ч. 1, п. 4; Ч. 2, п. 19.

② ПСЗ. Т. 7. № 4534. П. 12.1, 12.3, 12.5.

一个机构存在与否的最可靠标志就是其名称是否作为主体出现在办公信函中。众所周知，任何官方文件的标题都会注明文件类型（命令、备忘录、授权令、报告、汇报等）以及收寄双方。正是这些信息清楚地反映了机构存在的事实及其在行政等级中的地位。在我们所掌握的有关1724~1735年军事财政管理各方面活动的档案摘录中，约有二十几份文件完整地再现了收发机构的名称。虽然从所有保存下来的案例来看，二十几份样本的体量很小，但也可以提供一些思考素材。

首先引起笔者注意的是，样本中提及团部营院作为通信对象比较罕见。无论如何，这种情况并不是主流，即便有案例支撑，也无法直接将其解读为团部营院具备机构属性的确凿证据。比如，1731年，维尔霍图里耶军政长官官署收到了一份备忘录，名称为"诺夫哥罗德陆军步兵团由卡扎科夫上尉通过团部营院收缴人头税"①；同年，秋明"征收人头税的团部营院"收到了一份汇报，一位检举者指控秋明军政长官官署的一位书吏帮一名受奴役者避缴人头税②；"秋明军政长官官署致托博尔斯克步兵团西伯利亚卫戍团团部营院的人头税征收备忘录"（1731年）。③ 还有一份非常有趣的报告："从诺沃西利镇团部营院向奥廖尔州人头税征收办公室提交的报告。"（1735年）④ 在上述案例中，令人疑惑的是，"团部营院"的概念似乎是双重的，原本"征收人头税的"是"团部营院"的形容词，后来变成了两者并立："从……团部营院"——"向……人头税征收办公室"。

随着我们对其他更为常见的文书表述逐渐熟悉，这种令人困惑的现象愈发严重。在这些文书表达中，团部营院越来越"隐形"，甚至完全消失，取而代之的是其他机构，而这些机构所从事的事务，按传统史学观

---

① ГАТО. Ф. И-47. Оп. 1. Д. 4913. Л. 40.
② ГАТО. Ф. И-47. Оп. 1. Д. 2122. Л. 30.
③ ГАТО. Ф. И-47. Оп. 1. Д. 4913. Л. 35.
④ РГАДА. Ф. 1042. Оп. 1. Д. 212. Л. 18.

点来看似乎属于团部营院的职责范畴。在这些表述中，"人头税征收办公室"的概念占据了主导，尽管有关军事财政管理的法律并未设立过这一机构。这类办公室隶属于各军团，并时常相互通信，如"苏兹达尔州克鲁波托夫掷弹兵团人头税征收办公室致同州德尔普军团人头税征收办公室的备忘录"（1725）[①]；"圣彼得堡步兵团托博尔斯克卫戍团人头税征收办公室致秋明人头税征收办公室的备忘录"（1725年、1726年）[②]以及"圣彼得堡陆军步兵团人头税征收办公室致圣彼得堡军团托博尔斯克卫戍团人头税征收办公室的备忘录"（1726年）。[③]甚至一般管理机构和特殊管理机构也都发函给这类办公室："秋明司法专署致圣彼得堡军团西伯利亚卫戍团人头税征收办公室的收备忘录"（1726年）[④]；"秋明军政长官官署致托博尔斯克军团西伯利亚卫戍团人头税征收办公室的备忘录"（1731年）。[⑤]这类办公室还可开具出行凭证，如秋明人头税征收办公室就曾为该办公室派去寻找逃亡农民的格里戈里·卢加尼诺夫和伊利亚·库拉科夫开具过出行凭证（1726年）。[⑥]再比如会议听证记录："西伯利亚矿务总局第429号会议记录。同日听取了新戈罗茨克步兵团人头税征收办公室的备忘录"（1726年）[⑦]；"西伯利亚矿务总局第453号会议记录。同日听取了圣彼得堡陆军步兵团人头税征税办公室从伊谢茨克发来的备忘录"（1726年）。[⑧]在这种情形下，人头税征收办公室变成了行为主体，即使是"伊谢茨克圣彼得堡陆军步兵团长期驻地团部营院致秋明圣彼得堡军

---

① РГАДА. Ф. 987. Оп. 1. д. 2. Л. 56, 60.

② ГАТО. Ф. И-166. Оп. 1. д. 5. Л. 1; д. 6. Л. 27.

③ ГАТО. Ф. И-166. Оп. 1. д. 6. Л. 8.

④ ГАТО. Ф. И-181. Оп. 1. д. 46. Л. 15.

⑤ ГАТО. Ф. И-47. Оп. 1. д. 2122. Л. 22 об.

⑥ ГАТО. Ф. И-166. Оп. 1. д. 6. Л. 250.

⑦ ГАСО. Ф. 24. Оп. 12. д. 194. Л. 175 об.

⑧ ГАСО. Ф. 24. Оп. 12. д. 194. Л. 191 об.

团托博尔斯克卫戍团团部营院"（1726 年）① 这样的措辞，也无法让我们明确团部营院是否具备机构的性质。因此，只能假设在人头税改革过程中建立的地方军事税收机构系统包含两个机构（隶属关系不明确）：团部营院和人头税征收办公室，或者将团部营院理解为人头税征收办公室机构的所在地。

若按第一种假设，② 则有一个疑问仍然悬而未决：为何团部营院鲜少作为公文往来的稳定主体出现。换言之，为何它未能作为人头税征收办公室及其他地方政府机构的稳定对应机构出现？如此看来，第二种假设似乎更有道理，即在作为军营的团部营院，设有几个机构：军团参谋部（由上校、各级校官、后勤和司法官员组成的兵团行政机构）、军团办公室（负责各种兵团文牍处理的机构）和人头税征收办公室（负责军事财政管理的地方专门机构）。其中，参谋部，尤其是上校无疑处于最高层级。所有相关法令文件均明确指出，上校在团内事务、部队冬季驻地管理以及人头税征收等诸多方面拥有充分权力。显然，隶属于上校的军团办公室（可类比为军政长官官署和军政长官的隶属关系）在必要时能够以上校的名义干预团外事务的解决，并处理与人头税征收相关的工作。例如，在西伯利亚矿务总局的记录中，有一份"来自新戈罗茨基军团办公室"的备忘录，内容是关于该军团的一名军官"向附属村镇发送关于征收人头税的报告和法令副本"（1726 年）。③ 而人头税征收办公室最初是作为一个专门处理与新直接税征收有关的业务的机构而设立的。《上校规章》第 12 条（"当军团暂时离开驻地时，哪些人应留下，他们应如何行动"）对其组成做出了规定："……留在驻地收发钱物，上校不在时，

---

① ГАТО. Ф. И-166. Оп. 1. Д. 6. Л. 22.

② 应当承认，笔者最初也赞同这一观点，先入为主地认为，相对于人头税征收办公室这一分支单位，团部营院是更高级的机构。参见 Редин Д. А. Полковые дистрикты. С. 164, 169。

③ ГАСО. Ф. 24. Оп. 12. Д. 193. Л. 18 об.

留 1 名上尉、1 名准尉、1 名文书、1 名下士以及 16 名士兵看守包裹和清点钱财……"① 在《上校规章》中，该机构没有自己的名称，它可能是在军事行政管理的运作过程中自然形成的，且正如俄国国家行政管理实践中经常出现的情况一样，其存在并不具备稳定性，经常被称为"人头税征收办公室"，或"人头税办公室"，或"人头税征收监督办公室"。但无论如何，其机构本质始终如一，不同的命名方式均清晰界定了该机构的核心职能与目的。人头税征收办公室（名称不稳定）设在团部营院，可以说在制度上与团部营院保持一致，这就产生了上述"征收人头税的团部营院"的说法。

当军事行政管理的所有机构均设于团部营院时，上述说明是合理的。然而，若仅有人头税征收办公室留在团部营院，而上校及其参谋团队和军团办公室迁往别处，那么就可能出现前文引用过的那种表述："伊谢茨克圣彼得堡陆军步兵团长期驻地团部营院致秋明圣彼得堡军团托博尔斯克卫戍团团部营院"（1726 年）。② 在此情形下，人头税征收办公室与团部营院完全重合（尽管在大多数情况下，两个军团之间的通信记录更常提及的是人头税征收办公室，而非团部营院）。采用这样的表述，总体上偏离了惯例，这或许可以归因于负责文书记录的书吏发生了更替，其书写风格与术语使用偏好也随之改变。

基于军事税收管理公文研究得出的观点，与上文探讨的法令文件的信息高度一致。考虑到可能存在大量源自相似背景的历史文献，其中可能会有各种用语，我们似乎有理由认为，团部营院是"地方军事管理机构"这一说法是一个史学上的构想。在实行人头税制度期间，地方军事财政管理机构的结构实际上更为复杂，涵盖了上校及其参谋部、军团办公室以及人头税征收办公室。人头税征收办公室与这些机

---

① ПСЗ. Т. 7. № 4534. П. 12.
② ГАТО. Ф. И-166. Оп. 1. Д. 6. Л. 22.

构共同设于团部营院内，并在管理中发挥着关键作用，尤其是当上校及军官因事离开团部营院（团管区中心）时，其承担的管理职能几乎变得无所不包。

第七节 行政之乱象

在各地区部署广泛的军事机构网络极大地改变了俄国的行政面貌。严格说来，在预示着各省、州境内开始建造士兵营房区和团部营院的斧声响起之前，变革的预兆已有迹可循，从地区日常生活需要服从人口普查办公室这一临时性特别行政机构的指令那一刻起，改变已然发生。M.M.博戈斯洛夫斯基精准描述了军事机构公然侵扰在第二次地方行政改革进程中建立的一般行政机构和专门行政机构职权的行为。他在描述 18 世纪 20 年代地方行政机构的现状时指出："……除了被派来的近卫军（所谓的近卫军'督办者'。——作者注）监督之外，上有专横苛刻的人口普查官员的施压，两侧则受到军团指挥官们的挤压。"①

尽管 M.M.博戈斯洛夫斯基认为，人口普查办公室一手遮天，监督地方军团管理机构的活动，使省级行政机构崩溃，但当时的立法者却认为这只是行政系统的暂时现象。从立法层面对人口普查办公室活动的支持过程，也体现了这一点——立法保障是在一个相对较长的时段内（按彼得大帝执政时期的高速度为标准）逐渐发展起来的。理论上，人口普查一旦完成，人口普查办公室也应当被撤销。相反，军团行政机构则被设定为永久性机构。这似乎表明，彼得大帝认为这些机构会长期存在，因此，他为这些机构制定了一系列规章制度，这些规章制度与 1719 年地区行政机构运作的规章制度具有"配套"性质。从彼得时代国家建设的

---

① Богословский М. [M.] Областная реформа Петра Великого. С. 402.

整体理论和实践进程来看，这一情况显得极为特殊。我们在不详细展开的情况下，仅需注意一点：如果将保障地方军事管理机构和州级管理机构工作的法令进行比较，可以明显发现后者在若干重要领域的权力被削弱了，而地方军事管理机构的权力却得到了显著加强。

通过对比1724年各种规章与《布告》中赋予上校及军官的权力，与1719年针对军政长官或省长和省行政官员所规定的权力，即可验证该观点。即便仅从法律条文的形式角度分析，这种比较也不利于后者。1719年的规章大多包含具有约束力的法律规范，在文字表述与精神实质上，很大程度上将地方行政官员定位为中央政府意志的机械执行者，频繁地告诫他们："你们必须如此行事。"相比之下，1724年关于上校及团级军官的指示，则是通过法律规范的授权，赋予了他们行动的自主权与灵活性。

正如前文所述，彼得大帝在组织部队重新安置与推行人头税的同时，并未打算将各省、州的领导层完全排除在这些进程之外。根据1719年的各种规章，军政长官被赋予了相当广泛的参与改革的机会，甚至在一定程度上承担了监督职责。军政长官被赋予在军人与纳税者之间可能发生的"冤屈、争吵和失序混乱"中担任仲裁人的职能；他负责监督地方自治专员在分配和征收人头税过程中的活动；负责保障农民在缴纳"供养军人的物资"以及招募新兵时"不被军人冒犯"。[1] 而1724年规章则取消了军政长官的上述所有行政权，将与人头税征收和征兵管理有关全部问题的行政权都移交给了军事机构。甚至连地方自治专员（隶属于一般行政当局的当地居民代表）的监督权也掌握在上校手中。在规章制度上，他们承担着组织选举专员的县级代表大会的职责，而面对如何处理失职专员的问题则采用奇怪的方式解决，留下了很大的解释空间，使得该问

---

① ПСЗ. Т. 5. № 3294. П. 8, 11, 27, 35.

题可以根据情况灵活应对。① 至于对通过本省内的行军部队的补给，自然也不再受军政长官的掌控。②

　　地方行政机构在一般行政管理、警察管控和司法权力方面的特权被公然取消。1719 年的规章规定，军政长官的职责是管理县警察机构，全面监督法律的遵守情况（"按照君主的法令"管理本省所有臣民，"努力确保不让任何人遭受暴力和抢劫"），打击"盗窃和一切抢劫及犯罪行为"；有权进行搜查和实施惩治。③ 1724 年法律文件的要求则完全不同：在团管区内打击犯罪由上校（更广义地说是军事行政当局）全权负责。《上校规章》第 2 部分第 11 条概述了这一原则，而《负责监督地方警务的上校职责》则对该原则做了实质性的规定，取消了军政长官在这类事务中的所有权力。上校有明确的义务保护本地居民免受"一切侮辱和税收方面的伤害"、他们的压迫者将被逮捕并记入档案（第 2 条）。④ 军事行政管理当局还控制着一些重要的行政和警务职能，如搜查和抓捕逃犯、防止窝藏逃犯（包括对窝藏者进行罚款）、签发护照，甚至还负责监督农民在地主领地范围内的转移。在上述职权范围内，军政长官和省长仅被赋予了完全辅助性的角色。譬如，被抓获的逃犯会被暂时移交给军政长官监管，而之所以做出这种让步，只是因为在军政长官管辖下有适合关

---

① 《布告》第 1 部分第 4 条规定，违法的地方专员将受到由团指挥部控制的县贵族代表大会的审判（实际上，这些程序一般由人口普查办公室负责）。在这种情况下，对犯罪者的惩罚"无须向省长和军政长官说明"，除非地方专员所涉罪行严重，应处以死刑或"公开惩罚"（在这种情况下，高等法院行使职权，只有在未设高等法院的地区，由军政长官负责）（ПСЗ. Т. 7. No 4533）。与《布告》明显矛盾的是，《上校规章》明确规定，应"与省长或军政长官商定"后将有罪的地方专员移交给"地方法院"（ПСЗ. Т. 7. No 4534. П. 11）。

② 参见《军政长官规章》（第 11 条）和《布告》（第 6 条）中有关这方面的规定（ПСЗ. Т. 5. 3294；Т. 7. No 4533）。

③ ПСЗ. Т. 5. No 3294. П. 12, 13, 14.

④ ПСЗ. Т. 7. No 4534, 4535.

押犯人的监狱设施。[①] 此外，军政长官的司法管辖权被缩减为参与联合审理不同部门隶属主体（军人和民众）之间冲突和犯罪的权力[②]，这让M. M. 博戈斯洛夫斯基想起了中世纪俄国实行的"地方"法院的制度。[③]

1724 年的立法允许军事机构直接介入一般行政机构的内部指挥：军政长官在县内派遣衙吏都被置于上校的监督之下。应该指出，书吏们到村、镇出差往往是向居民勒索"好处"的一种形式。对此俄国政府曾尝试禁止或限制这种"游手好闲"的出差。不过，根据《上校规章》的规定，任何派遣衙吏的情况都应提前征得驻扎在该地区的军团团长同意；团长有责任指派士兵陪同这些出差书吏，以使他们奉公守法，不敲诈勒索，防止以前他们致使农民破产的状况重演。[④] 我们暂且不去推断新规的效果如何，但资料表明，这种由士兵监视"支援"的出差任务反而致使农民遭受更严重的"破产"。只能说该法规的主要目的同所有其他法规一样，旨在缩小地方行政当局的权力。发展到最后，即使是各省、州的高级官员也要接受军团团长的监督。《负责监督地方警务的上校职责》规定，屯驻团指挥官有权监督省长和军政长官是否不折不扣地执行参政院和各委员会下发的法令，并有义务向上级部门报告玩忽职守的领导，甚至有权在获得相关中央部门授权的情况下对其进行"处罚"。[⑤]

因此，在初始阶段，军事行政机构在立法层面便被授予极为宽泛的权限，以至于自认为能掌控全局。问题的复杂性主要在于：1724 年的法令并未废止 1719 年的规定。这种立法的不一致性在彼得大帝统治时期非常典型，直接造成了部门间关系以及各权力机构与民众间关系的紧张与

---

① ПСЗ. Т. 7. № 4533. Ч. 2, п. 9, 10, 11, 12, 13, 14, 16, 17.

② ПСЗ. Т. 7. № 4535. П. 12, 13.

③ Богословский М. М. Областная реформа Петра Великого. С. 394.

④ ПСЗ. Т. 7. № 4533. Ч. 2, п. 1.

⑤ ПСЗ. Т. 7. № 4535. П. 20.

冲突。当然，这也为舞弊提供了空间，使冲突局势的解决有赖于强权，强化了传统的"强权即公理"。在这方面，军事管理机构往往更为强大。他们不仅可以倚仗强大的人口普查官员和陆军委员会，更拥有真正的资源——军事部队。实际情况表明，在地方日常生活中，真正行使权力的人往往不是上校，而是负责征收人头税的军官，即人头税征收办公室主任，他们常驻于团部营院。正是这些少校、上尉及少尉成为军政长官实质上的竞争对手，他们充分利用了立法者所赋予的职权范围。

以下几个案例从不同方面展现了每年领导人头税征收办公室的征税军官在其团管区内工作过程中造成的冲突。为避免因例证不够充分而遭受质疑，我们想强调，此类事件不胜枚举，且我们所提及的案例是极具典型性的。

1725 年至 1726 年初，圣彼得堡军团西伯利亚卫戍团人头税征收办公室由阿列克谢·列昂季耶维奇·格列恰宁诺夫少校负责。该军团没有建造专门的团部营院。在长期驻地建成前，军政长官官署分配秋明的平民院落作为少校寓所、士兵宿舍及人头税征收办公室（计划在长期驻地建成之前是如此，然而，长期驻地一直没有建成）。格列恰宁诺夫少校领导下的团队符合人员配备标准；第二年接任的埃尔特兰格上尉也配有同样规模的团队（1 名中士、1 名下士、1 名"文书"士兵和 15 名列兵）。① 格列恰宁诺夫少校麾下肯定有必要的文职人员，这些书吏也是由秋明军政长官官署为他提供的。② 关于这位人头税征收办公室主任最初的活动如下：在秋明定居后，由于某种原因，他对分配给他的房舍不满意，因此"擅自"将办公室从驿站车夫伊万·别特科夫的院子里搬到了工商区居民瓦西里·波利加洛夫的院子里，把他的住所从"秋明平民"马特维·戈

---

① ГАТО. Ф. И-166. Оп. 1. Д. 2. Л. 6-7.
② ГАТО. Ф. И-181. Оп. 1. Д. 2. Л. 2-2 об.

洛夫科夫[①]的院子里搬到了工商区奥西普·希什金的院子里。可能是由于居民瓦西里·波利加洛夫的抱怨，也可能是由于军政长官不喜欢少校的独断专行，人头税征收办公室随后又"奉命"搬回了伊万·别特科夫的院子里。关于军事管理机构的安置问题似乎就此了结，但事关格列恰宁诺夫少校本人的问题才刚刚开始。

格列恰宁诺夫少校自视为该地区的最高指挥官，他不仅率领士兵以极为严苛的方式催收拖欠的人头税款，有时甚至"忘记"在严刑拷打逼债后向民众发放法定的文书，同时，他在执行"正义"时也无所不用其极。例如，正是根据格列恰宁诺夫少校的命令，被派往佩什马河畔斯帕斯科耶村"收人头税"的士兵德米特里·弗罗洛夫，顺路在德鲁加诺瓦村（根据切尔维舍瓦村居民格里戈里·乌杰舍夫的呈诉状）向"布哈拉人"雷姆巴奇·梅辛追缴了80戈比的债务，此前这名士兵曾用棍子殴打过梅辛，并把他拘禁在铁匠铺里。显然，这名士兵通过自己的"劳动"又从梅辛那里"抠"出了60戈比揣进自己的腰包。但在随后的审理中，少校否认了这一点，不过他没有否认讨债的事实，显然，他认为这是合法的。少校还用殴打手段让退伍士兵瓦西里·科托夫尼科夫把自己的家具什物让给其儿媳，这名士兵可能因其儿媳的控诉卷入了财产纠纷。这名士兵的妻子乌里亚娜·瓦热宁娜受到了这位"权势滔天"的少校的严重伤害。据瓦热宁娜后来检举，起初，格列恰宁诺夫少校派来的一名士

---

① 马特维·戈洛夫科夫在18世纪20年代初担任西伯利亚省托博尔斯克县克拉斯诺斯洛博茨克区司法专员时，因其丑闻在全俄臭名昭著。1723年至1724年初，西伯利亚矿务总局负责人 В. И. 根宁少将和以他的名字命名的调查办公室，在对地方行政官员的活动进行大规模调查后，他收到了60份针对马特维·戈洛夫科夫的呈诉状，揭露这个法官收受贿赂和敲诈勒索的行为（Редин Д. А. Административные структуры и бюрократия Урала. С. 304, 306）。后来，马特维·戈洛夫科夫在托博尔斯克高等法院法官的庇护下侥幸逃脱了惩罚，但他最终被革职，1727年2月21日的参政院法令将他的案件作为公然滥用司法权的典型案例（ПСЗ. Т. 7. № 5051）。戈洛夫科夫暴躁好斗的脾气在日常生活中也有所表现，当时他作为一个普通人生活在自己的家乡秋明市，却仍和以前的同事和邻居争吵不休（ГАТО. Ф. И181. Оп. 1. Д. 16. Л. 17; Д. 49. Л. 76）。

兵和天使长大教堂的当地牧师伊万·伊万诺夫来到她家，后者请求人头税征收办公室从瓦热宁娜那里追讨债契① 21 卢布。士兵"抢走"了她的"家什"——一顶羊皮帽、一双手套和一块毛呢布，然后交给牧师，最后又把它们辗转递送到少校的驻地。在那里，少校亲自抓住这个不幸的女人，"用棍子拼命殴打"，要求她提供债契，然后，又把她押到人头税征收办公室，上校亲自在那里将其剥的只剩内衣后继续进行拷打。但由于要求追偿的金额太高，少校在虐待人的第一天并没有拿到钱，而瓦热宁娜不知用了什么办法，成功来到了地方司法专署，向专员费奥多尔·费菲洛夫提出对少校的控诉。她能够说出五名目睹她遭受虐待的目击者的姓名，随后沿着这些线索进行的鉴定检查（控诉书是在所述事件发生一天后提交的）显示，"控诉人乌里亚娜·瓦热宁娜的肩膀和背部被打得青紫，左臂肿胀"。这些案件（显然已被证实且并非唯一的案件）被记录在案并提交给了托博尔斯克高等法院，秋明司法专署通过公文告知了圣彼得堡军团西伯利亚卫戍团人头税征收办公室，当时（公文日期为 1726 年 3 月 30 日）可能是此前提到的埃尔特兰格上尉受理了这些案件。

　　值得注意的是，人头税征收办公室主任并未被指控"殴打与抢劫"，尽管控诉者已对他及其士兵提出了此类指控，他最终面临的是越权行事以及侵犯司法机关职权的指控。② 笔者认为，秋明的司法委员 Ф. 费菲洛夫本人就是一个臭名昭著的敲诈勒索和受贿的惯犯，他在长期的行政生涯中不止一次接受调查③，他借此机会报复了这个胆大妄为的军人，并采取了任何其他"文职"行政长官在他的位置上都会采取的行动。同样有趣的是，当一些人认为自己是军事行政当局专横行为的受害者时，另一些人却在寻求军事行政当局的庇护，他们不向法院，甚至不向军政长官，

---

① 俄国 15~17 世纪的一种债约，债契（债契规定债务人在还清债务前，人身隶属于债权人，如果到期无力还债，便成为债权人的终身奴仆）。——译者注

② ГАТО. Ф. И-181. Оп. 1. Д. 46. Л. 15–16 об.

③ ГАСО. Ф. 24. Оп. 1. Д. 24. Л. 149–150 об.

而是向征税军官提出申诉。同时，从格列恰宁诺夫少校案中也可以看出，那些求助于特殊的军事"司法"的人，其社会地位与被告一样，都是帝国的普通臣民。这只是证实了 M.M. 博戈斯洛夫斯基的假设，即也许是"县城居民自己转向军事行政'法院'，认为它距离更近，因为该机构位于团管区内，且认为该机构更便宜，如果它真的不收手续费的话。至于裁决的公正性，几乎与军政长官辖区内的法院持平"。①

如果人头税征收办公室及其负责人对一般行政机构甚至法院本身司法特权的侵犯是司空见惯的事，那么对军事行政机构财政权极其宽泛的解释也同样司空见惯。这些专门为征收人头税而设立的机构迅速掌握了整个财政领域的控制权，实际上将省长、军政长官以及专门的地方财政机关，尤其是地方财政署和一般行政区的地方专员，排挤出了这一领域。在这一方面，军事税收机构还能依靠其强大的中央后盾——陆军委员会的支持，该委员会颁布的法令为征税军官的无限权力提供了合法性依据。例如，维尔霍图里耶诺夫哥罗德陆军步兵团团部营院人头税征收办公室负责人卡扎科夫和维尔霍图里耶军政长官沃耶科夫这两位上尉之间的冲突，就充分暴露了军事行政机关和民政当局在财政问题上的紧张关系。冲突的核心就在于，两位官员无法确定从 1724 年起收取有欠缴款项，包括人头税、关税和文书费的问题属于谁的职责范围。卡扎科夫上尉根据陆军委员会的法令，断定该问题属于他的职权范围。他援引其部门上级的指示，坚称包括维尔霍图里耶地区在内的地方军政长官应配合他"调查和追缴"上述欠款，军政长官官署应将税款统计报表上报给他所在的"上述团部营院人头税征收办公厅"。

为了完成这项大规模工作，整个军事行政机构——地方自治专员和借调去征收人头税的龙骑兵和士兵都参与其中。在必要情况下，卡扎科

---

① Богословский М. [М.] Областная реформа Петра Великого. С. 401.

夫可"额外"要求省长和军政长官提供仆从和信使。维尔霍图里耶、秋明、佩雷姆和图林斯克的军政长官必须向团部营院派遣"专门的书吏和办事员，并提供办公用的纸张和墨水"①，以便"进行调查和追缴"。1731年秋天，团部营院所处形势发生明显变化。数年来，最高权力机构，尤其是最高枢密会议，一直在试图处理彼得大帝的行政管理遗产，并对其"结构"和运作方式进行改革。该进程的一大重要趋势就是试图最大限度地削弱军事税收机构的权力，使其专注于人头税的征收，并将其活动置于地方一般行政机构的控制之下。尽管如此，由于地方行政管理体制彻底混乱，统治集团无法果断放弃军队参与征税过程，仍视其为征税的万能工具，让卡扎科夫上尉这样的人自认为有权力就征收各种拖欠税款问题，向其管区内的省长和军政长官官署下达命令。那么，该如何评判18世纪20年代后半期地方军事机构达到了强盛的顶峰，而"财政部门实则不被允许征收任何税款"②的说法呢？

公平地说，并非所有地方机构都受军事税收管理部门的摆布。西伯利亚矿务总局相当成功而平静地拒绝了军事税收管理部门对其管辖领土和居民的觊觎。作为地区专门管理机构，西伯利亚矿务总局负责监督从乌拉尔到西西伯利亚广大地区的采矿和冶金工业。1726年，该机构数次拒绝让其部门的农民参与维尔霍图里耶诺夫哥罗德步兵团团部营院的建设，也不允许征税军官和地方自治专员向其附属农民和工匠征收人头税。③然而，西伯利亚矿务总局有明确的法规依据，有君主强有力的支持，君主对冶金和矿业的发展给予了特别的关注，有以矿业委员会为代表的强大上级部门，最后，还拥有一位坚不可摧的领导人——格奥尔格·威廉·德·根宁，他是西伯利亚省唯一的上将级人物，意志坚定，

① ГАТО. Ф. И-47. Оп. 1. Д. 4913. Л. 40-41 об.

② Богословский М. [М.] Областная реформа Петра Великого. С. 399.

③ ГАСО. Ф. 24. Оп. 12. Д. 193. Л. 18 об. -19；37 об., 44；Д. 194. Л. 51 об., 53, 191 об. -192.

并享有沙皇特使的特殊权力。因此，西伯利亚矿务总局与地方军事行政部门的关系是一种特例，而这个特例恰恰是对常规的一种验证。

第八节　艰难的整治之路

所有探究 18 世纪 20 年代后半期行政与财政史的学者，几乎都会详尽且生动地描述军事机构权力向全省扩张所带来的专断与混乱局面。然而，军事管理当局本身是否应为此承担责任？这一问题并非乍看之下那般易于回答，军事管理的效率问题也同样复杂难辨。对 1726~1727 年新君解散与重组彼得大帝时期地方政府的事件进行分析，引发了人们的深刻反思。尽管该事件已被广泛研究，从某种程度上说，再次探讨这一主题似乎难以挖掘出全新的内容。但不可否认的是，对这一阶段历史事件的理解，仍存在较大的阐释空间。

笔者想强调的是，废除彼得大帝第二次地方行政改革期间建立的地方政府体系的问题，以及地方军事税收机构重组程序的模糊性问题，都是值得关注的。人们普遍认为，彼得大帝在地方政府组织方面的改革遗产，在 1727 年便已基本不复存在。团部营院也在同一时期被废除。此外，在前文引用的《俄罗斯国家体制》辞书，在某种程度上可以被视为俄罗斯国家行政管理史的总结性著作。书中有关团部营院的词条明确指出，1727 年显然是团部营院"被最终取消"的时间节点。[①] 如果我们将团部营院视为一个机构，或许可以同意这一观点。但依据我们此前探讨的结果，团部营院并非一个机构，不能与地方政府的军事税收机构相提并论。考虑到这一点，我们有必要再次回到熟悉的文件（主要是立法文件）中，以了解最高权力机构在 1727 年到底取消了什么，以及 1727 年和随后几年

---

① Бабич М. В. Полковой двор. С. 331.

的法令所宣布的变革是如何影响地方军事行政机构的地位和权力的。

M. M. 博戈斯洛夫斯基认为，1726 年对地方行政机构未来命运的激烈讨论以及最高枢密会议成员就此问题的意见交流表明，"人们公开反对新的地方机构"是"由于意识到地区机构在实践中的失败"。① 这些讨论清楚地反映了到 1727 年政府命令中体现的主要变动趋势：地方行政系统应极度简化，去除所有冗余环节。根据这些普遍情绪，1727 年 2 月和 3 月的法令正式对军事管理机构做出了决定。1727 年 2 月 9 日，最高枢密会议颁布的上谕明确了军事税收机构的命运。该上谕要求征税军官及其下属在接到此法令后，应立即"脱离""所有事务和征税工作"，并返回各自的部队。征收人头税的所有权力和责任都移交至省长和军政长官。军事部门的地方专员也隶属于后者，他们须将手中的事务移交给省和州领导。作为直接收税人员，地方自治专员和隶属于他们的书吏均失去了在县内各处行走收税的权力，必须在城市（县和州的中心）接受运送来的人头税税款。②

仅两周后，即 2 月 24 日，最高枢密会议向参政院发布了另一份上谕，对先前上谕中的激进规定略作调整。③ 但这份上谕依然把控制人头税征收的权力留给了一般行政机构。此外，该法令的许多规定都旨在加强地方政府的权威，并加强地方"民政"机构体系中的职务等级服从制度。其中最关键的一步是裁撤了所有"多余的管理人员"及其办公室，包括高等法院和地方专员④官署。

1727 年 3 月 15 日，在一份几乎重复了 2 月 24 日法令的上谕中，在被裁撤的"多余的"职位类别中增加了地方财政官及其办事处。⑤ 所有被

---

① Богословский М.［М.］Указ. соч. С. 488.
② ПСЗ. Т. 7. № 5010.
③ ПСЗ. Т. 7. № 5017.
④ 指财政委员会部门的地方专员。
⑤ ПСЗ. Т. 7. № 5033.

裁撤职位及机构的权力都转由省长和军政长官掌握，市政公署和宗教管理部门管辖的农民也都归其管理。至于人头税征收、追缴欠款和招兵任务的监督，则 2 月 24 日和 3 月 15 日的法令在明确必须解散军事管理机构的同时，规定指派一名退伍尉官带一队哥萨克部队军士和普通士兵"协助"军政长官完成。俄国政府确定这些尉官相对于军政长官的"助手"身份、从属地位，但是，俄国政府也意识到，近年来已经习惯于在各州当家作主的尉官不会轻易接受次等从属地位。出于稳妥考虑，为了避免"助手"军官与军政长官出现"任何不和"，法令赋予后者在任职期间享有"上校军衔"。勤恳工作的军政长官在退休后仍可保留上校军衔，以示奖励。根据上述法令，军政长官及军官"助手们"均隶属于省长。在改革前数年未曾设立军政长官的"附属"城市，也应任命军政长官。

上述法令还导致了军队部署方案的调整。军团将从各个县撤离，转而集中驻扎在主要位于边境地带的城市，因为这些地方能提供价格低廉的谷物和木材资源。军队在城市驻扎的新规划在前文提及的 1727 年 8 月 24 日的"登记簿"中得到了体现。奇怪的是，在改变部队驻扎原则的同时，政府并没有完全放弃为满足这些需求而使用专门的团部营院和士兵营房区的想法。根据 2 月 24 日的法令，陆军委员会应清点已建成的营院和营房区，并在必要时通过水路或马车将其运往新的兵团部署地。因此，说团部营院在 1727 年被法令完全取缔是不正确的，即便我们将其完全理解为建筑物。

因此，尽管彼得大帝地方政府制度改革的成果整体上在极短的时间内被惊人地抹去，但军事税收管理机构的重组却并非易事。即便将他们降级为隶属于军政长官的尉官和地方自治专员，甚至将军政长官的地位与上校画等号，圣彼得堡方面仍难以缓解文职民政官员与武官之间的紧张关系，也无法解决人头税征收的组织难题。E. B. 阿尼西莫夫曾就此写道："把税收移交给地方当局导致了军政长官和军官之间的争执，因为法令没有明确划定各方的权限。此外，事实证明，仅靠地方行政机构不可能完成征收税款和欠款追缴的任务。"[1] 这才是问题的核心所在。最高枢密会议废除各类地方特别行政机构的措施在总体上是合理的，但并未解决使彼得大帝的美好愿望之船屡次遭遇重创的暗礁问题，即严重的人员短缺。在打击长期拖欠税款的斗争中，在处理多年积压下堆积如山的文书工作中，没有军队的参与是不可能的。从 1728 年开始，俄国政府再次加强了地方政府中的军事机关。1728 年 1 月 2 日，参政院法令规定从每个团的野战部队和驻地部队向供养该团的人头税所在地区的长期驻地派遣 1 名尉官和下士及 16 名士兵，协助收取人头税并开展征兵活动。[2] 尽管该法令确认了这些军事指挥部的有限职能及其对省军政长官权力的从属关系，但它们的组织架构、人员配置以及它们的存在本身，都让人回想起不久前无处不在且令人畏惧的人头税征收办公室的影子。无论如何，这代表了一种不同的趋势，尽管并非根本性的变化，但与 1727 年的法令相比，确实存在显著的差异。因此，我们只能同意 Ю. В. 戈蒂耶的观点，"1728 年 1 月 2 日的法令取消了前一年 2 月 9 日、24 日和 3 月 15 日法令中最重要的一点，即'这又回到了彼得大帝向民政机构无能为力的地方派遣军官的旧习惯'"。[3] 1730 年 2 月 25 日，最高枢密会议就陆军委员会的报告通过决议，将征收人头税的军官和士兵人数增加一倍，进一步巩固了这一趋势，[4] 并在 1731 年正式实施。在 1731 年 11 月 8 日的大臣办公室（Кабинет министров）会议上，确认了参政院关于由"长期驻地"军官追缴 1730 年人头税的决定。莫斯科是个例外，这里追缴欠款的权力

①　Анисимов Е. В. Податная реформа Петра I. С. 281–282.

②　ПСЗ. Т. 8. № 5221.

③　Готье Ю. В. История областного управления в России от Петра I до Екатерины II ： в 2 т. М. , 1913. Т. 1. Реформа 1727 года. Областное деление и областные учреждения 1727–1775 гг. С. 38–39.

④　ПСЗ. Т. 8. № 5506.

移交给了 М. Я. 沃尔科夫中将。① 西伯利亚省也有一些特殊。根据 1730
年 12 月 20 日的法令，西伯利亚衙门的恢复使地方机构在财政问题上脱离
了"财政集团"委员会的管辖。海关税、酒税和文书手续税的收缴和欠
款追缴权再次掌握在省长和军政长官手中，但与人头税有关的问题，与
其他省份一样，仍由征税军官根据 18 世纪 20~30 年代陆军委员会、参政
院和最高枢密会议的法令行事。②

直到 1736 年初，政府才采取激进措施，完全将人头税征收的工作移
交给民政当局。这是军事管理全面改革的一部分，其中包括取消军需委
员会并将其并入陆军委员会。1736 年 1 月 26 日，参政院的钦定报告使改
革合法化，就此改变了征收人头税的行政保障原则和结构。从这个意义
上说，该钦定报告的第 5 条和第 8 条最为重要。这两条规定剥夺了军事行
政机构除有限的财政权之外的一切权力。军团失去了派遣现役军官征税
的资格。只有退伍军官才能再次受聘担任这一职务。事实上，团管区制
度已被废除：从 1736 年下半年开始，人头税的征收只能以县为单位进行。
俄国政府认识到以前的做法会导致军事队伍在征税时出现贿赂和勒索行
为，因此规定了严格固定的差旅费标准，并将他们的所有违规案件移交
给军政长官法庭和省长裁决。后者还获得了对人头税征收官员活动的总
控制权。③

在对税收改革的行政管理机构进行评估时，我们必须承认，无论是
在理论构想层面还是在实际操作层面，其最终未能顺利融入彼得大帝晚
年所构建的总体行政框架之中。皇帝所憧憬的地方机构，是"井然有序
的国家"不可或缺的组成部分。然而，由于资金匮乏、人力资源短缺、
责任重大且自主权受限，这些机构在实现资源有效调配等关键目标上已

---

① Сб. РИО. Т. 104. No 3.
② ГАТО. Ф. И-47. Оп. 1. Д. 4913. Л. 40-45.
③ ПСЗ. Т. 9. No 6872.

显现出明显的运作无力。这迫使君主不得不构建一套特殊的监督与管理机构体系，其中以人头税征收办公室为代表的军事税收机构占据了重要地位。军事税收管理机构与普通（民事）管理机构之间存在根本性的冲突，军事税收管理机构自身的性质决定了其无法承担起维持国家机制长期运行的重任。它们不仅妨碍甚至破坏了那些构成彼得大帝所构建的警察国家基础的"规范"行政管理活动，而且只能在满足当前权力的迫切需要方面产生短期效果。在彼得大帝执政的晚期，普通管理机构与特殊管理机构之间的矛盾，以及官房主义理想与非常性质的、"人为操控"的行政实践之间的脱节，使国家机制的建设陷入僵局。为化解这一矛盾、摆脱治理危机，彼得大帝的后继者不得不大幅度简化一般行政机构的结构，削弱军事税收机构。

第三章
什么是贿赂？彼得大帝时代关于
官员私酬的日常用语

第一节　词语背后的含义

　　同时代人使用各式各样的术语描述各种形式的官员私酬，引发了对这些形式进行语义区分的必要性。探究这些术语背后的含义显得尤为重要，因为在现代法律史学家、社会学家、政治学家、政治人类学家专门研究贿赂现象的各种著作中，常将其与"供养"、"敬献"或"好处"等概念相提并论，却未明确区分其本质差异。[①] 同时，经验表明，同类的术

---

① 在这方面有一篇文章值得关注：Федунов В. В. Взятка как вид должностных преступлений в законодательстве России XV–XVIII вв. // Уч. зап. Таврич. нац. ун-та им. В. И. Вернадского. Сер. Юридические науки. 2011. Т. 24（63）. № 2. С. 89–95。该文章作者认为，早在15世纪俄国就存在贿赂问题。另一位研究者 В. В. 加夫里洛夫认为，贿赂（мздоимство）源于12世纪的社会实践，并引用了一些俄国编年史，他直接将贿赂与盘剥（лихоимство）一起视为现代"腐败"（коррупция）和"贿赂"（взяточничество）概念的"历史称谓"。而 С. А. 阿利姆皮耶夫则提到了9~11世纪古罗斯国家形成时期出现的腐败现象，他认为，可以探讨这一时期的"国家官员"的行为，由于法典中缺乏适当的制裁准则，他们收受供养，即贿赂却可以逍遥法外。参见Алимпиев С. А. Эволюция уголовно-правовой нормы о получении взятки（转下页注）

语往往会掩藏不同的含义：语境的变化可能会改变现象的本质，却可能并不改变对这些现象的语言表述。[①] 同样地，对同一现象也并不排斥众多同义的描述。这两种情况均值得特别关注。让我们试着解读这些词语，以弄清楚，正如莎士比亚笔下的波洛涅斯所言："那是怎么回事。"

本章聚焦于彼得大帝统治时期的材料分析，因为彼时正是立法与司法系统经历深刻变革的阶段，对官员各种形式的私人馈赠被正式界定为违法行为。[②] 尽管如此，我们分析的一些术语的历史可追溯至我们所讨论的时代之前。因此，在特定情境下，我们允许适度的时间回溯，以便追踪某些词汇的语义演变。

任何内容分析的局限性在于其固有的不全面性，以及构建全面资料库的不可行性。样本的代表性程度常引发争议，因为确立绝对精确的抽样量化"标准"是不可能的，我们始终要面临的一个问题是何为必要且充分的量化"标准"。鉴于此，笔者预先准备接纳潜在对手的批评，并承认自己得出的结论具有中庸性，但其足以构建某种合理的假设——虽然仅是众多可能性假设之一。笔者主张在系统完整的框架下结合价值评价分析来探究相关词语的语义，从而使立场更具说服力。换言之，在此情

（接上页注①）по законодательству России в дореволюционный период（IX-XIX вв.）// Вестн. Юж. -Урал. гос. ун-та. 2006. № 13（68）. Сер. Право. Вып. 8, т. 1. С. 21-27. Эти примеры можно продолжать бесконечно. 这样的例子不胜枚举。

① 关于古罗斯"斯美尔德"社会地位的长期讨论就是一个教科书式的案例，老一辈俄罗斯历史学家应该对此印象颇深。也许，正是因为反对者没有考虑到在 12 世纪和 14~15 世纪的文献中，"斯美尔德"一词及其派生词的使用可能存在语义上的差异，致使这场科学争论最终没有分出胜负。

② 这是指 1713~1722 年通过的一系列法令（即所谓的"禁令"），旨在遏制滥用职权的做法，涉及获取非官方酬金。其中最重要的是 1714 年 12 月 24 日的法令，首次在俄国法律中提出了犯罪的一般概念，并禁止任何接受私下贿赂的行为（ПСЗ. Т. 5. № 2871）。详细内容可参见 Редин Д. А. Должностная преступность в петровской России: отношение современников // Сословия, институты и государственная власть в России（Средние века и раннее Новое время）: сб. ст. памяти акад. Л. В. Черепнина / отв. ред. акад. В. Л. Янин, В. Д. Назаров. М., 2010. С. 837-846。

境下，重要的不仅是词语语义的改变，更是评价特征的演变，我们坚信，这能为理解本章通过词汇所探究的现象在日常社会实践及当时社会或文化话语体系中的地位与功能提供极大助益。正是这一层面的意义似乎超越了明显的量化方面的局限，增强了最终结论的影响力。

下面将着手分析界定官员接受私酬的各种实际场合所用术语的语境差异，并尝试区分我们所研究时代人们眼中贿赂与非贿赂的界限，但在此之前我们的首要任务是确定记载这些语境的文本载体。文本的出处、其原始的实际应用方向——文本的创作目的、用途以及作者——不仅对于提升资料库的实用性至关重要，而且具有独特的价值。

在筛选文本的过程中，笔者从最初就决定排除对叙事性文本的分析。编年史、宗教教义、政治评论以及各类道德训诫作品，这些充斥着对世界不公、腐败政权与贪婪法官的哀怨的内容对于深化这一问题的研究并无实质性帮助，反而因其泛泛而谈的特性，进一步模糊了问题的本质。法庭失去了正义，真理与世俗统治者格格不入，他们的私欲膨胀无度，这些悲歌甚至构成了一个跨越时代、民族与大陆的文学分支。这些文本的修辞相近，高度概括，共同指向一个结论：世界并不公正。对于这一原始性的真理，笔者无意质疑，它确实是事实。但研究者感兴趣的是另外一件事：若世界不公，那么它究竟是如何不公平的呢？要解答在特定的时空背景下，在特定人群和个人观念中的这些问题，我们需要的是几乎不含修辞，旨在记录并解析具体情境的文献资料。此外，这类样本的说服力还在于，所选文献中展现的词汇使用场合和情况并非孤例。任何负责处理这类材料的专业人士都能轻松提供类似例证。这类材料很多，涵盖了农村村长与城镇领地管家的开支记录、呈诉状与检举信、司法调查文件、沙皇颁布的法律条文以及各级官员的指令。在这些材料的文本里，频繁出现诸如某人如何"奉送并赠予"某人财物，某人如何向某人"勒索"，以及某人如何"供养"另一人的描述。这些表述无一不蕴含着评价意味，而评价本身也充满了意义。它们就此共同构成了某种价值观的术语群和语义巢。

第二节　中性词的术语群

一　"敬献"（"以表敬意"、"以表尊敬"和"孝敬礼"）、"赠予"、"赠给"、"奉送"、"赠送"、"馈送"、"送与"等

在我们所关注的术语中，包含数量最多的一个术语群，是由那些描述向各级官员及其委托人自愿转让某种物质价值或提供服务的词语构成的语义巢。这一语义巢的核心词语，大量出现在村社的收支账簿中。在这些账簿里，由村民选举产生的管理人员——包括村长、乡村警察或领地管家——详细记录了村社为满足各类需求而产生的全部开支。其中，"村社花费"特指为维持村社自治组织的运作或村社整体工作而支出的服务费以及购买必需品的费用。

因担任警卫赠予安德烈·别索诺夫；因抄写文件赠予彼得·别尔科夫3刀书写纸[1]；因为修理村社房屋赠予伊万·克鲁什尼科夫10钱（деньга）[2]；因为驾驶大车赠予彼得·格拉扎切夫。[3]

赠予大辅祭列夫·普罗佐罗夫一个半卢布，用于购买木材，给军政长官院落的菜园安装栅栏。……给蒂莫菲·加夫林12戈比，用于箍桶，共40个桶箍。[4]

---

[1]　1刀纸为48张。

[2]　旧俄货币单位，半戈比的硬币。——译者注

[3]　НИА СПбИИ РАН. Ф. 187. Оп. 2. Д. 139. Л. 1–1 об.

[4]　ОР РНБ. ОСРК. IV. 278. Л. 4, 13 об.

然而，在多数情况下，这些开支（无论直接或间接）均与向指出姓名或未指出姓名的官员奉送酬金有关。对于未明确指名的官员，则通过授权代表转交：

赠予格里戈里·维拉切夫108戈比7钱，前往秋明去见呈诉者；给阿尔捷米·佩切尔金18戈比6钱，用于招待客人。[①]

向那些指出官职或姓名者赋予金钱、食物或服务：

赠送克拉斯诺斯洛博茨克办事员马克西姆·克里沃诺戈夫24戈比2钱的小酒馆的酒；赠送阿福纳塞·科纳诺夫4钱的小酒馆的酒；奉送克尼亚热夫下士6戈比的鱼；奉送波雅尔子弟丹尼尔·米尔基耶夫30戈比的好酒和烟草。[②]

奉送德米特里·加夫里洛维奇·乌格里莫夫上校先生150戈比2钱。[③]

给办事员伊万·罗什科夫4钱的啤酒（在这里，"赠送"被省略，因为上下文的意思很清楚，这种省略在支出账簿中经常出现。——作者注）；给士兵彼得·巴特涅夫2钱的啤酒；赠送专员斯捷潘·涅洛夫18戈比的小酒馆的酒，他的部下（1名中士和1名下士）9戈比和9戈比的酒；馈送叶尼塞斯克的贵族斯卡特科夫12钱的牧师那里的牛奶；馈赠克拉斯诺斯洛博茨克办事员克莱皮科夫4钱的小酒馆的酒；馈赠秋明勤务兵切列帕什科夫和他的同伴们1格里夫纳的小酒馆的酒；再次馈赠切列帕什科夫4钱的酒；给克拉斯

---

① НИА СПбИИ РАН. Ф. 187. Оп. 2. Д. 139. Л. 2, 3.
② Там же. Л. 3–3 об.
③ ГАТО. Ф. И–47. Оп. 1. Д. 1093. Л. 1.

诺斯洛博茨克的伊格纳季乌·罗什科夫 12 戈比 2 钱的小酒馆的酒；给托博尔斯克士兵 6 戈比的小酒馆的酒；给勤务兵切列帕什科夫 18 戈比 4 钱的小酒馆的酒；赠予托博尔斯克和秋明勤务兵 18 戈比 4 钱以及 1 格里夫纳的酒；赠予托博尔斯克勤务兵伊万·西尼琴 15 戈比；赠送克拉斯诺斯洛博茨克的扎库尔泰和他的同伴们 15 戈比的小酒馆的酒，还赠予他 12 戈比 2 钱；赠予图们勤务兵安德烈·别尔德尼科夫 6 戈比 4 钱；送给和他一起的克拉斯诺斯洛博茨克堡垒书吏格拉扎乔夫 1 格里夫纳；馈送伊万·斯特雷卡洛夫斯基 6 戈比的鱼；馈送衙门两扇窗框；给榴弹兵伊万·潘克拉辛 4 钱的酒；给克拉斯诺斯洛博茨克的伊格纳提·罗什科夫和他的同伴 6 戈比的酒；赠予警官叶戈尔沙 8 比的酒；赠予秋明法院专员 78 戈比 4 钱；赠予书吏德米特里·斯捷潘诺夫 12 戈比。①

这些所谓的"赠予"（дано）、"奉送"（несено）、"赠送"（ставлено）以及"馈送"（куплено）的礼物背后究竟是为了何种功绩或服务？这显然只是一个修辞上的问题——这些礼物实质上都是为了"以表敬意"（в почесть）或"以表尊敬"（в честь），或者说是"孝敬礼"（честное подношение）。

同一天，赠送负责村社判决书的新戈罗茨基衙门书吏亚历山大·费奥法诺夫 5 卢布，以表敬意；赠送赫雷诺夫工商区地方官尼基塔·普拉兹尼科夫和伊万·科捷尔尼科夫。②

支出账簿有时会记录这种"以表敬意""以表尊敬"的说明，但更常

---

① НИА СПбИИ РАН. Ф. 187. Оп. 2. Д. 143. Л. 1–4.
② ОР РНБ. ОСРК. IV. 278. Л. 10 об.

见的是，出于记录的简洁性和所记录行为目的的显而易见性省略这种说明。例如，根据前文提到的尤尔米什村镇的村长 A. 科津采夫的支出账簿，米哈伊尔·克尼亚热夫下士无疑曾多次收到村社送的礼物，其中一次的记录如下：

> 赠予米哈伊尔·克尼亚热夫下士 8 钱的酒，以表尊敬。①

与此同时，这类支出通常以简化形式记录：

> 赠予米哈伊尔·克尼亚热夫下士 15 戈比②；奉送塔季舍夫上尉 5 卢布，价值 2 卢布 1 戈比的食物——黄油和肉。③

其他文件中也有类似的变体：

> 给地方专员彼得·拉夫里诺夫 1 卢布（？）钱（具体写法不明确。——作者注）以表尊敬。……因为他的到来，馈送他 18 戈比 4 钱的啤酒，还赠送他 57 戈比 4 钱的葡萄酒；赠予书吏米哈伊尔·恰加达耶夫 24 戈比 2 钱以表尊敬。④

在公众舆论中，收取或赠予"敬献"（почесть）是一种准则，即使不被赞许，也肯定不会受到道德谴责或刑事追究。人们默认"敬献"是一种自愿的赠予，是一种表示尊敬的象征（"出于心意""出于问候"

---

① НИА СПбИИ РАН. Ф. 187. Оп. 2. Д. 139. Л. 3.
② Там же. Л. 2 об.
③ Геннин В. Уральская переписка с Петром I и Екатериной I / сост., вступ. ст., коммент. М. О. Акишина. Екатеринбург, 1992. Док. № 34. С. 149.
④ НИА СПбИИ РАН. Ф. 187. Оп. 2. Д. 143. Л. 3.

"出于爱""出于自愿，而非强迫"等）。当然，"敬献"或"供奉"（见下文）的自愿性是有条件的。这些"馈赠"通常源自那些依赖于受赠者的人，他们往往没有选择权，却又寄望于维持这种交往以获得某种利益。无论如何，经过对"孝敬礼"与"供奉"行为背后复杂多样的情境深入研究后，可以发现，无论是赠予者还是接收者，都将此视为一种理所当然之事。官员面临受贿指控时往往会辩解称，他们所接受的物质利益是"自愿的馈赠"。至于被揭发的官员，他们往往承认接受过此类礼物的事实，但对于强行索要钱财或食物的指控，则一概斥其为无端的诽谤而加以否认：

在雅罗斯拉夫尔任职期间，领地管家们……按照他们的意愿和以前的习俗赠予我礼品，没有强迫，也不是贿赂，领地管家们从他们筹集到的钱中拿一部分给我，但他们的账簿上没有记录。[1]

在乔迁宴发生大火之后他破产，他们带着东西前来问候他，表示关怀和爱心。他们按自愿和旧有的习俗，送礼物给他（伊万）及其妻儿……[2]

上述雅罗斯拉夫尔监察员阿列克谢·尼基京没有收受安德烈的金钱和酒水贿赂。只有当安德烈应阿列克谢的召唤去拜访他时，才会在节日里给他带去少量的肉和鱼，价值 20 戈比或 30 戈比，还有 80 戈比钱，是以表敬意，不是贿赂。他们还经常喝安德烈自制的玻璃瓶装的伏特加……[3]

……下属专员伊莱扎尔·科洛科利尼科夫被带到秋明公署，在军政长官面前……接受审问，他在审问中供认。他在别利亚科夫村

---

[1]　РГАДА. Ф. 248. Кн. 1284. Л. 126.

[2]　Там же. Л. 128.

[3]　РГАДА. Ф. 248. Кн. 274. Л. 781.

镇喝醉了，他没有殴打这个村镇的农民，没有拿 3/4 俄石黑麦和半扇猪肉，而因为友情来看他们的农民也没有带给他小酒馆里 1 卢布的葡萄酒和 60 戈比的啤酒，以表敬意……给他带来了 1/4 块牛肉和半桶啤酒……①

当他在雅罗斯拉夫尔时，雅罗斯拉夫尔当地的领地管家给他，即瓦西里·米留可夫，送来了面包、小白面包、鱼、肉、饮料和其他东西以表敬意……完全出于自愿。他们还带来了糖、肥皂和纽扣，以表敬意……领地管家们和居民把亮蓝色呢子布送给他，就像他们在他那吃饭一样，是出于他们自己的意愿。雅罗斯拉夫尔领地管家费多尔·沃尔科夫把他——瓦西里·米留可夫叫到家里，管家的妻子献上绸缎布匹以表敬意。他们给他钱也是出于自愿，而不是应他的要求。1715 年，瓦西里·米留可夫作为政务委员来到雅罗斯拉夫尔，雅罗斯拉夫尔领地管家们来找他，自愿给他拿来了面包、点心和肉，以表敬意。因此，这些人和他一起吃了很多天的饭，而他却和这些人没有任何业务关系。……瓦西里·米留可夫不知道君主的命令，即无事不能接受以表敬意的进奉。②

雅库茨克贵族彼得·谢斯塔科夫，在 1721 年被派往鄂霍次克和陶乌斯堡垒收取毛皮税，并在那里接受了财物，而他在审讯中供认，在收取毛皮税后，缴纳毛皮税者、外域人和仆人以表敬意给他带来红松鼠、狼獾和水獭，而不是贿赂他，而俄罗斯人以表敬意给他带来食物……③

同样，炮兵中尉 B. H. 塔季舍夫也用同样的方式，为受贿指控辩解：

---

① ГАТО. Ф. И-47. Оп. 1. Д. 1986. Л. 1 об. -2.
② Акты Угличской провинциальной канцелярии (1719-1726 гг.)：в 2 т. М., 1908. Т. 1. С. 62-63.
③ Сб. РИО. Т. 63. С. 291.

这件事……自愿赠礼并不属于受贿，因为这些人从我来到这里开始，就从他们的村社征税中带来了那些我没有要求过的东西，我看得出他们没有感觉到任何不体面或不合规矩，而且，我也不想与他们作对，从而冒犯他们，所以我就接受了。①

二 "供奉""供养""供奉费""供养费"

相对自愿的"赠礼""以表敬意"，可能是一次性行为，根据具体情况灵活进行，抑或以固定的周期和频率持续赠予固定的接收者。在后一种情况下，这种赠礼行为逐渐形成体系，拥有特定的时间节奏和结构，进而演化为所谓的"供养"（кормление）或"供奉"（корм），这是一套系统化的"敬献"机制，以此使纳税村社对某位官员进行定期供养。一般而言，科学文献中常将"供养"与对地方行政机构领导者的供养联系起来，如地方长官、乡长、镇（县）军政长官或其他相应级别的管理人员。然而，同样值得注意的是，行政机构中的其他成员，甚至是从事文书工作的最基层职员，也可能成为被供养的对象。

赠予克拉斯诺斯洛博茨克抄写员瓦西里·波波夫1格里夫纳供奉费（на корм）。②

地方行政领导的亲属或仆从（委托）往往能获得金钱及贵重礼品的赠送。必须明确指出的是，在此情境下，不论官员的职级高低，他们都是独立的被供奉对象，而其家庭成员接受供奉，更多是基于他们

① Геннин В. Уральская переписка с Петром I и Екатериной I / сост., вступ. ст., коммент. М. О. Акишина. Екатеринбург, 1992. Док. № 34. С. 150.
② НИА СПбИИ РАН. Ф. 187. Оп. 2. Д. 143. Л. 2.

与主要被供养者之间的紧密关系，而非单纯因他们"自身受到尊敬"。尤为典型的是，军政长官的配偶或未成年子女收受礼品的情况。尽管他们并无正式的职位身份，但作为被供奉者的直系亲属，他们同样处于受赠者范畴内，故而，向他们馈赠礼物实际上也是对被供奉者的一种附加敬意。

至 17 世纪时，俄国已建立起一套稳定的供养体系。该体系最为完备的形式包括：日常供奉（提供食物、金钱及各项服务），即便非每日进行，也几乎贯穿全年；节日供奉，诸如圣诞节、复活节、圣彼得节等宗教节日，以及与家庭相关的庆祝日（例如军政长官及其家人的命名日）、皇室成员的命名日等节庆；"上任"（即就职）与"卸任"供奉。在实际操作中，每年赠予军政长官或同类官员的全部供养的构成可能各有差异。供奉的次数、频率、价值及种类均可能增减，这取决于村社的经济能力、官员的职级、地方习俗、纳税人与行政机构间关系的性质，以及后者的贪婪程度等因素。然而，我们必须重申，笔者认为，供养与"敬献"之间的本质差异在于，供养遵循着一个结构化的"模式"：从"开始"到"结束"，包括日常供奉与节日供奉。

农民和工商者公社的支出账簿及相关记录册，详尽地记载了给军政长官或其他地方行政官员年度供养的结构与种类，依据 E. H. 施维伊科夫斯卡娅的分类，这些账簿和记录册构成了具有私下私人经济管理的性质的广泛收支文献的重要组成部分。① 这些记录的具体详尽程度，因记录者的社会地位、文化素养、当地的供养习惯以及文书处理传统而异。② 自 17 世纪起，俄国不同地区便留存了大量此类记录。尽管现在所发现的 18 世纪的此类账簿相对较少，但在其他类型的文献资料中，如中央及地方政

---

① Швейковская Е. Н. Государство и крестьяне России : Поморье в XVII веке. М. , 1997. С. 193.

② Енин Г. П. Воеводское кормление в России в XVII веке（содержание населением уезда органа государственной власти）. СПб. , 2000. С. 31.

府机构的司法调查档案、检举信与呈诉状、规章制度文件等，均直接证明了供养行为的普遍存在，以及记录供养事宜的支出账簿的存在。

值得注意的是，支出账簿本身（及其他相关文件）中几乎不使用"供奉"或"供养"这样的词汇；在日常记录中，供养官员的开销，普遍采用如"赠予""奉送""赠送"等我们已提及的词汇来表述，这再次证明了供养的本质是一种有组织、系统的"敬献"。

> 同一天，奉送衙门机关的书吏加拉西姆·什梅廖夫1卢布，以庆祝圣西蒙日；与我同行的还有赫雷诺夫工商区地方官尼基塔·普拉兹尼科夫和伊万·科捷尔尼科夫。……11月23日，为纪念大公夫人叶卡捷琳娜·阿列克谢耶夫娜公主的教名日，奉送宫廷侍臣及军政长官彼得·谢苗诺维奇·普罗佐罗夫斯基公爵一桌从阿福纳西·库克林那里买来的腌鲟鱼，花了60戈比；从伊万·普什卡列夫那里买了5条梭子鱼和6条圆腹鱼，花了36戈比；从奥福尼·帕尔金那里买了白面包，花了6戈比4钱。①

> 乌斯秋格书记菲尔索夫在接受审问时说，那些村长给他带来了150卢布以表敬意……这些村长在乌斯秋格时，按照他们古老的习俗，以表尊敬给他带来了食品、木材、蜡烛和马饲料，并在节假日和君主的天使降临日，自愿赠予他少量的钱和食品，具体多少次，他也说不清楚。②

由于支出账簿详细记录了收受礼物者的职位或姓名，以及赠礼的具体日期，我们得以明确，行政机构中哪些是被供养者——那些持续领取供养物资者，以及哪些仅在特定场合一次性享有这些福利，不是作为被

---

① ОР РНБ. ОСРК. IV. 278. Л. 14, 19.

② РГАДА. Ф. 9, отд. 2. Кн. 94. Л. 425 об.

供养者，而是作为"敬献"礼的接受者。

　　供养与一次性的"敬献"行为，源于相同的传统根基（下文将进一步阐述），它们不仅在当时的社会观念中不会被非议，而且在相当长的历史时期里，根据当时的法律规范，也被视为合法之举。18世纪前25年的资料给我们展示的画面，有时会让人回想起17世纪某些领主所沿袭的中世纪供养习俗。有一个这样的例子，其见于 А. Д. 缅希科夫公爵（1716年4月17日）给负责调查索洛维约夫兄弟案件的近卫军中尉 И. Н. 普列谢耶夫的命令中①，命令中所提到的是首席专员德米特里·索洛维约夫向北德维纳河中游流域的国有农民征收所谓"供奉钱"（кормовые деньги）的权力：

　　　　尊敬的中尉先生！随信附上沙皇陛下的敕令，依据敕令规定，无须向首席专员德米特里·索洛维约夫及其同伴追缴钱粮。当他们驻扎在瓦加乡与乌斯季各乡期间，每年均奉令以供奉钱作为薪酬。每年应征收的具体数额，均依照我们的指示而定。……索洛维约夫在瓦加乡与乌斯季各乡所征收的供奉钱，是根据沙皇陛下亲自签署的命令来确定的，该命令目前保存在我们的办公厅。至于1706～1707年，从乌斯季各乡征收的500卢布，因行军迅速，命令中没有规定，但确有口头指令，要求相关人员自行收取此款项代替常规俸禄……②

---

① 关于 И. Н. 普列谢耶夫和索洛维约夫活动的更多信息请参见 Серов Д. О. Строители империи: Очерки государственной и криминальной деятельности сподвижников Петра I. Новосибирск, 1996. С. 99-112, 117-123, 131-133; Его же. Администрация Петра I. М., 2007. С. 63, 71-72; Серов Д. О., Федоров А. В. Следователи Петра Великого. М., 2018. С. 47-57。

② РГАДА. Ф. 198. Оп. 1. Д. 54. Л. 28 об. -29.

A. Д. 缅什科夫公爵的命令中还提到圣彼得堡省卫戍官向民众征收供奉钱以补充薪酬的合法性，这份命令草案是从圣彼得堡的行军办公室（походная канцелярия）发给大臣办公室的：

遵照沙皇陛下的圣谕，普列奥布拉任斯基军团与谢苗诺夫军团的近卫军官从上尉晋升至上校。他们随后被委任为圣彼得堡省下辖各城镇的卫戍官：1715 年 3 月 17 日，谢苗诺夫军团的瓦西里·维亚泽姆斯基公爵被派遣至诺夫哥罗德城。根据指示，他的基本薪酬维持不变，仍为 216 卢布，但额外每年从诺夫哥罗德整个工商区域征收 200 卢布作为维护其安全的酬劳。①

彼得大帝的另一位著名战友，后来因大规模经济犯罪而被处决的西伯利亚省长 М. П. 加加林公爵，也在其管辖省份内，使各级行政机构的供养合法化。例如，1714 年，他指示维亚特卡地方长官 П. 涅宾从地方税中给新任命的卫戍官 В. К. 托尔斯托姆提供与前任军政长官 С. Д. 特拉哈尼奥托夫（1711 年）一样多的每周供养费，"这笔供养费将被他们算为税收"。② 托博尔斯克大公署（Тобольская большая канцелярия）的一位高级书吏 И. Г. 扎莫奇科夫在 1720 年调查 М. П. 加加林一案时提供的证词，让我们了解到，将供养费纳入税收的行为是全省规模的，"根据总督的命令"，支付给不同的"指挥官"的供养费来自"农民的税钱"，"这些农民税款……会被计入他们的当年的代役租中"。

值得注意的是，在 1714 年 12 月 24 日通过了关于将所有类型的私酬都定为犯罪的著名法令之后，地方政府仍在规范性文件的层面上将供养行为合法化，并且，如我们所见，这种情况并非个例。

---

① РГАДА. Ф. 198. Оп. 1. Д. 53. Л. 41.
② РГАДА. Ф. 1113. Оп. 1. Д. 28. Л. 710.

三 "以事获供""以文获供""外快"

相较于"供养""供奉"这类词汇，"以事获供"（кормление от дел）这一短语在我们所研究的那个时代的公务文件及法令文献中更为常见。

尽管"供养"与"以事获供"的写法相近，且含义上也有所接近，但这两者所描述的现象仍存在差异。从根本上来说，无论是身处中央或地方政府中的行政官员（负责制定管理决策的），还是文书小吏（负责行政公文工作的），所有层级的管理人员都有可能获得供奉或者被供养。村社、团体或个人向他们提供"供奉"的同时，被供养者并不用做出任何回报行为。甚至可以简单理解为，某位官员仅凭其官方身份，就足以获得供养。从这个角度来看，仅就该现象的经济性和功利性而言，笔者斗胆将供养及其相关的"敬献"礼视为地位或官职所带来的利金。

至于"以事获供"，这一概念似乎只适用于衙门的办事人员。无论如何，笔者不记得有任何例子表明，衙门长官、军政长官或任何其他"管理者"是因具体业务获得供养的。这种机会和不成文的权力只属于那些直接负责公文处理、从事"衙门公文事务"的人，即书记和书吏。正如 П. В. 谢多夫所证明的那样，从 17 世纪中叶开始，莫斯科的衙门就已经形成了稳定的文书事务服务名录，以及同样稳定的"书写"收费标准，在彼得大帝统治的 18 世纪前 25 年，这种收费标准仍然保持稳定。① 衙门中那些因工作性质要处理大量司法案件和其他"呈诉"案件的官员"以文获供"（кормление от письма）的机会最多，因为他们可以直接接触私人上诉者。不言而喻，地方公署的书吏也有不少这样的机会，事实上，

---

① Седов П. В. Подношения в московских приказах XVII в. // Отеч. история. 1996. № 1. С. 142–144, 148.

与私人上诉者的接触构成了他们的日常工作。值得注意的是，尽管"以事获供"没有任何法令规定，具有非官方性质，但俄国政府知道这些情况，并猜测这种收入构成了衙吏物质保障的重要部分。因此，"在那些几乎不涉及或完全不涉及呈诉案件的外交衙门、国库以及其他衙门供职的书记和书吏，每年会从国库中获得一笔补偿金，俗称为'假日钱'"。[①]然而，与"以文获供"的收入相比，这笔补偿金太微不足道了。根据 Н.Ф. 杰米多娃最谨慎的估计，"以文获供"的收入至少是年薪的三倍。[②]地方机构中也有类似的"无私的"工作，这引起了被指派做这类工作的办事员的不满。例如，1712 年曾在维亚特卡衙门机关"负责释放和检查"瑞典俘虏的书吏 Е. 迪亚科诺夫认为自己的工作既麻烦又无利可图，他除了呈请加薪外，还要求将维亚特卡乌斯宾斯基修道院领地管理，以及收取磨坊、耕地和马场的代役租工作转交给他。[③] 他在衙门机关的同事、高级书吏 С. 诺维科夫被卫戍官 И.И. 谢尔巴托夫公爵派往沃尔科夫和波宾宿营地收缴欠款，1714 年 1 月，他请求省长解除他的上述任务，并将马具税、卖马税、磨坊税和蜜蜂税的征收任务交给他。[④] 1713 年，托博尔斯克大公署财务处的书吏 А. 迪亚奇科夫请求紧急发放拖欠的工资，他的理由是，他"负责的是追缴欠款的工作，是最无私、最无休止的工作"。[⑤]

彼得一世察觉到有大量资金通过"以事获供"的方式流失，于是他力图获取这类非正式资金流通规模的精确信息，并意图将其纳入国家监管之下，从中谋取财政收益。彼得一世构思了一个方案：将原本因公文处理或运作获得的私人赠礼合法化，从而莫斯科衙吏的薪资不再由国库

---

① Там же. С. 143.

② Демидова Н. Ф. Служилая бюрократия в России XVII в. и ее роль в формировании абсолютизма. М., 1987. С. 141–142.

③ РГАДА. Ф. 1113. Оп. 1. Д. 28. Л. 315–315 об.

④ Там же. Л. 665.

⑤ РГАДА. Ф. 214. Оп. 5. Д. 2251. Л. 315.

承担，转而由这些赠礼来支付。1703 年 3 月 9 日的上谕阐述了这一构想：

> 君主命令波雅尔审核莫斯科各衙门中的书记、书吏及负责衙门
> 公文事务的所有级别衙吏每年在处理衙门公文事务过程中所获得的
> 收入，以便于改革薪酬制度，使上述官员的薪酬不再由君主直接承
> 担，而是改为从衙门的日常运作及所有呈诉公文事务中合理提取，
> 并就此拟定方案。①

显然，为了设定此类薪酬标准，首先需要掌握衙史从"呈诉"案件
中所获取的私人收入数额的具体信息，这一任务被委托给了由 H. M. 佐
托夫领导的近臣办公厅的书吏们去完成。然而，由于负责执行者的公然
阻挠，这一计划最终未能成功实施。②

皇帝在其统治末期再次提及了这一议题，但这次是在全国层面上展
开的，其导火索是对前总监察官 A. Я. 涅斯捷罗夫的高调审判。1723 年 1
月 5 日，П. И. 雅古任斯基总检察长办公室向各省公署下发了一项法令，
要求：

> 命令从各省监察官和监察员那里获取从 1715 年至 1719 年总检察
> 官涅斯捷罗夫下达命令的调查表，说明他是否收取了敬献钱款，从
> 每个监察员那里收取多少，每个省收取了多少这样的敬献钱款，是
> 否有收取这类钱款的记录簿，钱款被送到哪里，交给了谁，是否有
> 收取钱款的收据？在从监察官员那里亲手拿到这些调查表后，在指

---

① ПСЗ. Т. 4. № 1928.

② Жуковская А. В. Перемены в фискальном статусе дьяков и подьячих в царствование Петра I и их социальные последствия // Cahiers du Monde russe. 2014. № 55/1 - 2. С. 31–49.

定时间应将其送到……①

值得注意的是，在此情境下，君主的好奇心使其有意拓宽了"地域"范围。他渴望获取关于"孝敬礼"的数量和收受者的全面信息（而不仅限于"以事获供"），以及这一流程被记录的详尽程度的信息。这种做法似乎蕴含着双重意图。一方面，无疑，其目的在于将收取此类费用的行为归咎于官员的过错，将其定性为贿赂（从而在涅斯捷罗夫刑事案件中收集这些信息）。另一方面，该法令过于直白地透露了想要探明有多少资金"流向暗处"以及谁是受益者的意愿。假若彼得大帝成功获取了这些信息，他必然会尝试从中为国库谋取物质利益。然而，与前一种情形一样，这次行动同样未能如愿以偿。

最后，国家最高领导层放弃了控制"以文获供"收入的企图，只是将其合法化，同时拒绝向办事员支付工资。诚然，这件事发生在伟大的改革者去世之后，并且事先在最高枢密会议交流了意见。②

　　……司法委员会和领地委员会的官员，还有高等法院和市政公署的官员，均不再领取固定薪资，而是依照旧例，在处理事务时，由呈诉者根据其意愿赠予报酬，但不得为了向呈诉者索取过多贿赂而故意拖延事务处理，也不得做出任何违反既定规章和法令的行为……③

但需要强调的是，这种合法化只涉及"以事获供"，或"外快"

---

① РГАДА. Ф. 425. Оп. 1. Д. 8. Л. 101.

② Сб. РИО. Т. 55. С. 189-190.

③ ПСЗ. Т. 7. № 4897. 1726 年 6 月 2 日的法令文本几乎逐字照搬了 1726 年 5 月 23 日最高枢密会议的会议记录中所记载的最高枢密会议的决议（Сб. РИО. Т. 55. С. 304-305）。最高枢密会议成员、荷尔斯泰因的卡尔-弗里德里希公爵和 А. Д. 缅什科夫公爵提出了将"以事获供"或"外快"合法化的想法（Сб. РИО. Т. 55. С. 189-190）。

（акциденция）——有时对这类收入采用的一种新式的时髦的称呼。相比之下，"敬献"与"供养"则属于完全不同的范畴。在传统上，这两种做法仍然被公众舆论认可，从未被摒弃，俄国政府有时也将其视为官员的非违法性收入。例如，1723 年，В. И. 根宁少将对 В. Н. 塔季谢夫案件进行调查的结果是：尽管支出账簿中记录了农民的赠礼，但后者被无罪释放，因为：

> ……村长在被问询过程中表明，В. Н. 塔季谢夫并未向他们许诺会在工厂工程中给予任何利益。他们仅仅是遵循西伯利亚的传统习俗，在塔季谢夫首次到访时，为表示尊敬送他礼物，他在此次事件中既无偏私也无胁迫。①

基于同样的理由，对东北部县城著名的衙门"业务精通者"Г. Е. 费尔索夫的指控被撤销。监察官 А. 费尔申指控 Г. Е. 费尔索夫在 1711 ~ 1716 年担任乌斯秋格衙署书记员时滥用职权。1725 年 8 月 4 日，参政院关于终止对 Г. Е. 费尔索夫（当时他是维亚特卡州的财政官）刑事起诉的判决书证实：

> ……维亚特卡州书记员 Г. Е. 费尔索夫在呈诉状中陈述，根据财政委员会的命令，他因财务问题被从该省该委员会遣送至司法委员会，配合调查"乌斯秋格"监察官 А. 费尔申对他的告发案，在禁令颁布之前，他在乌斯秋格州任职期间收受的贿赂被算作孝敬礼……②

官员接受"敬献"礼的资格可以通过其与衙门工作的关联性而得到加强（如所提到的"以写获利"），同时，官员贫困的物质状况也可以作为

---

① Геннин В. Уральская переписка с Петром I и Екатериной I. С. 146.
② РГАДА. Ф. 248. Кн. 1945. Л. 29.

接受"敬献"事实的理由。在某些情况下，这即使不能作为脱罪的依据，至少也能作为部分减轻罪责的理由。譬如，1721 年，M. A. 马秋什金中将调查办公室对办事员安德烈·福明于 1711～1713 年收受礼物做出 140 卢布的处罚，而参政院在 1725 年 10 月 18 日的命令中取消了这个罚款：

> ……关于办事员安德烈·福明……不应该向他罚款的呈诉……该罚款由 M. A. 马秋什金中将办公室做出……，理由是他在 1711 年、1712 年和 1713 年从葡萄酒承包商那里收取孝敬钱，这是承包商出于善意自愿付给他的书写劳动报酬，因为在那些年份里他并未收到薪资。[1]

菲利波夫、帕尔申及奥库洛夫三人，于 1723 年在专员 Ф. 贡多罗夫公爵的领导下，负责在苏兹达尔省征收税款，他们在遭受笞杖之刑后被释放，不再受拘押，并被免除对所收款项的追责（依据 1725 年 11 月 10 日参政院的命令）：

> 这三人所接受的钱财，均源自他人以表尊敬的献礼，而非出于胁迫，且他们当时并未领取薪资。当地人也表示，给他们钱财是以表尊敬，而非被迫行为。[2]

因此，事实证明，尽管存在各种微妙的情形、立法的演变以及忒弥斯般的奇思妙想，但诸如"敬献""供养""以事获供"等与之语义相关的术语所表示的官员私酬，并不包含指控的意味，也不意味着这些行为应受到道德谴责，甚至在 1714 年及后续几年"禁令"颁布之后，这些行为仍被司法调查机关视为可接受的。

---

① РГАДА. Ф. 248. Кн. 1947. Л. 90.

② Там же. Кн. 1948. Л. 45 об.

第三节 贬义词的术语群

下文我们将探讨具有纯粹的揭发含义的术语的语义巢。这些术语来自检举信、呈诉状、法令和法院调查文件。在彼得一世时期的文献中，"贿赂"（взятка）一词及与之相关的"收贿"（взятье）、"索贿"（взял）、"搜刮"（брал）等无疑是此类概念中使用频率最高的。

一 "贿赂"（"收贿"、"索贿"和"搜刮"）及相关的"敲诈"、"勒索"、"横征暴敛"、"欺辱"、"欺凌"

大量收贿受贿案件表明，这种行为通常是由各级管理人员发起的，他们通过敲诈勒索索取贿赂，对其权力管辖下的人员施加精神（威胁）和肉体（非法拘禁、殴打）压力。

炮兵少将 В. И. 根宁被沙皇钦点为乌拉尔和西伯利亚工厂的特使和监督人，他在 1722～1723 年初所开展的大规模审查工作的结果极具启示性。他对地方官员的彻底整顿，引发了大量受害者的呈诉和检举，这些材料为我们进入深入研究提供了丰富的素材。

"索贿"与"受贿"作为"贿赂"的同义词，在 В. И. 根宁办公室向托博尔斯克高等法院办公厅提交的呈诉登记册中，被用来表示所有贿赂行为。其中，揭发卡缅斯基区地方专员 Ф. Ф. 费菲洛夫索贿的有 10 项，而揭发司法专员 Г. 切尔卡索夫索贿的则有 7 项：

> ……卡缅斯基工厂农民彼得·奥辛佐夫、农民寡妇玛丽亚·萨维娜和马雷米亚娜·马卡洛娃检举其索贿 7 匹马、马具和马车。巴加里亚茨村镇前村长尼基福尔·波德科里托夫检举其索贿 5 卢布村社钱财。新佩什明村镇农民雅科夫·斯文钦及其同伴检举其索贿全

钱和1匹马，以及车、马套、马鞍、鞍座、鞍具、车轭、帐子、麻袋……乌克图斯采矿厂学徒基里尔·奥斯特洛夫金呈诉……其收贿一匹马；萨尔达乌托瓦乡巴什基尔人萨巴科·库图科夫、萨列·库尔明捷夫呈诉其索贿2匹马；巴加里亚茨村镇的村长伊万·科克塔舍夫呈诉被其勒索8卢布；卡塔伊斯基堡垒的农民彼得·拉平及其同伴检举其贪污国库30卢布……并贪污8俄尺国家的红呢子布和五普特铁……缴纳毛皮贡赋者鞑靼人萨卡亚·库尔明捷夫检举其索贿1匹棕色骟马……西伯利亚公路沿线卡缅斯基厂的西纳尔村鞑靼人别伊梅佳·希加耶夫及其兄弟检举其索贿1磅蜡和1卢布钱……卡缅斯基县乌斯季-巴加利亚茨村鞑靼人乌拉茨明特·乌拉茨明杰夫呈诉其索贿5卢布……以及8卢布43戈比的物什和1头牛；卡缅斯基区鞑靼人迈梅季亚和赛特·希加耶夫呈诉其索贿1普特蜡和8卢布钱；托博尔斯克贵族谢苗·科尔尼洛夫检举其索贿马匹和雪橇；卡塔伊斯基堡垒农民彼得·拉宾检举其索贿2匹马。[①]

乌克图区地方专员斯捷潘·涅洛夫以威胁和暴力向农民勒索贿赂，这一点可以从乌克图区别洛亚尔斯基和佩什马村镇的当选代表1722年12月16日检举信中得知：

> 专员涅洛夫在进行村镇住户数量普查的过程中，当众无端地从我们手中索贿1卢布50戈比。当他前往新佩什明村镇的厨房时，由于暴风雨，他又强行从我们这里索贿1普特牛油。此外，涅洛夫还

[①] ГАСО. Ф. 24. Оп. 1. Д. 17. Л. 27-29 об. 所有这些1723年10月7日给 В. И. 根宁将军办公室的呈诉状和检举信都揭发了前几年的情况。也就是说，仅凭农民村长的支出账簿即可发现，上述地方专员 Ф. 费菲洛夫仅在1719~1722年就从他辖区的6个村镇里收受了248卢布38戈比的"钱粮贿赂"和"未计价格的10俄石黑麦、2俄石大麦、大麻籽、啤酒、面包、啤酒花，以及没有列出的东西"。参见 ГАСО. Ф. 24. Оп. 1. Д. 17. Л. 16.

涉嫌贪污受贿，这一行为从他手下、居住在阿拉米尔村镇的贝洛亚尔斯克当选代表留下的一张字条中便可窥见一斑。更令人震惊的是，在 3 月，他通过残忍的折磨手段，从前任乡长亚科夫·布塔科夫那里勒索了 10 卢布……①

卡米什洛夫村镇的下属专员费奥多尔·卡切诺夫斯基用同样的方法从退役的龙骑兵佩斯托夫身上捞了一笔，但数量要少一些。这名龙骑兵向将军抱怨"平白被监禁，被殴打，被索贿 15 戈比"。②

Ф. 普罗托波波夫在 1713~1714 年是上尼钦村镇的管事（приказчик），他的一贯特点是在敲诈勒索贿赂时毫不手软：

> ……普罗托波波夫，采用残忍的折磨手段，平白无故地从我这里索贿 10 卢布钱、5 头公牛以及 1 匹马；他用鞭子三次死命殴打我，并强行敲诈 5 卢布（смучил）……他又以威胁的方式，从我手中索贿 1 匹马和 3 卢布钱……还折磨我抢走我的 1 匹黄骝马。……更令人发指的是，他还折磨我父亲并强行夺去其 1 匹黄骝马。③

上述是上尼钦农民对管事的检举。1706 年，书吏费奥多尔·马尔科夫从被军政长官监禁的农民那里分别收受了给他本人和佩列亚斯夫利-扎列斯军政长官格里戈里·阿尔贝涅夫的 1 卢布和 5 卢布，并将这些农民释放，该行为被定性为贿赂。④ 在这种情况下，军政长官采取暴力非法逮捕的手段，导致农民陷入被迫为自己的自由行贿的困境。

---

① ГАСО. Ф. 24. Оп. 1. Д. 5ª. Л. 2-2 об.
② Там же. Л. 68.
③ ГАСО. Ф. 24. Оп. 1. Д. 21⁶. Л. 184-187 об. и далее.
④ РГАДА. Ф. 26. Оп. 1, ч. 1. Д. 10. Л. 183-191.

为了迫使民众行贿，官员们也会采取非人身胁迫的其他手段。只要给潜在的受害者制造一些官僚主义的困难，使其生活活动变得艰难，就足以迫使人们成为行贿者。此前已多次提及的 В. И. 根宁将军代表矿业委员会，在矿业顾问米凯利斯的帮助下，于 1725 年调查了彼尔姆工厂禁止私人食品贸易的情况，并对参与贸易的农民进行了询问：

> ……这些人对此回答道，当我们携带食物前来出售时，他们便打着关税和违规商品的幌子搜查我们，故意刁难，并强制要求我们去索利卡姆进行加工。正因如此，我们无法在此地的工厂进行交易。此外，这些人还担心会被迫将带来的部分商品作为礼物献出去……①

显然，所谓的勒索"礼物"实质就是索贿，其罪魁祸首是索利卡姆斯克州的军政长官 Н. М. 瓦德博尔斯基公爵及其手下。

在当时，这种"索贿"的行为还有其他多种同义的说法，比如"横征暴敛"（налог）、"欺辱"（обида）、"欺凌"（нападки）等。

举例来说，"横征暴敛"一词虽然来自国家合法的"征税"行为，但它在这里却指的是官员为了个人利益而私下征收的苛捐杂税。

> 我们这些可怜的赤贫之人无法在他的横征暴敛中生存下去。

1687 年 10 月，格多夫居民曾这样向普斯科夫衙门当局控诉军政长官叶拉金。②

---

① ГАСО. Ф. 24. Оп. 2. Д. 24. Л. 29.

② Енин Г. П. «А велено нас от гдовских воевод оберегать» : Из истории воеводского кормления в XVII в. // Ист. архив. 1997. № 1. С. 195-198.

并且他多次……"欺辱"和莫名的横征暴敛。

几十年后，在这个国家的另一端，在乌拉尔巴加亚特茨村镇的农民身上重现这种情形，1723 年 1 月，农民也这样控诉下属专员 A. 布尔加科夫。①

1717 年 6 月，旧鲁萨县亚历山大-涅夫斯基修道院领地的管家科普捷夫少校向缅希科夫公爵的行军办公室检举诺夫哥罗德政务委员 И. И. 米亚基宁及其在旧鲁萨任职的下属专员斯维钦：

……他逮捕了我的农民，并将他们囚禁起来，对他们进行了"欺辱"。他们向我诉说，他在向他们搜刮了大量贿赂之后，才让他们获得自由。②

去年（1722 年），别洛斯卢德村镇的书吏斯捷潘·阿列克谢耶夫用鞭子抽打我（以下署名者）的肚子，通过欺凌手段，从我这里敲诈 4 卢布……③

1720 年波雅尔子弟阿福纳谢·切尔尼舍夫在涅维扬斯克村镇做衙吏时，通过欺凌手段，从我这里索贿 1 匹棕黄色骟马……和 2 俄石黑麦。去年，也就是 1722 年，他又平白无故从我这里索贿 1 头红色的母牛……④

这些广泛记载于类似文件中的案例，清晰地揭示了"横征暴敛""欺辱""欺凌"等术语与"贿赂"这一术语在语义层面的密切联系，同时

① ГАСО. Ф. 24. Оп. 1. Д. 5ᵃ. Л. 8.
② РГАДА. Ф. 198. Оп. 1. Д. 74. Л. 285.
③ ГАСО. Ф. 24. Оп. 1. Д. 5ᵃ. Л. 23.
④ ГАСО. Ф. 24. Оп. 1. Д. 5ᵃ. Л. 60.

也反映出当时社会对这些行为的普遍认知，不仅包括官员这些行为的直接受害者，也涵盖更广泛的群体。俄国政府的法令文献同样对这些概念及其所标示的社会现象持有相似的理解与评判，诸如给地方行政官员的规章，其表述与结构可追溯至 17 世纪给军政长官的指示：

> ……倘若有村长、村警或组长因一己之私，而对本县居民施以欺凌或横征暴敛，哪怕只是从他们手中收受微不足道的贿赂，一旦经过调查，有牧师和其他证明人证明，证据确凿，此类行径必将被判处死刑，绝不宽恕。因为这些欺凌与横征暴敛行径，已导致众多城镇各县人民遭受破产，家园荒废，进而导致君主应得的税收大幅缩减。……书吏们严禁为君主的事务、呈诉者的事务，或是出于个人臆想及捏造的贿赂理由，擅自离开城市前往各县。若书吏擅自离开城镇前往县里，以任何形式寻求贿赂，那么这些公然违抗君主法令且确实收受贿赂的官员，将被毫不留情地判处死刑。军政长官若对此类人员与破坏者的行为视而不见或纵容包庇，也将毫不留情地被处以高额罚款。①

这种严禁书吏去挨村串县索取贿赂的规范，总体上类似于中世纪时期的特许状，禁止"巡行勒索吃喝的骑手""无所事事的小官吏"进入享有豁免权的领地索贿。

颇为有趣的是，这种旨在禁止贿赂的命令，也可能出自省长，甚至出自那些日后被指控犯有包括受贿在内的渎职罪行之人的笔下。例如，前文提及的西伯利亚省省长 М.П. 加加林公爵，在 1712 年向维亚特卡卫戍官 И.И. 谢尔巴托夫公爵下达的一道命令中，明确禁止地方书吏介入

---

① РГАДА. Ф. 214. Оп. 5. Д. 2087. Л. 1–1 об. 这段出现在 1711 年 12 月 12 日给御前大臣 Л.А. 谢尼亚文就任索利卡姆斯克和切尔登军政长官的命令的片段十分典型。

彼此之间的事宜，以及前往各县索取贿赂。М. П. 加加林公爵指出："这些书吏已然从君主处领取了薪俸，加上从工商业税收及代役租中抽取的部分，他们的收入已颇为可观。"[①] М. П. 加加林公爵是否真心实意地认为书吏们不应接受此类形式的供奉，还是仅仅遵循既定的公文格式，在其命令中复述这类文件中常见的"陈词滥调"，我们不得而知。但对我们来说，确定另一个信息同样重要——省长认为，凭借官方规定的薪酬以及来自租税的收入，便足以弥补书吏们的收入损失——也就是被加加林认定为非法贿赂的那部分收入。

提供足够薪酬并辅以惩罚措施能有效遏制受贿行为，这并不仅仅是西伯利亚省省长持有的观点。早在 1714 年，彼得大帝推行地方行政官员固定薪资制度时，这一观点便已物化为法令规范。这一思想还体现在一项地方性的，但实质上是普遍性的指令中，这项指令涉及对作为督办者的近卫军和调查机构官员的物质保障。下面就是这样一个例子。1719 年近卫军调查委员会成员 И. М. 利哈雷夫少校、近卫军士兵 М. 波布里什切夫·普希金，被派往秋明调查前省长 М. П. 加加林公爵的案件。为确保两人在执行任务期间不受贿赂、礼品或任何形式的食物诱惑，他们从军政长官官署领取了规定的"生活补助"：每月 31 磅肉类、4 磅面粉、1.5 俄升粮食及 2 磅食盐。[②] 毋庸赘言，这种观念和行动对遏制受贿行为毫无帮助，其部分原因是受贿现象的本质和生成机制远比当局意识到的要复杂得多。

前文列举了所谓的"勒索"贿赂的案例，即官员通过对其附属人员施加压力而获得的贿赂（其中甚至有一例涉及托博尔斯克一位贵族）。在此情形下，行贿者并非出于自愿，且未从中获得任何实际利益。然而，相关资料同时也描绘了贿赂行为中双方可能存在共同利益的情况。在此

---

① РГАДА. Ф. 1113. Оп. 1. Д. 28. Л. 168-169 об.

② ГАТО. Ф. И-47. Оп. 1. Д. 439. Л. 15.

类情况下，贿赂的发起者既可能是官员一方，他们通过对民众施加压力来索取贿赂，也会给予行贿者某些承诺或好处；贿赂的发起者也可能是行贿者本身。例如，从 1727 年 1 月 24 日的参政院法令中可以看出，专员尼基塔·阿尔奇巴舍夫和书吏雅科夫·沃洛茨基（诺夫哥罗德州奥博涅日区）的行径：

> ……1721 年，在登记农户数量时，他们蓄意将有人居住的农户篡改为空置无人的院落，为此他们从居民手中收受钱财、食物等多种形式的贿赂，并且默许下属接受此类贿赂，其他年份他们也这样做，收受贿赂，然后瞒报大量税款，在休假及其他杂项事务中给予行贿者方便，这些地区的专员与书吏经常性不支付驿车马费用，擅自使用县里的马车出行。①

以"现金和食物"贿赂换取对欠缴税款睁一只眼闭一只眼的提议极有可能来自官员。但最终，居民也从这笔交易中获得了官员的"姑息"，从中获利。至于通过贿赂让官员将有人居住的农户登记为空置无人的院落的做法，在财税调查中颇为普遍，并且完全有可能是由农民方面率先提出的。

别热茨基军政长官彼得·布图林也采用了类似方法，他以贿赂为条件，免除了对农民欠缴税款的杖刑追责。如伊若尔公署书吏伊万·谢特金在 1709 年的呈诉书中检举：

> ……安东诺夫修道院的大司祭约瑟夫及修士们要从小农场、蜂场、浴场和养鱼场的农民那里收取定额税款，军政长官给了他们时

---

① ПС3. T. 7. № 4826.

间，在从他们那里拿走了 50 俄石燕麦和 10 俄石黑麦后，军政长官采取姑息态度，这一收取税款的行动就停止了。①

维亚特卡书吏费奥多尔·瓦赫鲁舍夫和他的同伙切佩茨营地长官，在 1717 年就干过收受贿赂藏匿逃兵的事：

> 上述长官康德拉季·亚戈夫金和书吏瓦赫鲁舍夫……藏匿逃兵，士兵马克西姆·阿尔扎马斯特索夫在维亚特卡接受讯问时就此说，书吏瓦赫鲁舍夫在收了这个逃兵 1 卢布后，就把他藏了起来，以躲过搜查。②

乌克图斯法官 В.Ф. 托米洛夫在接受贿赂之后释放了罪犯及其窝藏者，书吏 А. 戈博夫也如此行事。两人均供认受贿事实，并以"一时糊涂"、经验不足、监管法律文件缺失等理由为自己的行为辩解，甚至提到食物短缺等经济困难作为借口。鉴于指控无法反驳，他们试图在供词中压低受赂的具体数额。③

在本研究所涉期间，官员与当地居民"在双方都默许的情况下"串通行贿受贿的情况也并不少见，相关资料揭示了此类勾结的多种复杂模式。其中最基本的一种模式涉及两个"协议方"，一方为官员，为获取贿赂，默许另一方违反某些规章制度，这种模式显然尤为普遍。伊希姆区地方专员吉洪·巴利亚耶夫的行为就是一个典型的例证：

> ……他在没有沙皇陛下圣谕的情况下，就派龙骑兵和农民去草

---

① РГАДА. Ф. 26. Оп. 1, ч. 1. Д. 7. Л. 848.
② Там же. Ф. 973. Оп. 1. Д. 5. Л. 35 об.
③ ГАСО. Ф. 24. Оп. 1. Д. 17. Л. 17–18.

原上的湖泊采盐，按每匹马 1 普特盐、每个人 10 钱的标准向他们搜刮。

为此他被停职。① 在此情节中，用同义词"搜刮"所表示的索贿，显然并非"强迫的勒索"，而在很大程度上是一种具有"约定的"现象，种种迹象表明这绝非孤例。1723 年，卡利诺夫村镇农民向 В. И. 根宁将军呈交了一份针对其下属专员 И. 杜拉索夫的检举信，其中反映了非常奇特的情形：

　　在过去的 1721 年和 1722 年里，卡利诺夫村镇您下属的专员 И. 杜拉索夫多次凌辱我们（下面提到的那些人），使我们破产，并在收税和征兵过程中向我们搜刮贿赂。

天真的农民在其检举信的开篇中已经表明，最初他们作为行贿者和受贿者专员之间存在共同利益。从现行法律的角度来看，双方均有意损害"国家利益"：作为收受贿赂的回报，专员显然向农民许诺会在收税和征兵方面有所姑息。这样，他就是玩忽职守，他从公社搜刮了 50 普特粮食，为此"招募了一些不适合服役的士兵，这些士兵都是未被托博尔斯克录用的"。1722 年，"И. 杜拉索夫又选择了另一拨人替代这些士兵，从被替下来的士兵中搜刮了 200 普特的粮食，并在此次招募中有差别地搜刮农民的贿赂"（即收取那些显然想要逃避服兵役的农民的贿赂，紧接着列出了这些农民的姓名以及他们行贿的金额）。② 此外，И. 杜拉索夫还经常无故殴打农民，直接掠夺他们的钱财，这激怒了村社居民。我们可以假定，如果这个官员表现得更克制、更有作为，那么这封检举信就不会如

————————————

① ГАТО. Ф. И-47. Оп. 1. Д. 3396. Л. 7 об.
② ГАСО. Ф. 24. Оп. 1. Д. 5ᵃ. Л. 4-4 об.

此轻易地被送到将军的办公桌上，而为了"免受欠款杖刑责罚"拿给他的那 50 普特粮食和另外 30 磅黑麦，也仍然会以"奉送"或"赠予"的中性表达出现在卡利诺夫镇村长的支出账簿上。

但也有更复杂的组合，涉及两个以上的参与者，其在贿赂过程中处于不平等的地位。例如，1714 年，菲林波夫村镇科辛乡和波利尼茨乡维亚特卡农民呈诉，叩请将他们从维亚特卡衙门机构书吏 A. 格卢希赫的管辖下转移到村镇卫戍官 И. И. 涅姆基诺夫辖下。这些呈诉者以模式化的表述解释了他们的意图：

> 不应再让他们受书吏 A. 格卢希赫的管辖，因为他从他们那里搜刮了大量贿赂。[1]

然而，农民的不满情绪并不仅仅源于贿赂行为，还因为 A. 格卢希赫在处理这个村镇的穆德罗夫和穆欣两个乡农民"怠工"事件时，明显偏袒他们，对他们征收的税额仅为科辛和波利尼茨乡农民所缴纳的一半，而对后者则课以重税，并肆意征税。呈诉书中清晰地反映出，这一切都是 A. 格卢希赫与穆德罗夫和穆欣乡勾结所为（"他们借此中饱私囊"）。我们有理由推测，A. 格卢希赫给穆德罗夫乡和穆欣乡农民的特殊待遇并非出于纯粹的友情，而是某种交易的结果，很可能是他定期从他们那里收取"供奉"或"孝敬礼"，同时从科辛乡和波利尼茨乡的农民那里勒索贿赂。在这场复杂的利益组合中，科辛乡和波利尼茨乡的农民最终沦为了牺牲品。1715~1716 年，另一位著名的赫雷诺夫书吏叶戈尔·迪亚科诺夫在处理菲利波夫村镇另一些科辛乡农民的土地诉讼时，同样表现出了明显的偏颇：

---

① РГАДА. Ф. 973. Оп. 1. Д. 2. Л. 149 об.

因我们的被告行贿，（官府）以遵照驻莫斯科西伯利亚公署的指令为名，不做任何决定，我们因而蒙受重大损失。[①]

此案情的复杂性在于，侵占科辛人土地的被告并非农民，而是与叶戈尔·迪亚科诺夫身份一样的，维亚特卡衙门机构的书吏雅科夫·赫鲁多夫与瓦西里·梁赞采夫，他们有姻亲关系，来自赫利诺夫地区颇有影响力的梁赞采夫家族。显而易见，无论是长期的共事关系，还是家族关系，都未能妨碍叶戈尔·迪亚科诺夫接受其"兄弟"的贿赂而从中渔利，并且赫鲁多夫与梁赞采夫或许也并不觉得此类行为有何不妥。

尤其值得重视的是后一种情形。在彼得大帝的时代，司法体系往往倾向于将官员私酬定性为贿赂，贿赂现象在社会的各个阶层都相当普遍。不能简单地认为，受贿者或其被迫（或自愿）参与的帮凶的受害者完全是社会底层人群。上述书吏之间相互行贿的例子也并不罕见。在1724年7月15日的一份匿名呈诉状"关于政府机构司法公正及各类人员的滥用职权问题"中，作者写道：

领地委员会的法官费多西·马努科夫因为行贿，其许多不道德的作为和罪行……被明显掩盖，不向陛下报告……

在这里，行贿者 Φ. C. 马努科夫是一个声名显赫的高级行政官员，其上司因受其贿赂掩盖其公务罪行。但在同一份文件中，我们还发现了更常见的中央机关办事员收受私人贿赂的案例：

帕什科夫、秘书沃洛季莫洛夫和办事员斯捷潘·阿列克谢耶

夫……他们搜刮贿赂，被搜刮者证明了这一点……①

在行政领域内，官员之间、上下级之间乃至委托人与保护人之间送金钱与贵重物品的行为，并非彼得大帝时代匿名者居心叵测的幻想，而是广泛存在的日常现象。对于以"手动模式"运行的、不断改革的国家管理机器来说，贿赂可以说是其运行的必要条件。对此机制有着亲身深刻理解的，还有一个名叫阿列克谢·亚历山德罗维奇·库尔巴托夫的著名官员，他在 1711~1714 年担任阿尔汉格尔斯克省副省长，后因贪污受贿而接受调查。在其 1720 年底写下的临终悔过书中，他如此阐述道：

> ……给参政院工作人员送去了葡萄汁和其他东西，以便他们对在阿尔汉格尔斯克省的事务尽心尽力。我担心不给他们送礼，省里的事务会受阻。②

在一次审讯中，这个前副省长重复了同样的观点，并做出了重要澄清：

> ……他从非定额税收入中给参政院工作人员拨了钱，为了他们对阿尔汉格尔斯克省尽心工作，为此，我们不能不孝敬他们，因为其他省份也有类似的支出用于孝敬他们辛勤工作……③

二 非法征税、超额征税、非常支出费用

若是不加入另一类术语——表示以征收国家税之名行敲诈勒索、侵

---

① РГАДА. Ф. 16. Оп. 1. Д. 179. Л. 6, 7.
② РГАДА. Ф. 9, отд. 2. Кн. 94. Л. 440 об.
③ РГАДА. Ф. 248. Кн. 700. Л. 160-161.

吞财物行为的术语，那么这组带有负面价值观的术语群便显得不够完整。鉴于彼得大帝时期财政制度的特性、税收制度的混乱状态、大量的苛捐杂税，以及与之相伴的历年长期税款拖欠情况，此类行为本身以及表示这种行为的概念变得极为普遍，而对于纳税人而言，核实征税的合法性异常艰难。

　　为了掩盖其营私敛财的行为并使其看起来合法，衙门官员会出示其伪造的授权征税的书面"命令"，但更多时候仅限于口头声明，不会与农民或工商业居民进行长时间的解释。"非法"或"超额"（即超过法定标准）征税进入了油滑官员的腰包，有时会引发农民骚乱，比如 1714 年伊希姆起义，这一事件在相关文献中已有详尽记载。① 这次起义的罪魁祸首是外乌拉尔南部伊希姆村镇管事斯捷潘·涅姆季诺夫，他的工作内容之一是在村镇上"寻找"新的纳税农户。正如我们现在所说，扩大税基的活动伴随着贿赂。管事从农民那儿每人搜刮 10 卢布（数目不等），可能以此交换解除他们的赋税。此外，他还以税收为幌子收取 200 卢布，并从这些钱中"拿出一小部分"送往托博尔斯克（省会），但没有为其收取的钱出具收款收据。② 当农民们要求他出示确认这些税收合法的命令时，斯捷潘·涅姆季诺夫轻蔑地回答说："对你们来说，我不是命令吗？"③ 最终，这名管事的行为激起农民起义，他的住宅遭到洗劫，后来起义被从托博尔斯克派来、由 A. 帕尔芬季耶夫中校指挥的龙骑兵残酷镇压。从伊希姆逃出来的斯捷潘·涅姆季诺夫在托博尔斯克的口头呈诉中指出，由

---

① Голикова Н. Б. Восстание крестьян ишимских слобод в 1714 г. （из истории классовой борьбы сибирского крестьянства）// Вестн. МГУ. 1963. Сер. 8, История. № 3. С. 58-64；Акишин М. О., Шашков А. Т. Фискальный гнет Петровской эпохи и сибирское крестьянство（к вопросу о достоверности переписей конца XVII – начала XVIII в.）// История русской духовной культуры в рукописном наследии XVI-XX вв. Новосибирск, 1998. С. 96-111.

② РГАДА. Ф. 248. Кн. 641. Л. 743 об. -744.

③ Там же. Кн. 19. Л. 496.

于暴乱，他损失了1400卢布（！）现金和500俄石（！）粮食。① 一个年薪不过150卢布的村镇管事，除了大规模受贿和非法征税之外，不可能通过任何其他手段积累起这样的财富。

即使是职位最低的小衙吏也会擅自按高税率"超额征税"：这样做既方便，又不像斯捷潘·涅姆季诺夫那样冒险，因为他显然是"非法"地、公开地捏造征税名目。如此操作的人并非孤例。1723年，警惕的克拉斯诺米尔村镇的农民通过他们选出的代表马克西姆·德格季亚列夫向 B. И. 根宁将军的办公室检举：

> ……克拉斯诺米尔村镇书记提特·别列切夫和蒂洪·沙莫宁勾结征税员一同在收取国家税款时营私舞弊。在收钱时偷藏钱款，并在账本上作假，随后将其据为己有。……他们也用这种方法巧取海狸皮和大车……②

在此情境下，除了进行"超额征收"（在账簿上作假）之外，别列切夫还表现出极端的"贪得无厌"，收受贿赂。1723年，在诺夫哥罗德省的奥博涅日区，前文提及的专员尼基塔·阿尔奇巴舍夫、书吏雅科夫·沃洛茨基以及他们的同伙专员格里戈里·巴拉诺夫就如此行事：

> ……他们在该区收取国税时，罔顾国法、盗窃国库、超额征税、收受贿赂，具体情况如下。（1）根据1723年12月31日的命令，1724年前8个月每个纳税人需缴38戈比，而他们收取54戈比。（2）超额征收的国家税款和其他巧立名目征收的税款，均被他们留为己用：尼

① РГАДА. Ф. 248. Кн. 641. Л. 744–745.
② ГАСО. Ф. 24. Оп. 1. Д. 5ª. Л. 41.

基塔·阿尔奇巴舍夫分到 2039 卢布 40 戈比，格里戈里·巴拉诺夫分到
607 卢布 43 戈比，书吏雅科夫·沃洛茨基分到 132 卢布 43 戈比。[①]

这些"非法征税"与"非常支出费用"密切相关，揭露了俄国混乱
的税收领域官员大规模舞弊伎俩。为了说明同时代的人对"非常支出费
用"（необычные расходы）一词的理解，我们有必要再次回到 М. П. 加
加林公爵案件涉案人员之一、托博尔斯克书吏 И. Г. 扎莫什奇科夫 1720
年 11 月在近卫军少校 И. И. 德米特里耶夫·马莫诺夫和 И. М. 利哈雷夫
调查办公室所提供的证词。如上所述，案件中被调查的主要人物是西伯
利亚省省长 М. П. 加加林公爵，他下令将从当地农民那里收取供奉算作
国家税，实际上将其变成了"超额的非法征税"。调查将通过这类手段获
得的资金定性为"非常支出费用"：

> ……这些非常支出费用源自省长的指令，其手下人员向邻近城
> 乡的农民强行征收……依据省长的指示……这些非常支出费用被计
> 入农民的年度代役租。

据 И. Г. 扎莫什奇科夫说，托博尔斯克大公署对这些农民税款进行专
门记录，即"抵账清单"（зачетные росписи），依据这些清单，经过省
长的签字确认，上述款项即被并入常规税款之中。[②] М. П. 加加林公爵本
人被迫对 И. Г. 扎莫什奇科夫的证词做出解释，他无法否认存在这种征税
和与之相关的"非常支出费用"，但为了减轻自己的罪责，他发现除了把
责任推给托博尔斯克总卫戍官 И. Ф. 比比科夫外，别无他法。在 1720 年
11 月 16 日的审讯中，公爵表示对这一切：

---

① ПСЗ. Т. 7. № 4826.

② РГАДА. Ф. 214. Оп. 5. Д. 2640. Л. 82. 83 об.

……他并不知情，因为在 1715 年（相关事件实际发生的年份。——作者注），他并未身处托博尔斯克，也未负责该省的管理……И. Г. 扎莫什奇科夫不可能在没有任何命令支持的情况下，获得如此庞大的支出费用。如果他确实获得了这样一笔支出费用，那么这就说明必然存在相关的命令。而在 1715 年，该省是由总卫戍官 И. Ф. 比比科夫负责管理的。①

从托博尔斯克城乡农民那里搜刮的钱财确实很多：仅在我们所讨论的事件中，每年的总金额就达 1015 卢布 54 戈比 2 钱。在 И. Г. 扎莫什奇科夫应调查人员要求编制的清单中，详细列出了支出账目。该清单实际上揭示了省长及其亲信的部分年度供养费，体现出上述"非常支出费用"的规模和性质。

例如，清单显示了购买木柴（649 平方俄丈，共计 144 卢布 78 戈比 4 钱）和干草（共计 278 卢布 75 戈比）的支出费用，其中给省长（"省长府邸"）木柴 192 方，干草 520 车；给总卫戍官 И. Ф. 比比科夫木柴 62 方，干草 160 车；给卫戍官 Д. А. 特拉乌尔尼希特和他的女婿布哈里茨木柴 64 方，干草 72 车（其中一部分给了"军官巴斯塔诺夫及同事们"）。此外，"建造省长的 2 号别墅和私人菜园，打扫庭院和茅厕，以及雇工打蜡施肥"花费了 166 卢布；给 И. Ф. 比比科夫的菜园工程花费了 13 卢布，给特劳尼希特及其女婿花费了 20 卢布。另外，"因为打扫省长及其下属的院子，并在院子里填满沙土"，支付给工人们 55 卢布报酬。省长的 500 车"粮食储备"从磨坊运到家的往返运费共计 150 卢布。可以说，这些都是私下开支。

然而，М. П. 加加林公爵勒索村社的资金不仅仅用于维持自己、卫戍

---

① РГАДА. Ф. 214. Оп. 5. Д. 2640. Л. 84.

官及其家人的生活，部分资金还被用于满足官府的需求，例如，30 卢布用于往返运输 100 车国家粮食在磨坊脱粒的运输费用，这些粮食准备分发给前往亚梅什湖取盐的人员；农民购买了 150 卢布的 "猪肉" 用于亚梅什的 "休假"；大公署的供暖使用了 150 方木柴，文书办公室的供暖使用了 48 方木柴。还有一些钱花在了宗教事务上：为了支持沃兹涅先斯克的教堂，托博尔斯克 "指挥官" 拨出了 49 方木柴，并将五车干草 "赠送给大教堂"（大概是赠送给圣索菲亚大教堂）。

最后，每年用于庶务需求的最后一部分开支必须拿出来打点调查人员。问题在于，1715 年，总监察官 А. Я. 涅斯捷罗夫对 М. П. 加加林公爵的第一次指控进行了调查，这就是上文提到的省长不在托博尔斯克的原因。当 М. П. 加加林公爵在圣彼得堡中将、近卫队中校 В. В. 多尔戈鲁科夫公爵调查办公室接受调查时，近卫军队长 А. Л. 多尔戈鲁科夫公爵被派去西伯利亚现场调查。多尔戈鲁科夫 "和他的军官巴斯塔诺夫及其同事们" 得到了 46 方木柴和数量不明的干草。不出意外，多尔戈鲁科夫公爵进行的调查没有结果，因为西伯利亚当局并不吝啬于供养他们，而且应该能想到，对他们的供养并不限于木柴和干草。无论如何，后来总监察官 А. Я. 涅斯捷罗夫直接指责调查人员纵容 М. П. 加加林公爵。[①] 另有 31 方木柴被用于为御前大臣 С. 帕夫洛夫及其从莫斯科带来的书吏所居住的院子供暖；同时，还有 8 卢布被用于打扫 С. 帕夫洛夫的住所。[②]

为了遏制此类违法行为，1720 年 2 月 10 日沙皇发布圣谕，明确规定只能根据印刷法令来公告特定税款的征收，"以确保人人都能确切知晓这些税款，且无人可擅自增减"。对于非法占有 "超额" 税款者，将处以死

---

① Акишин М. О. Российский абсолютизм и управление Сибири XVIII века: структура и состав государственного аппарата. М.; Новосибирск, 2003. С. 127; Бабич М. В. Государственные учреждения XVIII века: Комиссии петровского времени. М., 2003. С. 216–218.

② РГАДА. Ф. 214. Оп. 5. Д. 2640. Л. 82–83.

刑、永久流放、割鼻或没收财产等严厉惩罚。[1] 然而，正如我们所观察到的，该法令与众多其他法令一样，并未能有效解决这一问题，只能促使新的法令，包括地方性法令的相继出台，强调超额税收及非法税收的概念。例如，1723 年 11 月 28 日，В. И. 根宁少将向索利卡姆斯克州军政长官、上校 Н. М. 瓦德博尔斯基公爵发布了一项命令：

> 应该监督，使小头头们不四处游荡，除为陛下收税之外，不为自己收取超额的非法税款。[2]

三 "礼钱""礼物"

新时代的到来伴随着新词汇的产生。从西欧语言中借鉴的术语也影响到有关私酬的语言。除了上述文献中广为提到的"外快"（акциденция）以新的术语表示旧的"以事获供"概念之外，在彼得大帝统治时期，引入了"礼钱"（презентальные деньги）、"礼物"（презент）的概念。从词源角度来看，"礼钱"与"礼物"的字面含义显而易见，但其价值观色彩和含义则较为模糊。П. Н. 马洛切克-德罗兹多夫斯基在其著作《18 世纪俄国地方管理》中首次对这类礼物进行了阐释。这位历史学家阐述道，这个术语意味着一种一次性的税收，其税款旨在酬谢那些将王室或国家的任何喜讯传递至各省的信使。例如，他详细叙述了为筹集庆祝彼得大帝与叶卡捷琳娜·阿列克谢耶夫娜婚礼的"礼钱"收税的情况。[3]

然而，作者在讲述 1712 年参政院就此事发布的通令内容时，对如此

---

① ПСЗ. Т. 6. № 3515.

② ГАСО. Ф. 24. Оп. 1. Д. 19. Л. 35 об.

③ Мрочек-Дроздовский П. Областное управление России XVIII века до Учреждения о губерниях 7 ноября 1775 года: Историко-юридическое исследование. М., 1876. Ч. 1. Областное управление эпохи первого учреждения губерний (1708–1719 гг.). С. 316.

巨额的资金是否完全用于支付信使的礼钱表示怀疑，他最后说："至于这笔钱是否有其他用途，我们不得而知。"① 与此同时，根据参政院通令的规定，如果使信（御前侍臣 K. X. 帕特列克耶夫）收到了这笔税款的一部分（这一点很难明确确定），那么另一部分税款将储存在圣彼得堡省省长 A. Д. 缅什科夫公爵或副省长 Я. H. 里姆斯基·科尔萨科夫手中。很明显，在未来，这些钱将被作为礼物赠献给君主。

> 沙皇陛下颁旨，将派御前近侍科兹马·赫里桑季耶维奇·帕特列克耶夫携带通告文书到莫斯科及俄罗斯帝国其他城市通告他的婚事，同时向宗教官员和省长、副省长、省法务官、总卫戍官、卫戍官、衙门官员、市长、客商和商会发出通告，宣布在如此崇高的荣耀和喜悦事件中，他们应当依各自能力向来自莫斯科的信使赠送礼物表达敬意，信使要向沙皇陛下报告哪些人赠送了哪些礼物。这些省长及其他被提及的人员在收集礼物后，需立即将其送往圣彼得堡。此外，各省省长还需从本省每个城市的衙门官吏、市长和工商者筹集 50 卢布作为礼钱送到圣彼得堡。各城镇所需筹集的资金需根据各自情况摊派，并向圣彼得堡的公爵阁下，而非副省长科尔萨科夫先生报告。省长需记录从自己及其他官员、城镇中所收取的礼金数额，并向沙皇陛下书面汇报。随后，公爵阁下将通过沙皇陛下的诏令，向参政院公布此事。②

最有可能的情况是，信使自己并未获得任何礼物（除非沙皇有特别命令），而仅仅是一个中转环节、一个"礼物"的收集者，这一点从另一

---

① Мрочек-Дроздовский П. Указ. соч. С. 316.
② РГАДА. Ф. 248. Кн. 154. Л. 38 – 39. Цит. по указу, адресованному сибирскому губернатору кн. М. П. Гагарину.

个案例①中可以清楚地看出：

> ……1716 年 11 月 3 日，根据伟大的沙皇陛下和彼得·阿列克谢耶维奇大公，大俄罗斯、小俄罗斯和白俄罗斯君主的命令，为庆祝尊贵的皇嗣、彼得·彼得洛维奇大公的诞生，伊斯特拉河畔复活修道院院长大司祭安东尼代表自己及教士们按官文上交礼钱 10.5 卢布，鲍里斯·伊万诺维奇·涅罗诺夫收取这笔礼钱并上交给修道院衙门的国库……②

这些文本以"自愿—强制"为基调，并规定了为礼钱收税的数额，因而为君主婚礼或皇储诞辰而进行的筹款很难被归为贿赂。若不是还存在另一种状况，那么将这个引文片段中的"礼钱"有条件地归入我们所阐述过的"敬献"礼部分，作为其中一种特殊的形式，倒是颇为合理。据悉，早在几年前，A. Д. 缅什科夫公爵就曾尝试过收集"礼物"的想法，他对这类事务颇为熟悉。

1717 年 6 月，阿法纳西·阿尼基耶夫在检举信中自称是"圣彼得堡居民，曾是喀山商会的成员"，他向 A. Д. 缅什科夫公爵阁下检举说：

> ……公爵大人，1705 年，专员谢尔盖耶夫曾向各级人员征集大锅、烟囱及马匹作为给您的地方酿酒厂的礼物，而我，即下面的签名人，当时并未参与这次赠礼。同年，当我身处喀山之时，副官波里扬斯基先生向我出示……记录簿，其中商会的伊万·米克里亚耶夫等人签名向酿酒厂赠送了大锅、烟囱及其他物品作为礼物，并要

---

① П. Н. 马洛切克-德罗兹多夫斯基引用了这个案例，却对其进行了曲解。

② Презентальные деньги 1716 года : Сообщ. архимандрит Леонид［Кавелин］// Рус. старина. 1874. Т. 9. № 1. С. 191.

求我……签名赠予 6 口大锅、烟囱及 2 匹马作为礼物。现如今，公爵大人，由于这个签名，根据近卫军尤里耶夫中尉先生的指令，我的手下被押解至喀山，并受到监视。而我……暂且前往阿尔汉格尔斯克从事商贸活动，但上帝的意志使我病体缠绵，此刻我正躺在雅罗斯拉夫尔奄奄一息。阁下，我恳请您大发慈悲，不要让我因此陷入破产的境地，让我的下属重获自由。①

通过这封检举信，可以明确看出，А. Д. 缅什科夫公爵在 1705 年首次发起了为其酿酒厂筹集"礼物"（此处并非上交钱，而是上交物品）的活动，且此活动并非一次性事件，而是后来还在延续，至少在 1715 年是如此，甚至延续更久。可以说，获取这种"礼物"的手段就是勒索。如引文所示，"各级人员"实际上并未拥有"赠送"或"不赠送"的假定抉择（这与基于"敬献"或"供养"目的的自愿赠礼截然不同）。А. Д. 缅什科夫公爵（在此以个人身份行事）的代表，在记录簿上详细记录了不情愿赠礼者的个人信息，并对逃避者展开了追捕行动。对于后者而言，似乎并无时间限制：无论早晚，"礼物"终将奉上。

从表面上看，术语"礼钱"或"礼物"的这种含义，实际上等同于"贿赂"的概念，而这种含义后来在整个 18 世纪逐渐被固定下来。А. А. 基泽韦特尔对此有着清晰的阐述："向工商业协会必须打交道的机构官员以及影响到工商区利益的那些人员行贿，已成为一种普遍现象，并且在会计明细中特别设立了'礼金'类目来记录这些支出。"②

所有这些都反映出，在彼得大帝的统治时期，给官员的私酬被赋予了各式各样的口头称谓，这表现为存在一系列丰富的概念用以描述它们。一般而言，要明确区分这些词语-概念之间的语义边界是极为不易

---

① РГАДА. Ф. 198. Оп. 1. Д. 74. Л. 110.

② Кизеветтер А. А. Посадская община в России XVIII ст. М., 1903. С. 551.

的。如后续所述，不仅是后来的专家学者，就连当时的人们自己也面临着这样的困惑。分歧的核心在于如何理解和评价"敬献"与"贿赂"两个概念。根据最概括的解释，"敬献"被理解为对官员相对自愿的赠礼，不会受到公众舆论的谴责，且往往在法律上也是合理的。"贿赂"被理解为以某种方式强迫提供礼物，受到公众舆论的谴责，并可以被明确起诉。官员以各种形式的暴力胁迫行贿（"勒索"贿赂）的案件，从现代法律的角度来看，一般可类比于敲诈（公开掠夺他人财产，但不对个人使用暴力或使用不危及生命和健康的暴力），或利用受贿者的公职地位进行勒索（使用危及生命和健康的暴力或威胁使用这样的暴力进行同样的掠夺）。

围绕着"敬献"和"贿赂"这两个基本概念，一系列语义与之相关的术语组成了术语群，其中既有历史悠久的老词（"供奉""供养""横征暴敛"等），也有圣彼得堡时代诞生的新词（"外快""礼钱"）。其中的一些术语在先前的时代就已广为人知，且在 15～17 世纪的文献中有所记载，但到了 18 世纪的前 1/4 时段，这些术语要么彻底消失，要么其使用频率明显下降。"礼品"（поминка）这一术语的命运就是如此，在我们所研究时期内的文献范围内已难以寻觅到它的踪迹，[①] 还有"好处"（«посул»）这一术语，其使用频率也明显下降（显然是由于被"贿赂"一词排挤和替代）。

> 军政长官应该监督波雅尔子弟……他们在以前的军政长官管理
> 期间进入衙门任职（即成为某一地区的管理者），通过虚构名目向广

---

① П. В. 谢多夫指出，在 17 世纪，"礼品"一词就"根本没有出现在修道院对衙门赠礼的描述中"（Седов П. В. Подношения в московских приказах XVII века // Отеч. история. 1996. No 1. C. 146）。当然，可以假设该词汇可能散见于其他文献之中，但在信息最为详尽且集中的 17 世纪下半叶的修道院文献中都难觅其踪，就很能说明问题，因此可以断言，在彼得大帝之前的时代，"礼品"这一概念已经明显淡出大众视野。

大农民索贿，使农民们破产，农民们对此怨声载道，经常告发他们，他们被勒令停职。而新军政长官谢苗公爵……今后选择一些优秀、受人尊敬者到各村镇担任衙吏，条件允许的情况下，同时管理两三个甚至更多的村庄。要让他们既不冒犯农民，也不肆意勒索好处，只允许他们酌情收取法定的供奉，数额仅限于能够让他们维持自己的温饱。一旦某个衙吏胆敢违背军政长官的规定向农民勒索财物，便会遭受鞭刑，其全部财产也将被充公，职务随即被撤销，并由另一个品德高尚、值得信任的人接替……①

这些概念之间的语义界限逐渐变得模糊且多变，在很大程度上取决于相关利益者的诠释。一些历史学家在探讨此类议题并深入研究彼得大帝之前的时代，特别是 17 世纪的资料后，常会发现，当时表示给官员的私酬的术语的定义更为明确。例如，广为人知的经典著作《17 世纪俄国官僚》的作者 Н. Ф. 杰米多夫指出，莫斯科国家中央机构衙门官员在实践中所涉及的"敬献"、"礼品"及"好处"，显然与"呈诉案件"的处理阶段及衙门官员的具体行为紧密相连。这位历史学家认为，"敬献"是指在案件开始之前给衙门官员的礼物，有助于案件的顺利推进；"礼品"是指一种旨在加快办事员具体工作速度的礼物，而"好处"则是指赠予书记和书吏，让其为了当事人的利益做出非法行为的礼物。② Л. Ф. 比萨里科娃与 Н. Ф. 德米多娃的观点一致，她进一步明确了"敬献"和"礼品"这两个概念的定义，前者是"在案件开始之前"对官员的赠礼，而

---

① РГАДА. Ф. 214. Оп. 5. Д. 2074. Л. 12—12 об. 这份文件源于托博尔斯克大公署，是给御前大臣 С. Ю. 索尔仁采夫·扎泽金公爵就任维尔霍园里耶军政长官的指示。该文件极具代表性和趣味性，因为它实质上承认了村镇管事有权从辖下居民处受"供奉"，但数额应是确定的（"允许他们酌情收取法定的"）、适度的（"让他们维持自己的温饱"）。

② Демидова Н. Ф. Служилая бюрократия в России XVII в. и ее роль в формировании абсолютизма. М., 1987. С. 141–146.

后者则是"在案件结束之后"的赠礼。① 这可能是 17 世纪莫斯科各衙门办事流程的特点，但值得注意的是，首先，给官员私酬不仅发生在衙门内部，还广泛存在于各级行政机构及所有社会团体之中；其次，那些"以示敬意"的赠礼，在大多数情况下并非在案件审理的过程中进行的。因此，笔者更认同 П. В. 谢多夫基于 17 世纪下半叶材料得出的结论："一定程度上，合法的'敬献'与非法的'好处'之间的界限往往极不稳定。"② 而我们所掌握的更晚时期的、18 世纪前四分之一时期的材料，完全印证了这一观点。

第四节　什么是贿赂？关于贿赂本质的公开辩论

如前所述，无论是在彼得大帝时代，还是在更早时期，至少在之前的 17 世纪下半叶，有关私人报酬的相关术语都缺乏严格的分类定义。这些术语的具体含义往往取决于利益相关者对它们（以及它们所描述的现象）的解读。因此，采用某个特定的词语来表示向官员提供物质利益，这显然已超越了单纯的语言范畴。礼物的称呼，以及对它所代表的行为的评定，能够左右收礼者的职业生涯，甚至决定其一生的命运。

因此，举例来说，那些历来毫无怨言地"供养"某位官员，并"以表敬意"向其赠送钱财与食物的农民或工商业者，可能会突然转而对同一位官员进行告发，且在呈诉状中采用截然不同的措辞来评定以往所有的馈赠。究竟是何缘由导致了此类案例的出现呢？

以下是一份常规的支出账簿的摘录，这份支出账簿被纳入给 В. И. 根宁将军的对其下属专员阿列克谢·布尔加科夫的呈诉状中，这份呈诉状

---

① Писарькова Л. Ф. К истории взяток в России: (По материалам «секретной канцелярии» кн. Голицыных) // Отеч. история. 2002. № 5. С. 33.

② Седов П. В. Подношения в московских приказах XVII в. С. 146.

是巴加里亚村镇选举产生的代表 И. 萨文于 1723 年 1 月呈给将军的。在此呈诉状中，支出账簿常见的用"馈送""赠送""奉送"等中性且常见的术语表示的"敬献"、日常"供奉"礼，均被指控为这个专员索贿的罪证，称他的贪婪与暴行引发了他与公社间的冲突。

就是这个布尔加科夫用笞杖拼命地殴打村长以索取贿赂，具体人员如下（接下来按姓名列出村长和普通农民。——作者注）。

在这样的"预设情境"下，支出账簿中原本无恶意的，且毫无指责意味的陈述，也都具有了阴暗的色调：

花 1 卢布 57 戈比买了一条鱼，然后把鱼奉送布尔加科夫；赠送给他 400 垛干草；给他送去 20 方柴火；在小酒馆买各种酒共 14 卢布。把这些酒奉送他……

接下来，我们才清楚，为什么农民决定将传统的"以表敬意"的行为也归入敲诈勒索的罪行之中——布尔加科夫的行为实在过于蛮横无理：

……为了他的刁钻古怪的要求，他在我们县域内四处游逛，命令农民给他钱和粮食，但他从不解释缘由。

不仅如此，该专员还毫不避讳地公然犯罪：

布尔加科夫在途中对农民马克·皮安科夫实施了抢劫。据马尔科夫所述，当他正赶着牲畜前往杰米多夫工厂时，布尔加科夫碰上了他，并公然抢走了他的财物。马尔科夫表示，他被迫将食物等，总计价值 7 卢布 33 戈比 4 钱，交给了布尔加科夫。

鉴于支出账簿中记录的上述礼物金额较大（仅赠送的酒类一项就高达 14 卢布），可以合理推测，这 7 卢布 33 戈比 4 钱是布尔加科夫"勒索"，其已超出了农民通常能够承受的范围。然而，上诉者们在决定借助上级的力量来对付这个肆无忌惮的专员时，他们将所有赠送的礼物都"归类"为犯罪贿赂。①

即便是索取礼物时不存在暴力与威胁的情形下，官员们过高的物质贪求以及他们企图从村社搜刮"超额"的礼物，同样会招致反噬。这种情况在哥萨克军团阿尔特米·库津于 1706 年 6 月向伊若尔公署呈交的、针对蜂蜜税征收员及书吏 K. M. 洛克捷夫的呈诉状中得到了体现：

> ……当 K. M. 洛克捷夫准备从莫斯科前往坦波夫时，他向我们宣称："我此番并非无故索要食物，而是奉旨向你们收取食物。"我们无从得知君主给他的命令中是否要求他向我们收取食物，他也未曾向我们宣读命令，却在莫斯科从我们这儿索取了 4 普特蜂蜜及 1 卢布贿赂。他对我们说："尽管我会带领 10 人前往坦波夫，但我奉命从莫斯科出发，搭乘你们的马车。"此外，他还带上了他的亲戚多罗费·阿列克谢耶夫，一个来自梅先涅村镇的商人。我们在莫斯科为他和他的亲戚高价购置了 2 辆马车，并被迫在沿途的各个城镇为他们购买葡萄酒、啤酒、蜂蜜以及各类食物。这一路前往坦博夫，我们被迫花费了 12 卢布，以满足他们所有的饮食需求和其他要求。

---

① ГАСО. Ф. 24. Оп. 1. Д. 5ª. Л. 7 об. −8.

众所周知，在 18 世纪的俄国，政府代理人（诸如调查员、侦查员、收税员等各类官员）的生活开销往往由"接收"地的居民承担。倘若书吏 K. M. 洛克捷夫的行为能够更加克制，或许就不会产生这份呈诉状：坦波夫县维尔霍琴斯卡乡，即他前去征收蜂场税与渔场税的区域的居民，就会承担大车与驿马的费用，并在旅途中及他停留之处为他提供食物。然而，他的傲慢无礼以及他要求为同行的亲戚支付费用的举动，彻底激怒了哥萨克与农民。他们将对他的"供奉"与驿车马费归为他索取贿赂，实则是在谴责他进行"非法征税"（"我们无从得知君主给他的命令中是否要求他向我们收取食物，他也未曾向我们宣读命令"）。此外，控诉人检举说 K. M. 洛克捷夫不履行公务（"……住在坦波夫县的库科索夫村，整天就在我们的院子里，无所事事"），并指控他侵吞了阿尔特米·库津价值 6 卢布的马和个人财产。①

然而，被控收受贿赂的官员往往能够轻易地转换概念，通过证明所获得的金钱与物品并非贿赂，而是"敬献"之物，从而使指控被撤销。笔者在前文已列举了一些此类例子（参见本章第 2 节有关"敬献"的部分），但这些例证，如同其他案例一样，可以轻易地继续列举下去。曾任维尔霍图里耶军政长官的御前大臣 И. И. 特拉哈尼奥托夫在 1720 年为自己辩解：

> ……特拉哈尼奥托夫，欣然接受了人们以表敬意给他的少量礼物，这是基于自愿，而非出于任何强迫，也绝非为了损害国家利益。对于那些以表敬意赠予他礼物的人，他都一一接纳，而他……并记不清具体收到了哪些礼物。②

---

① РГАДА. Ф. 26. Оп. 1, ч. 1. Д. 1/1. Л. 362 об. -363.
② Там же. Ф. 214. Оп. 5. Д. 2640. Л. 399 об. -400.

三年后被捕的阿拉帕耶夫地方专员 И. В. 阿夫拉莫夫写道。

　　……当那些农民的恶毒与狡诈行为迫使我制止他们造成重大的损害，并对工厂内不服从管理的人员采取严厉措施时，他们便蓄意中伤我，因而，随后……他们将我收取的那些孝敬礼，都歪曲成是我恶意且强行索取的……①

　　在彼得大帝统治时期，官员因贪污受贿而遭受指控的情况屡见不鲜，这给各级管理层造成了深深的困惑与紧张氛围。同一行为常常被两极化定性，这种现象令人倍感沮丧，亟须通过规范来加以明确。对于向呈诉者或普通依附者收取私酬的行为，可能会招致惩罚，这一观念彻底颠覆了以往习以为常的秩序体系，促使人们为现行的关系网寻找各种合理的辩护。可以说，18 世纪前 25 年，在官场中开始兴起一场关于因职务获取"私利"（корыстование）行为的可接受性及其界限的公共辩论。

　　"私酬"（частные вознаграждения）制度的捍卫者往往直白简单地呼吁获得"敬献"礼的权利。上文已经提到的 В. И. 米留可夫在担任雅罗斯拉夫尔政务委员时曾因受贿而受到调查，他驳回了根据雅罗斯拉夫尔村长支出账簿的摘录对他的指控。В. И. 米留可夫将其中列出的 1714~1715 年的礼物认定为是"敬献"礼，并诚恳地向审讯他的乌格里奇州军政长官、御前大臣 Ф. Е. 布图林表示困惑：

　　米留可夫并不知道君主有这样的法令，即无事不得收受以表敬意的礼物。②

---

① ГАСО. Ф. 24. Оп. 1. Д. 5ᵃ. Л. 37-37 об.

② Акты Угличской провинциальной канцелярии（1719-1726 гг.）：в 2 т. М., 1908. Т. 1. № 51. С. 63.

多尔戈鲁科夫公爵在 1718 年 1 月 24 日给大臣办公室秘书 A. B. 马卡罗夫的信中表达了对"自愿的赠礼"的正当性及不可侵犯性的强烈信心：

> 以仁慈之心来看，若有人赠予我任何物品，且此举并未损害国家利益，那么在我看来，这是每个人的自由与选择。我乐于赠人以礼，同时也欣然接受他人的馈赠，未来亦将如此。

瓦西里公爵曾是调查办公室领导，1715 年负责调查 M. П. 加加林公爵的第一起案件，他不仅是近卫军中校和少将，也是彼得大帝培养的又一得力干将，他似乎成为有关职务和责任的某些新观念的传播者，他认为收取好处并没有什么罪过。这一推论颇能体现出莫斯科旧衙门书吏的传统思维风格。

> ……即使查实给予了我某些赠礼，例如，好处，也是作为对我上述工作和辛勤劳动的回报，我希望原谅我。[1]

然而，在此问题上，也存在更为经典的观点的例证。譬如，И. Т. 波索什科夫，他严厉谴责那些导致国家陷入"匮乏"境地的种种乱象，正义地谴责收受包括"敬献"在内的"礼物"（гостинец）的现象：

> 原告和被告都不得收受礼物，因为贿赂会蒙蔽智者的眼睛。……因此，法官不宜接受任何微小的敬献，以免他在上帝和国王面前做出错误的判决。[2]

---

[1]　РГВИА. Ф. 2583. Оп. 1. Кн. 24. Л. 335–335 об.

[2]　Посошков И. Т. Книга о скудости и богатстве // Посошков И. Т. Книга о скудости и богатстве и другие сочинения / ред. и коммент. Б. Б. Кафенгауза. М., 1951. С. 73.

他洞察到了一种可能，即将"以事获供"合法化，使之成为衙门官员的收入来源，用以替代传统的薪资，并坚信这将是遏制贿赂行为的灵丹妙药，也是对勤勉工作的一种有效激励：

> 我认为，理想的做法是，明确给首席法官及衙门官员按照处理的具体事务来支付薪酬，明确他们完成每一项事务的收费标准。应依法规定从胜诉和败诉方收费的数额，从国库收款、赏赐、商人与承包商的契约中获取的金额，以及从各类摘录、法令、文书或任何形式的备忘录事务中获取的收入比例……

> 根据这样的新法规，所有人都将乐于贡献自己的力量，同时，衙门官员也将更加积极主动地执行任务，避免拖延。若他们能在规定的截止时间内完成工作，即可依法获得全额报酬；若未能如期完成，则仅能获取半数报酬；如果拖延的时间更长，那么将面临无报酬的惩罚。

И. Т. 波索什科夫提议，对收受"超额利益"的衙门官员，处以罚款，即"每多拿 1 戈比，就多罚 1 卢布"。他还建议对行贿者也处以相同罚款。[①]

毋庸置疑，И. Т. 波索什科夫对当时的社会风气有着深刻的洞察，用现代语言来说，他的这种观点是"顺应潮流"的。事实上，"以文获供"的定价机制早已存在，尽管是在非官方层面。如前所述，彼得大帝曾多次尝试将其正规化并赋予其合法性，但因为他的出发点主要集中在财政收益方面，致使他的努力并未在官府内部激起热情。最终，众所周知，在皇位上的改革家彼得一世离世之后，他的宠臣与继承者确实将"以文

---

① Посошков И. Т. Книга о скудости и богатстве и другие сочинения / ред. и коммент. Б. Б. Кафенгауза. М. , 1951. С. 86–87.

获供"的行为合法化。尽管如此，这个方案的提出者 И. Т. 波索什科夫的想法还是太过于天真，他误以为此举足以根除所有形式的贿赂，进而提升行政机构的工作效率与质量。

阿拉帕耶夫斯基区的一位普通专员 И. В. 阿夫拉莫夫，比 И. Т. 波索什科夫早一年，即在 1723 年时就为区别合法及非法私酬的评估方法提供了"理论"依据，他在上文屡次提及的 В. И. 根宁少将在乌拉尔地区的调查行动中被查。В. И. 根宁积极调查地方官员、受贿者和敲诈者，1723年 2 月 15 日，他向大臣办公室秘书 А. В. 马卡洛夫报告了自己活动取得的初步成果："部分被调查对象在刑讯室被拷问，最终认罪伏法，并将从民众手中非法获取的财物归还给了原主人。"[①] И. В. 阿夫拉莫夫就是其中之一。

将自农民手中掠夺的财物归还给他们的行为可能确实存在，因为正如 И. В. 阿夫拉莫夫本人所述，他被迫"不仅要归还一些人从他们那里勒索的钱财，有时还需要支付双倍的金额，而有的时候，他对某个人虽无债务，却也尽可能地付给其一定的金钱"。他这样做是为曾经作为受贿者和敲诈者的自己赎罪，使受害者不再对他提出新的指控。此外，他还向部分农民出具欠条，计划在重获自由后清偿对受害者的欠款。然而，在 И. В. 阿夫拉莫夫看来，有一些农民出于"险恶居心"而控告他，企图通过向他的妻子追偿，来迅速兑现那些欠条上的财物。实际上，正是这些偿债要求迫使这位托博尔斯克贵族提笔写下检举信。这封检举信写自狱中，被直接寄给雷厉风行的 В. И. 根宁将军，其最终目的是试图制止在他获释之前针对他的追债行为（"以免在我身陷囹圄之际，这些对我的呈诉者携带着他们从我这里取得的欠条来打扰您"）。不过，检举信的前半部分条理清晰地阐述了导致他身陷囹圄的行为的动机，这对于理解当时官

---

① Геннин В. Уральская переписка с Петром I и Екатериной I / сост., вступ. ст., коммент. М. О. Акишина. Екатеринбург, 1992. Док. № 17. С. 65.

员社会法律意识的特点极为关键，因此值得特别关注。

在致 В.И. 根宁的检举信中，В.И. 阿夫拉莫夫开篇便无条件地自认罪行（"我的过错有目共睹，我无意奢求任何宽恕"），然而，后续言辞却透露出这仅是一种修辞策略。这个前专员实则并不认为自己"损害了国家利益"：他援引《圣经》的教诲及当前法律程序的过往判例来为自己辩护。他忧郁地表示：

> 你们自己也知道，智者和伟人都会被贪婪俘获，[①] 在这个时代，这样的例子比比皆是。然而，皇上仁慈地考虑到人类理性的弱点，不仅对我这样未牵涉国库盗窃之罪的人，而且对于那些领取皇上丰厚的俸禄却被揭发盗窃国库的人，因其官阶尊贵与沙皇的仁慈本性仅受轻微惩罚……[②]

阿夫拉莫夫并没有照本宣科，而是巧妙地引用了《申命记》的内容，为自己找到了一块牢固的道德基石，这一基石在某种程度上也构成了法律基础。在受贿者 В.И. 阿夫拉莫夫的解释中，这一作为人们最高法律源泉的准则，将他的行为从罪行变成了过错，他或许仍需被惩处，但值得宽恕：倘若贪婪甚至能"俘获"贤者与伟人，那么，对于那些非贤者与普通人，又怎么能克服这种诱惑呢？В.И. 阿夫拉莫夫通过日常生活中的诸多实例强化旧约的真理：他虽没有指名道姓，但提到了这样一个事实：即使是那些被判定犯有直接贪污罪的达官贵人，也会因君主的仁慈和对其职位尊严的尊重而仅受到"轻微惩罚"。

---

① 与 И.Т. 波索什科夫和他同时代的部分人一样，И.В. 阿夫拉莫夫也有意引用了《申命记》中的一个片段，显然其在当时讨论衙门秩序时很流行："不可屈枉正直，不可徇人的情面，不可收受贿赂，因为贿赂能使智者的眼变瞎，也能使义人的话颠倒过来。"（第 16 章第 19 条）

② ГАСО. Ф. 24. Оп. 1. Д. 5ᵃ. Т. 1. Л. 37.

　　这段内容深刻揭示了彼得大帝时代文官制度规范与实践之间的种种矛盾，具体表现为官员群体中广泛存在的"贪婪之罪"、法律对"窃取国库财物"行为的严厉制裁，以及实际执行中对违法行为的"轻微惩罚"，这种"轻微惩罚"更多是基于"慈父般的考虑"而非严格依法行事。那么，这个不幸的囚犯又是如何为自己辩护的呢？首先，他声称自己"根本未曾领取过薪水"；其次，他否认向农民敲诈贿赂，而是接受了他们的"孝敬礼"，这些自愿赠送的礼物是出于请求他能尽力相助的意愿，且完全未损害国家利益，"对国王陛下的利益未造成丝毫伤害"。[①] 因此，В.И. 阿夫拉莫夫的文章有力地论证了"自愿赠礼"本身仍保有存在的正当性，且在某种程度上是合法的，只要它尚未使接受赠礼的官员做出行政违法的行为。证明"孝敬礼"合法性的另一条论据（从官员立场来看尤为关键）是官员们未获得或未足额获得薪酬的情况。这一例子本身就颇具趣味性，但对我们当前讨论的问题而言，它更具启发性，因为它代表了彼得大帝时期地方官僚机构中普通官员对这一现象的看法。或许В.И. 阿夫拉莫夫相较于他的大多数同僚更为睿智和更有教养，但不可否认的是，他所表达的是对贿赂现象的一种普遍态度。[②]

　　在 В.И. 阿夫拉莫夫被捕半年多后，他的前直属上司 В.Н. 塔季谢夫也被迫就类似案件做出解释。对他提出的一项指控是"向村社非法收税"，即"入职"的供奉费，但他予以否认，理由是：

　　　　……这件事情……并未违背陛下的利益，也没有带来任何损害，

---

① ГАСО. Ф. 24. Оп. 1. Д. 5ᵃ. Т. 1. Л. 37.

② 值得注意的是，В.И. 阿夫拉莫夫和他的大多数同事一样，很快就获得了自由和新职位。1723 年 11 月，他再次到矿业部门任职，担任卡缅斯基工厂专员（办事员），薪资为 60 卢布（Геннин В. Уральская переписка с Петром I и Екатериной I. Док. № 37. С. 163），并一直在那里工作到 1725 年底（ГАСО. Ф. 24. Оп. 12. Д. 194. Л. 87 об. ; Ф. 42. Оп. 1. Д. 9. Л. 32, 40, 69–71 об. и др.），从 1726 年起，他成为乌克图斯工厂专员（Там же. Ф. 24. Оп. 12. Д. 194. Л. 121）。

自愿赠礼并不属于收受贿赂，因为这些人是在我到来之初就自愿从他们的公社税收中拨出款项，而非我主动索取。此行为看起来并无任何违法或不恰当之处，而且，为了避免给他们带来侮辱感，表明我并不排斥他们的善意，我选择接受这些赠礼。①

如前所述，该理由为 В. И. 根宁及彼得大帝所接受，特别是 В. Н. 塔季谢夫得以证实，他从农民那里所得的资金几乎全部用于瑞典战俘的安置。然而，作为一个思想敏锐、学识丰富的官员，В. Н. 塔季谢夫的一生似乎始终在研究"受礼"与"受贿"的矛盾，对"法官"物质保障问题的合法与非法途径。11 年之后，他在地方政府机构中积累了丰富的经验，由一名普通的矿业委员会专员晋升为省长级别的官员，他致力于从理论上梳理并证明"以事获供"的可行性，并力求使这种做法与现行法律相协调。В. Н. 塔季谢夫，一位资深政治家兼知名学者，在其 1734 年所著的中期总结性作品《精神》中，回顾了 18 世纪 20 年代他因 Н. 杰米多夫检举而遭受调查的事件，并以此事件为灵感源泉，详尽地展开了其对国家服务机构的深刻见解与论述。

В. Н. 塔季谢夫和他在那个时代的亲信 И. В. 阿夫拉莫夫一样，在论述官员的责任和廉洁时都从引用《圣经》中的箴言入手，但在修辞上将引言复杂化，使其具有对比的特点。他一方面指出，"无论是在上帝还是在君主面前，凭借劳动与善意从赠予者手中获取的赠礼，并无罪过"，因为"那些侍奉祭坛的人，也以祭坛的贡品为食"。② 另一方面他又提出"贿赂能蒙蔽智者的双眼"的论点。那么在作者看来，这一矛盾是如何解决的呢？用他自己的话说，早在 1722 年最高法院审理他的案件时，他就

---

① Геннин В. Уральская переписка с Петром I и Екатериной I. Док. № 34. С. 150.
② 这句引文与《哥林多前书》中的相应段落最为接近："你们岂不知为圣事劳碌的就吃殿中的物吗？伺候祭坛的就分领坛上的物吗？"（第 9 章 9：13）

向皇帝证明了这些看似不相容事物的兼容性。B. H. 塔季谢夫首先明确界定了犯罪的界限，在他看来，归根结底，任何行政长官（或旧观念中的"法官"）若做出任何不公的决定，都应受到惩处，不论其是否接受了贿赂。然而，若审判的不公与收礼行为并存，则这种行为必须面临双重审判：一重审判是因审判不公本身，另一重审判是因导致审判不公的那份"礼物"。B. H. 塔季谢夫将这种"礼物"定义为贿赂（лихоимство），其会加重罪责。

官员"行事公正、规范"，得到利益相关方和（合法的）受益方的感谢，则是另一回事。B. H. 塔季谢夫认为，这不仅不构成犯罪，相反还具有巨大的社会效益："……如果制止凭功劳收受谢礼，只因收受谢礼就遭受审判，那么，国家必然会遭受更大的危害，臣民也会随之破产。"相对于贿赂而言，酬劳（мзда）或酬谢（мздоимство）只会促使官员更加认真地考虑申诉人的需求，激发官员的工作热情。B. H. 塔季谢夫这样解释他的结论：

> 如果为了那份薪资，那么我只会坐到中午。显然，在这段时间里，我无法处理所有必要的申诉事务，而下午在办公室工作也不是我的职责。

如果按照"既定流程"行事，那么许多对一些个人而言至关重要的问题，便有可能基于看似合理的借口被无限期地搁置，在此情境下，对部分请愿者来说：

> ……倘若……决策的流程被拖延两天，可能会导致数千资金的损失，这种情况经常在商人身上发生，因此遵循正确的程序也可能带来更为严重的损害。

另一方面，对酬金的期盼会导致另一种状态：

> ……我不但会在午饭后继续工作，甚至会熬夜工作，为此，我将舍弃玩纸牌、遛狗、闲聊以及其他休闲活动。尽管有事务登记簿在手，但我会优先解决最为紧迫的事项，随后再处理那些相对次要的事务。这样的安排，对我个人和请愿者都有益处。至于能否从上帝和陛下那里获得奖赏，我实在难以预知。[①]

В. Н. 塔季谢夫与 И. В. 阿夫拉莫夫的逻辑推理大体相似。然而，И. В. 阿夫拉莫夫只是被动地捍卫接受"孝敬礼"的权利，而 В. Н. 塔季谢夫则更为博学多才，他不仅将谢礼划为合法层面，还认为其对国家管理来说是非常必要的现象，是推动行政机器运转的一种必要机制。В. Н. 塔季谢夫在论述自己的思想时，极为真诚且自信，他在审判期间为自己辩护时所表达的思想，历经多年，已呈现经过精心推敲的宣言的特征，并被反复作为公理或工作信条使用，这并非偶然。显然，他在论述"以祭坛的贡品为食"现象时，部分是断章取义，部分则基于"生活真相"，构建了一种半真半假的观点，而这种观点往往是最具说服力且难以辩驳的诡辩。

在笔者看来，尽管这两份文件在风格和逻辑结构的细节上存在差异，但它们既体现了作者们的个人思考和经验，也成为作者们在管理领域的全体同僚的宣言。两份文件都引用《圣经》，特别是《申命记》的内容，利用其权威性，这一点至关重要。事实上，所引用的关于"贿赂能蒙蔽智者的双眼"的片段，已然脱离了原有的语境，被置于新的语境之中，其意图已不仅限于收受谢礼的行为辩护（自然，《圣经》原文中并没有这

---

① Татищев В. Н. Духовная // В. Н. Татищев Избр. произв. / отв. ред. Н. Е. Носов. Л. , 1979. С. 143.

样的意图），更在于将《圣经》信条的真理与世俗法律（即他们所处时代的立法）相对照，这一对比实际上构成了两位作者理论辩护的共同基石。不难想象，不仅是 И. В. 阿夫拉莫夫与 В. Н. 塔季谢夫，当时的任何一位办事员或行政人员在私下交谈时都可能会借用此类格言来宽慰自己的心灵。更有趣的是，如果 В. Н. 塔季谢夫所言属实，那么他的推理甚至得到了皇帝大体认同。

这都是事实，对于有良知的法官，可以允许他们这样做（即从请愿者那里收取其额外劳动的酬劳。——作者注），但对那些丧失良知的官员怎么办，如果给予他们这样行动的自由，那么他们会开始敲诈勒索，强迫循规蹈矩的人给他们送礼。[1]

彼得大帝的这番言辞，看似是听信了 В. Н. 塔季谢夫关于收受"谢礼"的合理性和有益性的长篇大论。但事实上，在高等法院不同时期审理的 29 人中，只有 В. Н. 塔蒂谢夫被判无罪释放。[2]

对 18 世纪前 1/4 阶段，围绕描述当时向官员私下赠礼行为的术语展开的研究，引发了笔者的思考。首先，研究所涉词汇的多样性表明，在彼得大帝时代及其之前，社会中并未形成我们今天所认知的明确的"贿赂"概念。因此，在科学文献中，特别是法律史学家的著作中所常见的，

---

[1] Татищев В. Н. Указ. соч. С. 143. 在这句被 В. Н. 塔季谢夫认为是彼得大帝所述的话中，再度凸显了道德真理与法律真理之间的冲突，即一个有良知的官员可以被允许违反法律条文。

[2] Серов Д. О. Забытое учреждение Петра I: Вышний суд（1723 - 1726）// Российское самодержавие и бюрократия. М.；Новосибирск，2000. С. 229. 值得注意的是，就连 В. И. 根宁将军，这位罕见的未受贿的官员之一，也对 В. Н. 塔季谢夫在 1720～1721 年接受的礼物持相当宽容的看法，原因在于这些礼物被视为"敬献"而非贿赂。他在呈交给大臣办公室的报告中阐述道："据闻，赠礼的村长并无任何偏私，只是单纯出于尊敬，且 В. Н. 塔季谢夫并未给他们的生活和工作增添任何不便。"参见 Геннин В. Уральская переписка с Петром I и Екатериной I. Док. № 33. С. 145。

将所有此类行为笼统地贴上"贿赂"的标签,从根本上讲是不准确的。显然,同时代人和这种物质交换行为的参与者都有保留地承认其必要性和必然性,并在一定条件下,通过不同程度的反思,将其视为一种礼物交换的互动行为,一种人类社会性的基础和极为古老的要素之一。① 当然,在我们所研究的那个时代,这些行为的原始象征意义几乎已经完全隐入无意识状态,让位于物质实用主义。

或许是出于实用主义的考量,立法者彼得一世,首次尝试将所有形式的私人酬谢或酬劳统一界定为犯罪行为,并将其归结为单一的贿赂概念。君主之所以接连颁布一系列旨在打击收受私酬行为的法律条文("禁令"),是因为他意识到,通过私人途径流转的资金正在脱离国家财政,绕过国库,进而给国家带来经济损失,破坏其根基。这反映出,至少在沙皇的认知里,对于国家本质的理解发生了根本性的变化。值得注意的是,这些"禁令"是从 1713 年起开始出现的,大致正是在这个时期,彼得大帝开始系统地借鉴西方国家的治理经验,并着手规划将俄罗斯帝国转变为"正规化国家"。研究证明,在立法层面将收受私酬定为犯罪行为并未改变人们对这一现象本身的态度,对贿赂性质的行为选择性地采取制裁措施,反而为受贿及行贿双方都留下了很大的回旋余地。由于有了新法律的出台,行贿者可以利用这些法律打击压迫其管理阶层,将原本给他们的"孝敬礼"认定为贿赂罪行。

立法规范与传统行为对收受私酬态度之间的不一致性,催生了关于这一问题的公开讨论。参与讨论的人们(根据现有资料可确定的个体)尝试来调和这种不一致,提出的观点在完整性和说服力方面程度不同。

---

① Davis B. Politics Give and Take : Kormlenie as Service Remuneration and Generalized Exchange, 1488–1726 // Culture and Identity in Muscovy, 1359–1584 / ed. by A. Kleimola, G. Lenhoff. UCLA. Slavic Studies. New Series. M. , 1997. P. 39–67.

鉴于无法直接对抗沙皇的意愿，他们试图寻求一些论据来为私酬的正当性进行辩护。最终，显然，正是彼得大帝时期成为一个历史转折点，从此开始了一个漫长而又充满争议的过程，即承认贿赂不仅是一种违法行为，而且在道德层面上也不被社会公众认可。

第四章
极端形势下的社会选择：1773 年秋至 1774 年夏乌拉尔矿业中心普加乔夫起义

第一节　普加乔夫起义的史学浮沉

农民战争史，包括 1773～1775 年的农民战争在内，如今已不再占据史学研究的主流位置。这一现象甚至丧失了其以往几乎看似无可争议的史学名称——"农民战争"，这一名称由苏联历史学家直接借鉴自恩格斯研究 1524～1526 年德国农民战争的名著《德国农民战争》。出现这种情况的原因显而易见：俄罗斯历史学在短时间内研究重点普遍转向，发生了较大的变化。俄国的农民战争被视为不受欢迎且过于陈旧的问题。事实上，受困于教条主义意识形态的桎梏，到 20 世纪 70 年代，这一主题在方法论上已经陷入困境，而且在一段时间内，因循守旧，停滞不前。

与此同时，普加乔夫起义也是叶卡捷琳娜二世统治时期的重大事件之一，与 18 世纪俄国历史上的其他标志性事件一样，仍然值得特别关注。这场重大的社会动荡的规模仅次于 17 世纪初的大"动乱"，波及了从伏尔加河到托博尔河的帝国东部广大地区，呈现内战的一切特征，且需要政府付出巨大的代价来镇压。普加乔夫起义成为当时国家整体社会生活与政治局势的一个决定性要素。

不论人们如何称呼这一事件，是称其为农民战争、起义，或是参考保罗·埃夫里奇的经典著作称之为"大起义"（великое восстание）①（笔者认为其各有道理），该事件的历史意义与教育意义都是无可争议的。这一观点正逐渐在学术界重获认可。20 世纪末，该主题曾因"史学疲劳"而被"冷落"，现如今，它正在新的理论层面和语义环境中焕发新生。值得注意的是，这一主题不仅引起了俄罗斯专家的关注，也吸引了外国专家的目光。В. Я. 毛乌里和 Л. В. 沃尔科夫提出透过社会心理学和"新的传记学"的棱镜来解释普加乔夫起义事件。② 德国历史学家诺尔特和沙尔夫提出通过"外省起义"或"边境起义"的概念来重新理解 1773～1775 年的起义。③ 研究非俄罗斯民族及某些社会团体的代表在普加乔夫起义中的地位与作用的问题再次变得极具现实意义，首先是研究哥萨克和农民团体，他们是起义军中最有影响力的力量。④

鉴于普加乔夫起义波及了俄国辽阔且民族与社会构成多元的区域，

---

① "'俄国的暴动——是毫无意义且残忍无情的。'这是普希金对波洛特尼科夫、拉辛、布拉文和普加乔夫领导的四次大起义的定义。"Avrich P. Russian Rebels 1600-1800. NY, 1972. P. 1.

② 参见，如 Мауль В. Я. Ритуальный символизм повстанческой казни в России：（По материалам Пугачевского восстания）// Вестн. Томск. гос. ун-та. 2003. № 276. С. 53-62；Его же. Архетипы русского бунта XVIII столетия // Русский бунт：сб. ист.-лит. произв. М., 2007. С. 255-432；Его же. Протоколы допросов пугачевцев как биографический источник（новые исследовательские стратегии）// Проблемы дипломатики, кодикологии и актовой археографии：материалы XXIV междунар. науч. конф. М., 2012. С. 394-397 и др.；Волков Л. В. Социальные представления участников восстания Е. И. Пугачева // Вопр. истории. 2006. № 12. С. 107-115。

③ Нольте Г-Г. Русские «крестьянские войны» как восстания окраин // Вопр. истории. 1994. № 11. С. 31-38；Шарф К. Пугачев：император между периферией и центром // Ab Imperio. 2003. № 1. С. 99-112.

④ См., например：Тоёкава К. Оренбург и оренбургское казачество во время восстания Пугачева 1773-1774 гг. М., 1996. 248 с.

且持续时间较长，因此，传统的实证研究方法在厘清部分事件上仍拥有较大的研究空间。尽管近几十年来苏联学者开展了大量富有成效的考古工作，发掘和出版历史资料，但该领域的研究前景依然广阔。可以说，研究和思考普加乔夫起义的一个重要方法，是转变对那些看似已被充分探讨事件的视角。因此，Ю. Н. 斯米尔诺夫恰如其分地提出分析起义的社会因素之间的关系问题，以及研究政府阵营旨在镇压普加乔夫起义的战略战术的前景。① 事实上，苏联经典史学对 1773~1775 年事件的解读似乎是从普加乔夫统帅部的立场出发的，几乎毫无保留地对起义者的行动给予积极和同情的评价。起义军所允许的抢劫、掠夺、强制动员等行为被归咎于起义行动本身的不成熟和自发性及其阶级局限性，而与之对立的行动则一律被诠释为惩罚性措施。

在内战的紧张氛围中，尽管敌我双方的界限严明，但其中仍潜藏着多样化的立场选择。本章节将聚焦于这一复杂的局势，详细描述乌拉尔工厂区的居民、工匠、工人、管理层人员、办事员、矿工以及部分附属农民②在面对社会灾难时的表现，以及他们对各方发出的呼吁和行动所采取的反应，认为应该支持哪一方。似乎工厂工人的地位本身应该预先决定他们的选择。苏联史学界传统上认为，普加乔夫起义队伍中有来自采矿和冶金工厂的工人是理所当然的：在苏联马克思主义者的早期著作中，这被看作俄国第一次"工农联合"的范例，甚至是第一次"工农革命"③的范例。随着资料的积累开始明朗，矿区居民的立场并非如此毫无争议。

---

① Смирнов Ю. Н. Современные подходы к истории восстания 1773－1775 гг. // Вестн. Самар. гос. ун-та. 2007. № 5/3. С. 159.

② 附属农民（приписные крестьяне）是指不再支付人头税，被注册到国有或私人工厂工作的国家农民、皇室农民或教会农民，他们并不归工厂主所有，而是附属于工厂，终身为工厂工作。——译者注

③ Савич А. А. Очерки истории крестьянских волнений на Урале в XVIII－XIX вв. М., 1931. С. 28; Дубровский С. Крестьянские войны в России. XVII-XVIII вв. // Крестьянский интернационал. 1925. № 3-5. С. 117.

事实证明，有相当一部分工厂是冒牌沙皇的反对者。А. И. 安德鲁先科，1969 年出版的有关 1773～1775 年农民战争历史的最优秀专著的作者，披露了这方面最广泛的材料。[①]

　　对这一事实需要以某种方式加以解释，于是这位历史学家做出了符合那个时代要求的解释。导致部分工厂居民消极态度的因素包括：（1）工人队伍的法律观念和社会出身复杂，缺乏阶级团结和工人意识形态；（2）部分工厂远离主要的起义中心，而且其所在地存在强大的政府（用当时的史学术语来说是"惩罚性的"）部队；（3）工厂工人与起义分子之间因后者破坏工厂而发生冲突；（4）受到俄国政府号召的蛊惑与金钱收买的封建政权依附者的功利和依附心态。[②] В. В. 马夫洛津主编的三卷本巨著《1773～1775 年俄国农民战争：普加乔夫起义》重复了上述观点[③]，А. И. 安德鲁先科也参与了该书的创作，随后这些观点在各种出版物中反复出现，直到人们对农民战争本身的兴趣减退。到了 20 世纪 80～90 年代，这种解释已不再令人满意。在研究 18 世纪下半叶乌拉尔各类工厂主、工人和俄国政府间关系这一主题时，笔者注意到他们在普加乔夫起义紧张时期的互动史，并意识到有必要对传统的叙述图景进行新的诠释。1773 年秋至 1774 年夏（苏联史学习惯将这一时期定义为农民战争的第一阶段），普加乔夫起义几乎席卷了乌拉尔地区所有工厂，以下内容就将围绕这一阶段矿厂管理部门的行动和工厂居民的立场展开。

---

①　Андрущенко А. И. Крестьянская война 1773–1775 гг. на Яике, в Приуралье, на Урале и в Сибири. М., 1969. 360 с.

②　Андрущенко А. И. Крестьянская война 1773–1775 гг. на Яике, в Приуралье, на Урале и в Сибири. М., 1969. С. 292–293, 298.

③　Крестьянская война в России 1773–1775 гг.: восстание Пугачева / под ред. В. В. Мавродина: в 3 т. Л., 1961–1970.

第二节　乌拉尔南部工厂与地方当局组织
工厂防御策略（1773年10月至1774年1月）

到普加乔夫起义初期，乌拉尔地区有 129 家国营和私营冶金企业。[①]它们分布的地理范围很广，从贝拉亚河流域中游的丘陵草原到米亚斯河中游和丘索瓦亚河上游之间的大片地区，从维亚特卡-卡马河交汇处到北乌拉尔山山麓。成千上万的工匠及工人在铸铁厂、炼钢厂、炼铁厂和炼铜厂工作，他们在法律上属于不同等级（地主农民、国家农民、永久雇佣[②]和自由雇佣农民），富裕程度不同。

其中许多工厂，尤其是位于东北部的老工厂，[③] 虽然不具备正式的城市地位，但在基础设施、人口数量（男女人口从 1500 人到 4000 人不等）和社会面貌方面并不逊色于其他县级城市，有时甚至超过它们。总体来说，这些工厂不仅拥有坚实的资源基础、生产设备、金属材料和成品储备、金钱、武器、马匹，有些厂还拥有防御工事和河运码头。整个"工厂帝国"由直接隶属于中央矿务委员会的一个跨区域机构——工厂总管专署（Канцелярия главного заводов правления）管理，该机构在彼尔姆、奥伦堡、喀山、戈罗布拉戈达特布局了地区矿业管理网络，各工厂办事处归其管理。工厂主管专署一直设在叶卡捷琳堡，尽管叶卡捷琳堡不具备城市的正式地位，但实则与城市无异，在所述时期，其人口仅次

[①]　Подсчитано по: История Урала с древнейших времен до 1861 г. / под ред. А. А. Преображенского. М. , 1989. С. 572-576.

[②]　永久雇佣农民（«Вечноотданные» крестьяне），据1736年1月7日法令，这些农民被卖给占用国家土地的私人企业，他们将永远在工厂工作，不能与工厂分开出售。同时，他们也不归工厂主个人所有。

[③]　这里的"老工厂"，笔者指的是1750年前建立的工厂，在普加乔夫起义之初，这些工厂的特点是工人组成稳定、生产动态稳定、工人与行政部门之间的相互关系有一定的固定体系。

于奥伦堡，居民超过 5000 人。① 矿业主管机构的存在赋予了这座城市省级行政管理中心的意义，同时，从 1723 年起，它还正式成为广袤的叶卡捷琳堡矿区的中心，这个矿区相当于托博尔斯克省内一个独立州府行使职能。

当然，在起义爆发之际，工厂这些潜在力量无论是对于普加乔夫的支持者还是俄国政府而言，均具有至关重要的战略意义。

起义的爆发令地方当局措手不及。在布达林斯基前哨战之后不到一个月，普加乔夫闪电般夺取了下雅伊茨基地区的所有关键要塞，于 1773 年 10 月 5 日包围了奥伦堡，一个月后，И. Н. 扎鲁宾领导的大批起义军封锁了乌法。因此，到 1773 年 12 月，起义军已使该省三个州首府城市中的两个瘫痪，并继续向东进发，攻到了以车里雅宾斯克为首府的第三个州——伊塞茨基州。缺乏可靠的社会支持、部门间行动不协调、通信混乱等不利因素交织在一起，再加上正规军严重不足，地方当局的处境愈加艰难。规模最大的军事部队位于奥伦堡（根据不同的消息来源，共有 3000~3500 人，其中 1500 人是战斗士兵）和乌法（有 700 多名不同分队的士兵和军官，包括退役的和从附近堡垒调来的，可作战的卫兵总数为 1718 人）。②

但这些力量受到两支最大起义军的牵制：一支为普加乔夫本人所率部队，到 1773 年底，他手下已有 2.5 万~3 万人；③ 一支为 И. Н. 扎鲁宾（切尔内舍夫伯爵）手下的部队，也达 15000 人。④ 塔蒂什切瓦要塞卫成官 Г. М. 叶拉金上校拥有一支人数相对较多的卫成部队。文献中没有关于

---

① История Урала…С. 290.

② Андрущенко А. И. Указ. соч. С. 139.

③ Андрущенко А. И. Указ. соч. С. 42.

④ Андрущенко А. И. Указ. соч. С. 139.

其人数的精确数据。① 在起义军逼近要塞的前夕，Н. Н. 比洛夫准将从奥伦堡带来了一支救援队：200 名士兵、150 名奥伦堡哥萨克和 60 名配有 6 门火炮的斯塔夫罗波尔的卡尔梅克人，共计 410 人。② Н. Ф. 杜布罗温认为（显然是根据间接资料），"塔蒂什切瓦卫戍部队"（考虑到 Н. Н. 比洛夫的救援队）至少应有 1000 人，13 门火炮。③

　　然而，值得注意的是，在上述士兵中，塔蒂什切瓦指挥官从中所能调动的士兵总数可能不超过 300 人。补充说明这一点非常重要，特别是考虑到，在 Т. И. 波杜罗夫率领下的奥伦堡哥萨克和比洛夫支队中的卡尔梅克士兵转投普加乔夫阵营后④，塔蒂什切瓦要塞才有可能被攻陷。无论如何，1773 年 9 月 27 日，要塞已落入起义军之手，地区当局失去了对其军事潜力的掌控。被围困且与周围隔绝的还有雅伊茨基市，卫戍官 И. Д. 西蒙诺夫中校在不同时期，在此指挥过 700～900 名士兵和第 6 队和第 7 队龙骑兵。⑤ 11 月间，政府紧急组建的由卡尔少将、切尔内舍夫上校和扎耶夫少校率领的相对较大的机动分队，被普加乔夫起义队伍逐一击溃。⑥ 因此，无论是各省还是州当局都没有能力对起义在该地区的蔓延施加任何实质性的影响。要塞和边防堡垒的卫戍官、村镇和工厂的管事们只能依靠自己进行防御。他们中的一些人陷入绝望，但试图从当地农民和工厂

---

① 普加乔夫本人也不记得这一点。参见 Емельян Пугачев на следствии : сб. документов и материалов. М. , 1997. С. 83。

② 这个数字最早由 Д. Г. 阿努钦提出，后来没有任何作者反驳。参见 Анучин Д. Г. Первые успехи Пугачева и экспедиция Кара // Воен. сб. 1869. № 5. С. 24。

③ Дубровин Н. Ф. Пугачев и его сообщники. Эпизод из истории царствования императрицы Екатерины II. 1773-1774 гг. : (По неизданным источникам) : в 3 т. СПб. , 1884. Т. 2. С. 25. 目前，这一估算（未注明参考来源）在互联网资源中随处可见。

④ 普加乔夫后来在接受审讯中强调了 Т. И. 波杜罗夫在攻占塔蒂什切瓦要塞过程中的重要作用。参见 Пугачев на следствии. С. 83。

⑤ Кузнецов В. А. Иррегулярные войска Оренбургского края. Самара；Челябинск, 2008. С. 103.

⑥ Буганов В. И. Пугачев. М. , 1984. С. 186.

工人中组建民兵，尽管徒劳无功；另一些人则聚集了最忠诚的居民，携带武器和物资，逃往尚未被内战的战火吞噬的地区。在这种情况下，主要地区中心的领导层只能寄希望于外援，即从中央和西伯利亚调兵。与此同时，任何一个地方要塞的抵抗都变得非常宝贵，因为它们能够争取到宝贵的时间，等待"援军"的到来。

与此同时，到 1773 年秋末冬初，普加乔夫起义的战线已经非常宽广，几乎覆盖了整个乌拉尔地区，西起伊热夫国有工厂，东至车里雅宾斯克。新的起义队伍占领区就此形成，其指挥权落在从别尔斯基和切斯诺科夫斯基大本营派来的长官和"上校"手中。由于无法攻占奥伦堡和乌法，起义军依靠在工厂和村镇缴获的枪支、弹药、钱财和粮食来积累物资。此时，从普加乔夫的行动中已能清晰看出其整体军事战略的重点。他们非常重视夺取乌拉尔南部的最大城市，着重在北部和东北部方向发展攻势，企图切断从俄欧洲部分和西伯利亚向起义地区派遣政府军的潜在可能性，并将其影响力扩展到奥伦堡省以外的地区。因此，首先，他们必须确立对彼尔姆地区的卡马河流域和乌拉尔中部地区的控制，同时确立对以叶卡捷琳堡为中心的叶卡捷琳堡矿业部门辖区的控制。其次，他们要夺取伊塞茨基州。

在上述计划的实施过程中，控制工厂的重要性不亚于控制沿线要塞。1773 年 10 月至 11 月，第一批落于交战区内的工厂有 20 家，它们位于奥伦堡省，归 И. 莫索洛夫、И. 奥索金和 E. 杰米多夫所有。然而，最先受到普加乔夫方面打击的，却是 И. 特维尔迪舍夫和 И. 米亚斯尼科夫这对合伙人名下的大部分矿业工厂，它们集中坐落于乌法和奥伦堡中间地带。资料显示，省"指挥官"以及其他负责人对被围困的奥伦堡和乌法以外地区没有任何明确的行动计划。在很长一段时间里，他们根本不清楚，到底是应由民政当局还是矿业当局来协调工厂的防御工作。因此，在整个秋季，主动权始终掌握在普加乔夫起义队伍手中，而当时任何一天的延误都会给政府方面造成重大损失。

早在 1773 年 10 月 4 日，沃斯克列先斯克总厂办事处（位于 И. 特维尔迪舍夫和 И. 米亚斯尼科夫领地中心）的主管彼得·别斯帕洛夫，就向乌法和奥伦堡矿业领导发出了一份令人不安的报告，称"恶徒给生活在奥伦堡和乌法的居民带来了极大恐慌"。在这份报告中，他还向上级通报了所采取的预防措施：沃斯克列先斯克和维尔霍图里耶工厂"停工"，并将所有工人集中到总厂。[①] 彼得·别斯帕洛夫在 10 月 10 日发出的报告充满了更大的恐慌。在这份报告中，他详细叙述了 10 月 5 日至 7 日在卡尔卡里铜矿场爆发的骚乱，并要求派遣一支军队前去协助。[②] 他还向塔宾军政长官官署和乌法州公署提交了类似请求的报告。[③] 但彼得·别斯帕洛夫没有等到援助，而是等来了奥伦堡矿业领导的一道诏令，称普加乔夫不是皇帝，而是一个逃亡的顿河哥萨克。然而，在工厂办事处的院子里宣读这一诏令的效果与预期截然相反，完全是在本已紧张的局势上火上浇油。彼得·别斯帕洛夫本人后来写道：

> ……一些农民和一些身份不明者，在大规模的会议上不可能指出每个人的名字，他们不承认奥伦堡矿业领导发来的诏令的真实性，认为是我们按照库拉列夫准尉的意见自己捏造的。[④]

在被选中劝说工厂居民的"年长农民"的帮助下，彼得·别斯帕洛夫安抚了工厂居民，并"和平"地同意派遣"可信赖的农民和身份不明

---

① ГАСО. Ф. 115. Оп. 1. Д. 289. Л. 4. Ср.: Андрущенко А. И. Крестьянская война. С. 241-242; Мартынов М. Н. Воскресенский завод в Крестьянской войне 1773-1775 гг. // Ист. зап. 1967. Т. 80. С. 290-291.

② ГАСО. Ф. 115. Оп. 1. Д. 289. Л. 14 об.; Андрущенко А. И. Указ. соч. С. 242.

③ РГАДА. Ф. 6. Оп. 1. Д. 517. Л. 72.

④ Там же. Л. 71 об.

者”前往萨克马拉镇进行调查。他们决定，如果被派遣进行调查的人能证实普加乔夫皇帝身份的真实性，工厂就"归顺"于他。

工厂主管彼得·别斯帕洛夫意识到不可能依靠工厂里的农民，但同时又担心要对起义者可能夺取工厂的行为"负责"，沦入听天由命境地的他冒着恐惧和风险组织了一场保卫战。彼得·别斯帕洛夫下令拦截先前被派往萨克马拉镇的工厂人员，并让警卫看管他们。工厂周围布置了哨所。这些哨所由武装的"工厂居民"把守，不过，一些居民还没有做出最终的选择。紧张的等待气氛弥漫开来。彼得·别斯帕洛夫"走遍了炮台和岗哨"，询问"农民和身份不明者"是否会保卫工厂。很快就得到了答复：

> 他们无法抵御雅伊茨基的哥萨克，因为他们是军事民族，抵抗不仅会让他们失去全部财产，还会失去生命……如果巴什基尔人来了，他们会抵抗的。[1]

农民们说了假话。就在上述对话结束的第二天，由哥萨克 Б. 列别科夫和 П. 科兹明率领的一支 20 人的巴什基尔分队抵达工厂，迅速终结了这场"保卫战"。居民们没有进行丝毫抵抗，就接纳了普加乔夫起义队伍，并站到了他们一边。

在此期间，地方当局在做什么？在沃斯克列先斯克工厂被起义者控制 24 小时后，即 10 月 13 日，尚未收到行动信息的奥伦堡矿业领导听取了来自工厂办事处的"关于秘密案件"的旧报告。会议决定"将这份报告原件（可能是彼得·别斯帕洛夫于 10 月 10 日提交的报告。——作者注）连同一份备忘录送交乌法州公署，乌法州公署能从中了解该厂需要

---

① РГАДА. Ф. 6. Оп. 1. Д. 517. Л. 72 об.

多少帮助，并结合当时的情况，考虑是否有可能向该厂派遣一个军事分队"，因为该厂距离乌法不到两百俄里，而且"州公署掌握着各地的信息"①。

因此，本应直接管辖工厂所有事务的奥伦堡矿业领导将责任推给了州公署，而后者的帮助显然并不及时有效。诚然，如前所述，地方行政部门所能调动的资源确实有限，但缺乏战略以及各部门间缺乏协调在更大程度上影响了对这些原则性问题的决策。奥伦堡矿业领导后来的会议记录似乎证实了这一点。特别是在 1773 年 10 月 31 日的会议记录中，当乌法知道沃斯克列先斯克工厂和周围其他工厂的遭遇时，出现了类似责备的声音：

> 乌法州公署并未针对这一要求而派兵，只表示会考虑公共利益并提供帮助。②

然而，这种关乎公众利益的言辞，以及对州政府未能响应矿厂管事"派兵支援的请求"的抱怨，已毫无实际意义。

沃斯克列先斯克工厂的事件很能说明问题，它表明了工厂管理层所处的绝望境地。无论像彼得·别斯帕洛夫这样的个别职员和管事表现得多么积极和无私忘我，他们最终都难逃被上级领导抛弃，对反抗起义军束手无策，以至听天由命的结局。彼得·别斯帕洛夫决定停止生产、武装工厂工人、建立警卫和侦察小队、修建工厂防御工事，甚至不厌其烦地与工人们进行解释，在当时的形势下，对一个管理者而言没有比这更好的办法了。此外，这个主管的表现与前线要塞的现役军官、指挥官如出一辙，在普加乔夫起义队伍夺取防御工事后，他们首先直面死亡。但是，可以说所有这些行动都是毫无意义的，因为这并不能引起工厂居民的共鸣。

---

① ГАСО. Ф. 115. Оп. 1. Д. 289. Л. 16.

② Там же. Л. 115 об.

沃斯克列先斯克工厂是乌拉尔南部最大的企业（拥有 1500 多名工人），它的工人转站到"强盗恶徒"① 普加乔夫一边，这给地方公署领导层留下了深刻印象。实际上，1773 年 10 月的那些日子里的所有业务信函都提到了沃斯克列先斯克工厂主管和 B. 库拉列夫准尉的可怕遭遇——在自己的房子里被烧死。当局开始意识到保留对工厂的控制权的特殊价值。在前面提到的奥伦堡矿业领导 1773 年 10 月 31 日的会议记录中，这一想法非常明确：

> ……乌法州公署也赞成考虑这一点：如果当时迅速向沃斯克列先斯克厂派一支援军，那么毫无疑问，它的命运就会有所不同。在这里，我们最重要的基石在于工厂，因此，它们理应得到支援。

不过，乌法州当局已经没有必要再纠结于工厂是不是"最重要的基石"：起义者在工厂居民的全力支持下，以惊人的速度占领了一个又一个工厂。在沃斯克列先斯克工厂向普加乔夫起义队伍首领倒戈后不到一周，奥伦堡矿业当局就于 1773 年 10 月 15 日收到了博戈亚夫连斯基工厂办事处的报告，并于 10 月 17 日收到了阿尔汉格尔斯克工厂办事处的报告。该报告指出，由于危险迫在眉睫，生产已经停止。阿尔汉格尔斯克工厂主管 A. 雷日科夫补充说，所有居民"都日夜守卫着岗哨，以免工厂遭遇极端破坏"②。乌法州公署不再信任工厂里的农民，在 10 月 23 日给奥伦堡矿业当局的备忘录中，建议把博戈亚夫连斯基工厂的现有武器装备（10 门大炮和 200 支步枪）转移到塔宾斯基堡垒，③ 而工厂本身的防御交由阿

---

① 文中的"强盗恶徒""盗贼匪帮"等用语，是俄国政府官员或部分反对普加乔夫起义的工厂人士对普加乔夫起义参与者的称呼，译者仅是遵照原文翻译，并不代表译者立场。——译者注

② ГАСО. Ф. 115. Оп. 1. Д. 289. Л. 35, 87.

③ ГАСО. Ф. 115. Оп. 1. Д. 289. Л. 53 об.

尼奇科夫准尉指挥的一支由 300 名"最忠诚的梅舍尔亚克人"组成的队伍。[1] 奥伦堡矿业主管机构对乌法州公署的建议的后半部分持怀疑态度:

> ……乌法州公署的立场并没有问题,但作为一项预防措施,在工厂只有梅舍尔亚克人而没有俄罗斯士兵的情况下,这能起到作用吗?

奥伦堡矿业官员认为,如果要派梅舍尔亚克人去,也应该派俄国士兵增援:

> ……这些士兵也出身农民,能更好地深入农民内部,并在那里保持工厂警戒。但是,梅舍尔亚克人会在这些农民从未拥有过的工厂住宅里胡作非为,因为他们贪恋权力。而准尉也无法从梅舍尔亚克人那里得到任何秘密情报,因为农民们不怎么跟他们交流。

最后,奥伦堡矿业当局建议向乌法卫戍官 C. C. 米亚索耶多夫上校申请,用俄罗斯士兵替换一半的梅舍尔亚克人,哪怕是退役士兵。[2] 这个事件的结局不得而知。很可能是,如 И. И. 米哈尔松中校所认为的,以极端谨慎著称的 C. C. 米亚索耶多夫,怯懦地没有派兵。[3] 工厂本身的命运

---

[1]　Там же. Л. 70.

[2]　ГАСО. Ф. 115. Оп. 1. Д. 289. Л. 71.

[3]　关于 C. C. 米亚索耶多夫保卫乌法的活动和 И. И. 米哈尔松对他的态度,请参阅 Крестьянская война 1773–1775 гг. на территории Башкирии: сб. док. Уфа, 1975. С. 136–137, 176, 375–376, 384–385, 387. C. C. 米亚索耶多夫本人对乌法保卫战历史的说法,请参见 Журнал Уфимской комендантской канцелярии о ходе боевых действий против повстанческих отрядов И. Н. Зарубина-Чики под Уфой с 24 ноября 1773 г. по 24 марта 1774 г. / публ. Р. В. Овчинникова // Южно-уральский археографический сборник. Уфа, 1973. Вып. 1. С. 299–328.

并不十分明确。据文献记载，博戈亚夫连斯基工厂居民效仿沃斯克列先斯克工厂，加入了普加乔夫的阵营。① 与此同时，工厂老板之一 И. С. 米亚斯尼科夫后来写信给矿务委员会和 П. И. 帕宁伯爵说，在他与合伙人所拥有的所有企业中，只有两家在起义期间没有受损，博戈亚夫连斯基工厂就是其中之一。②

不管博戈亚夫连斯基工厂的情形如何，都无法改变当时的整体状况。地方当局无法向工厂管理部门提供有效的帮助，工厂管理部门只能依靠自己。但是，由于工人缺乏忠诚信念，沃斯克列先斯克工厂的命运不可避免地降临到了边疆地区的其他工厂身上。奥伦堡省的另一家大型工厂——沃兹涅先斯基工厂，与沃斯克列先斯克工厂一样，几乎同时第一批投向"盗贼团伙"。该厂由 К. Е. 冯-西弗斯男爵创建，自 1765 年以来一直属于国有财产。1765 年 9 月底，当普加乔夫率领主力部队逼近奥伦堡时，工厂主管、矿业系统十级官员加尔布雷希特感觉到不妥，便逃离了工作岗位，在他逃跑前夕，工厂工人试图与普加乔夫取得联系。工厂主管离开后，工厂工人使者、附属农民安德烈·季霍诺夫和伊万·拉夫连季耶夫以及前矿山工人伊万·奥西波夫和伊万·安德烈耶夫回到工厂，宣布"君主派他们……带来一道诏令，工厂的所有工匠、附属农民和雇佣农民都应为君主效力"。宣读"诏令"引起了骚乱，最激进的 150 个附属农民在集会后立即带着工厂的大炮和弹药前往起义军那里。潜逃主管的副手之一，矿业系统十二级官员 В. 索科洛夫出人意料地站在了"彼得三世"③ 一方。他被选为沃兹涅先斯基厂的新领袖，并将其同僚 С. 奥尔洛夫中尉交给普加乔夫。С. 奥尔洛夫中尉被戴上锁链押送至别尔斯基大

① Андрущенко А. И. Указ. соч. С. 243.

② Пугачевщина: сб. док. по истории Крестьянской войны 1773–1775 гг.: в 3 т. / под ред. М. Н. Покровского. М.; Л., 1929. Т. 2. С. 268–270; РГАДА. Ф. 1274. Оп. 1. Д. 171. Л. 403–403 об.

③ 普加乔夫。——译者注

本营，据一名押解兵说，他在那里被砍掉四肢并斩首。①

　　沃兹涅先斯基工厂落入普加乔夫起义队伍之手的这段历史清楚地揭示了冒充彼得三世的普加乔夫的拥护者的社会面貌：他们是附属农民和低薪阶层的工人，包括自由雇佣劳动力（如矿工）。与此同时，有资料显示，熟练技工对起义分子采取了更加谨慎的态度，他们不寻求赢得起义者的赏识，并在可能的情况下逃往安全的地方，例如 И. П. 奥索金的特罗伊茨克工厂和乌森-伊万诺夫工厂的几百名居民放弃了他们的财产，在喀山找到了栖身之所。他们的房屋被洗劫一空，三家工厂共有 283 间房屋，损失共计 14981 卢布。② 别洛列茨克、卡诺-尼科尔斯克和阿尔汉格尔斯克工厂的工人们并非没有犹豫。但这种小插曲更像是例外。起义之火如同燎原枯草一样吞噬着矿业工厂。这些工厂居民的社会同质性、附属农民和自由雇佣劳动力的明显优势决定了普加乔夫起义队伍的成功。1773 年 10 月至 11 月，他们已经掌握了乌法州的 20 家企业。紧随其后的是乌拉尔南部另一个州——伊塞茨基州的工厂。

　　其中最重要的和最接近前线的是 Л. 卢吉宁所有的特罗伊茨-萨特金工厂和兹拉托乌斯特厂，它们都是大型炼铜厂，分别有 2629 名和 1296 名男性农奴，车间工匠人数很少。其中最大的萨特金工厂，"像乌拉尔南部的许多工厂一样，工作主要由农奴工人和雇佣工人完成。农奴工人被强行从斯特罗甘诺夫世袭领地迁移到工厂，只被分给一小块土地并领取微薄的工资"③。难怪早在 1773 年 10 月，萨特金工厂和兹拉托乌斯特工厂的工人们就急切地捕捉起义的消息。当地居民很可能通过与邻近的 И. 特维尔迪舍夫和 И. 米亚斯尼科夫的卡塔夫工厂的工友们保持联系来关注事

---

① ГАСО. Ф. 129. Оп. 1. Д. 132. Л. 7–8.

② Пугачевщина. Т. 2. С. 430–432.

③ Мартынов М. Н. Саткинский завод во время восстания Емельяна Пугачева // Ист. зап. 1956. Т. 58. С. 234.

态的总体发展。

在起义军的计划中，萨特金工厂和兹拉托乌斯特工厂占据了重要位置，是向伊塞茨基州纵深挺进和进一步围攻车里雅宾斯克要塞的据点。到 1773 年 11 月底，在附近活动的是普加乔夫方"上校"Ю. 阿兹纳林和 И.С. 库兹涅佐夫的强大分遣队，其与巴什基尔起义军的大本营切斯诺科夫斯基联系紧密。萨特金工厂和兹拉托乌斯特的工厂农民每当得到"邻近的工厂和周围其他巴什基尔居民点向彼得三世陛下俯首称臣"的消息时，都会兴奋不已，他们在等待着普加乔夫的队伍，尽管不无顾虑。问题是，到 1773 年底，当一些起义支队从普加乔夫大本营获得更大的独立性时，他们的擅自行动变得更加频繁，不仅抢劫农奴主的财产，还抢劫普通居民的私人财产。[①] 1773 年冬季的降临和农作物的歉收使情况更加恶化，这促使起义的中央领导层实施粮食征用政策。[②] 普加乔夫起义队伍第一次强迫征兵也发生在同一时期。由"切尔内舍夫伯爵"（И.Н. 扎鲁宾）签署的首批这种"法令"之一，正好可以追溯到 1773 年 12 月初：

> ……从附近居住的巴什基尔人、梅舍尔亚克人、鞑靼人、切列米斯人和俄罗斯人中，每两户抽出一人参军，无论身份如何，引领那些服从者，对不服从者采取强制措施。[③]

1773 年与 1774 年之交，尽管这一切还没有大规模发生，但并未被当地的居民忽略，包括那些真诚同情起义者并准备加入其行列的人。当然，也适用于萨特金工厂的居民，他们在 12 月 15 日给普加乔夫主要部队之一的领导人 Ю. 阿兹纳林——С. 尤拉耶夫的父亲写了一份"最恭顺的报

---

① См., например: Пугачевщина. Т. 2. С. 435.

② См., например: Пугачевщина. Т. 2. С. 378-379, 388.

③ Документы ставки Е. И. Пугачева, повстанческих властей и учреждений / под ред. Р. В. Овчинникова. М., 1975. С. 125.

告"。这份来自"萨特金工厂主拉里翁·伊万诺维奇·卢吉宁先生和全体农民"的文件表达了对"彼得三世"的忠诚,同时请求对方送来一份保护令。"萨特金工厂至今还没有收到这种保护令"使工厂的居民忧心忡忡,在这种情况下,农民写道,"有传言说,在没有收到这种保护令的地方,包括萨特金工厂,将由陛下的部队接手"。萨特金厂的居民害怕被"极端破坏","希望避免不必要的流血事件",他们不无天真地保证说,"工厂的这种小心谨慎不是反对皇帝陛下,而是为了防止胡作非为的巴什基尔盗贼匪帮的袭击"。① Ю. 阿兹纳林是否答复了萨特金的居民不得而知,但一周后,即 12 月 22 日,普加乔夫的另一位著名"上校"——И. С. 库兹涅佐夫带着一支队伍来到工厂,被当地居民顺从地接受。他宣布了普加乔夫的法令,照例按哥萨克模式建立了新的工厂政权,并没收了工厂和农奴主的财产。在 И. С. 库兹涅佐夫前往兹拉托乌斯特工厂之后,那里也上演了同样的剧情。② 阿尔汉格尔斯克和瓦尔济诺·阿列克谢耶夫工厂也遭遇了类似的命运。

被 Н. Н. 杰米多夫所有的基什特姆工厂的失守完全出乎矿业当局的意料,与大多数工厂不同,该工厂得到了叶卡捷琳堡丘巴罗夫少校指挥下的契切林"哥萨克"的增援。然而,最先叛变的也正是丘巴罗夫少校的部下。少校本人和几名军官在被逮捕后,被送往兹拉托乌斯特工厂,1774 年 1 月初,普加乔夫起义队伍的著名首领 И. Н. 格里亚兹诺夫到访该工厂,根据他的命令,上述军官被处以绞刑。③ 1774 年 1 月 3 日晚,基什特姆工厂起义者抵达邻近的卡斯林工厂,那里也不乏混乱。当地牧师安德烈·伊万诺夫(不清楚为什么 А. И. 安德鲁先科把他列为起义者④)

---

① Документы ставки Е. И. Пугачева, повстанческих властей и учреждений / под ред. Р. В. Овчинникова. М., 1975. С. 115.

② Андрущенко А. И. Указ. соч. С. 323.

③ ГАСО. Ф. 6. Оп. 2. Д. 407. Л. 231 об.

④ Андрущенко А. И. Указ. соч. С. 271.

后来写道，晚上，9 名普加乔夫起义的参加者，包括丘巴罗夫少校队伍中的前"哥萨克"，用警钟召集工匠，中断工厂运作，并且

> ……向他们宣读了一份宣言副本，拉拢他们加入己方阵营，然后便逮捕了主管和办事员，用铁链将他们锁住并送到基什特姆工厂。

同一天上午，基什特姆的办事员格里戈里·科米萨罗夫带了另一份宣言的副本到卡斯林厂

> ……在没有任何证据和其他法令的情况下，卡斯林居民听信了这一副本的内容后，发生了巨大的内乱：他们中的某些人曾经得罪过谁，或者被指派做过哪些事，竟然都是伪造的。最后，他们的财物被洗劫一空。

在下达了"为逝世的先皇彼得三世做健康祷告"的命令后，安德烈·伊万诺夫牧师不小心问道："这是遵循了什么法定章程？"当地的首领 A. 科什金明确地指着绞刑架说："如果你想反驳的话，这就是我们的章程。"① 可能是经过这样的解释后，牧师安德烈·伊万诺夫被迫变成了"起义者安德烈·伊万诺夫"，为僭王的健康做祷告。根据现有资料，谢尔金工厂也有普加乔夫的支持者，他们迫使"工厂工人赞同"向起义军打开大门，并实现了这一意图。② 乌法列伊、苏霍维亚茨、尼亚泽-彼得罗夫和阿齐亚什-乌法工厂按照大多数人的意愿向"盗贼匪帮"投降。只有 A. Ф. 图尔恰尼诺夫的企业，即位于叶卡捷琳堡矿区最南端的赛谢尔、波列夫斯科伊以及谢维尔工厂，成为普加乔夫起义路上无法攻破的堡垒。

---

① ГАСО. Ф. 6. Оп. 2. Д. 407. Л. 213–213 об.
② ГАСО. Ф. 129. Оп. 1. Д. 133. Л. 67.

这些工厂在工厂主的亲自领导下，由当地工匠和工人组成的民兵一直保卫着他们的防线，直到 1774 年春夏之交起义军完全撤出乌拉尔中部。[①]这对当局来说是第一个防御成功的范例。

即便如此，从 1773 年 12 月底至 1774 年 1 月初，在工厂居民的积极协助下，普加乔夫起义队伍成功地控制了乌法和伊塞茨基州几乎所有的冶金企业，并开始攻击卡马河沿岸及乌拉尔中部地区众多人口稠密的工厂。

第三节　乌拉尔中部与卡马河沿岸地区工厂防御战略计划：西翼（尤戈夫国有工厂，1773年12月至1774年3月）

面对近在咫尺的威胁，乌拉尔矿厂的领导中心叶卡捷琳堡几乎毫无招架之力。1773 年底至 1774 年初，地方当局的军事资源非常匮乏。城里根本没有正规军队。据资料记载，归工厂总管专署调遣的军事力量有 И. П. 波列茨基大尉率领的叶卡捷琳堡第一矿业连队、隶属于七级文官 Я. 罗杰的叶卡捷琳堡铸币连队，以及步兵士官 M. 梅德韦奇科夫所率的炮兵连。叶卡捷琳堡第二矿业连队从 1770 年开始就驻扎在矿业中心以北 190 多公里的戈罗布拉戈达工厂。[②] 仅凭这样的力量，叶卡捷琳堡几乎自

---

① Пирогова Е. П., Неклюдов Е. Г., Ларионова М. Б. Род Турчаниновых. Екатеринбург, 2008. С. 63–65, 336–339. А. Ф. 图尔恰尼诺夫设法在他的民兵中维持高度的纪律性，直至在工厂全面实行禁酒令。仅在 1774 年 4 月，为了庆祝复活节和缓和紧张局势，工厂主允许工厂保卫者在节日前三天每人 "喝一杯三戈比的酒"（ГАСО. Ф. 65. Оп. 1. Д. 4. Л. 26–26 об.）。直到 1774 年 7 月初，赛谢尔工厂围困被解除，比比科夫上校和矿业部军官以及 А. Ф. 图尔恰尼诺夫前往那里，"用音乐和其他娱乐方式"庆祝胜利（ГАСО. Ф. 102. Оп. 1. Д. 25. Л. 121–121 об.）。1774 年 9 月，А. Ф. 图尔恰尼诺夫工厂全面恢复了葡萄酒销售（ГАСО. Ф. 65. Оп. 1. Д. 4. Л. 26 об.）。

② ГАСО. Ф. 24. Оп. 1. Д. 2300. Л. 44, 249, 259; Д. 2301. Л. 239–330 об.

身难保，就不用考虑如何控制城外的局势了。因此，早在 1773 年 10 月
10 日，在收到关于起义爆发的最初消息后，专署首脑 В. Ф. 比比科夫上
校就开始紧急向最近的首领——西伯利亚省省长 Д. И. 奇切林和西伯利亚
军团司令 И. А. 德科龙少将请求帮助。

在还未等到答复的时候，В. Ф. 比比科夫就开始采取独立的组织措
施。1773 年 10 月 10 日至 20 日，他派出了一些军官率领小规模部队，前
往与伊塞茨基州和乌法州接壤的辖区进行"侦察"。特别是在 10 月 10 日
和 14 日，他"以监督房屋建造为名"派八级文官马萨洛夫，叶卡捷琳堡
司法及地方事务局陪审员、七级文官奥赫利亚宾，以及上尉叶拉波尔斯
基"遍访全县"，"以摸清农民的想法"。从 10 月的下半月开始，这些初
步措施被更有效的方法取代。В. Ф. 比比科夫上校意识到，指望外界的帮
助是白费力气，于是宣布开始动员民众保卫叶卡捷琳堡，命令"工厂和
村镇为哥萨克提供骑兵和有枪支、长矛的人，以及两个月的口粮、草
料"。10 月 29 日，该辖区在道路上设立了军事巡逻队。从 11 月初开始，
В. Ф. 比比科夫在清点了该市现有的武器后，下令"来到队伍的人员……
开始进行枪支训练"，并在城里设立了哨兵队，整个 12 月都在收集粮食
和草料，以满足民兵的需要。①

在 1773 年 10 月底 11 月初，工厂总管专署的领导层做出了一个重要
的、从未来看也是唯一正确的战略决策。矿业当局意识到，分散本就稀
缺的资源来分别保护每个工厂是毫无意义的，因此他们试图集结所有可
动用的力量和手段，在叶卡捷琳堡至彼尔姆卡马河沿岸的工厂沿线形成
统一的防御边界。因此，叶卡捷琳堡成为东部的根据地。在巩固了城市
及其周边地区之后，他们还希望在其西北偏西的位置，即位于丘索瓦亚
河流域的私人工厂布置阵地。丘索瓦亚河上的国有和私人码头可以保障

---

① ГАСО. Ф. 129. Оп. 1. Д. 133. Л. 52–52 об.

与卡马河沿岸工厂的联系，后者在矿业当局的计划中是最西部的据点。掌握这一地区并控制卡马河地区最重要的交通命脉，便可以与最近的昆古尔和萨拉普尔县中心保持联系，并寻求伏尔加河沿岸城市和俄国中部地区的帮助。实施这一战略计划还隐含着另一个重要目标，即保护乌拉尔中部和北部富裕的老工厂——涅维扬斯克、下塔吉尔和戈罗布拉戈达工厂免受起义者的攻击，这些工厂反过来也承担起第二防御梯队和动员资源的关键责任。1773 年 10 月 31 日，叶卡捷琳堡派遣专署八级文官 М. И. 巴什马科夫到彼尔姆州负责防线西翼的组织工作。这一人选的安排并非偶然：1770 年，М. И. 巴什马科夫从官员 И. Г. 切尔尼舍夫伯爵手中接管了位于昆古尔西北约 80 公里处的上、下尤戈夫工厂，使其归国家所有。出于对该地区和人口的了解，这个八级文官决定在这些工厂内组织一个防御工事区。

得益于尤戈夫工厂办事处收发公文日志的详细记录，М. И. 巴什马科夫在尤戈夫工厂的活动细节得以重现，这些记录所反映的信息在危急关头的详尽程度堪比日记。[①] 从中我们可以了解到，М. И. 巴什马科夫早在 1773 年 11 月 22 日就以工厂总管专署代表的身份下达了首批命令，开始在他的大本营组建一支由当地居民组成的民兵队伍。尤戈夫工厂办事处将从附属村庄招募 150 名农民，"配备所有哥萨克装备"，承担警卫任务。五天后，即 11 月 27 日，М. И. 巴什马科夫向叶卡捷琳堡专署汇报了他的行动，一天后，他与最近的地方领导机构——彼尔姆矿业主管机构和昆古尔军政长官 Н. И. 米勒建立了联系，并请对方告知"从哪里可以得到关于起义军普加乔夫的消息，好加以防范"。12 月 8 日，周围村庄的居民被禁止在没有"办公机构"出具证件的情况下离开住所。这一命令还禁止未经当局特别许可而使用私人马车。12 月 12 日，М. И. 巴什马科夫收

---

① ГАПК. Ф. 170. Оп. 1 Д. 81. Л. 1.

到了从昆古尔发来的彼尔姆矿业当局发出的"关于敌人逼近昆古尔县"的预警，并将此事通知了有关方面。

　　每天都有起义军逼近的消息传来，迫使 М. И. 巴什马科夫迅速做出回应。1773 年 12 月，当一群"臭名昭著的暴徒"（普加乔夫起义队伍）占领了卡拉库里诺村，[①] М. И. 巴什马科夫加强了与附近彼尔姆地区工厂的合作。比加尔斯克工厂办事处接到指示，"在车站配备四匹马和两名向导"随时待命。安宁工厂办事处被要求派两人去奥萨市侦察，并编写"关于合格的、可用于防御的人员、枪支、子弹及火药数量"的报告（12 月 14 日）。当时，安宁工厂主管已经报告了普加乔夫起义队伍接近工厂的情况。М. И. 巴什马科夫派矿工 E. 奥博图罗夫将这份报告的副本送到昆古尔，请求彼尔姆矿业当局提供关于巡逻哨卡位置和火药援助的信息。М. И. 巴什马科夫试图动员非俄罗斯族人口的代表加入他的队伍，多次向巴什基尔人聚居的库尔塔耶夫村和科亚诺瓦村的村长下达命令，"尽快派来最好的巴什基尔人骑手，携带枪支和弓箭，作为预防"（最早的命令于 1773 年 12 月 14 日下达），但没有得到回应。从 12 月 18 日起，尤戈夫工厂开始铸造大炮，并提供资金购买两普特子弹。同一天，开始生产大炮和霰弹子弹（2340 件）的命令被送到了 П. И. 奥索金的伊尔金工厂。[②]这家工厂一直在执行 М. И. 巴什马科夫的命令，直到落入普加乔夫起义队伍之手。

　　越临近 1773 年底，事态发展就越快。М. И. 巴什马科夫似乎在与他的对手玩一场疯狂的闪电战，双方都在努力击败对方。12 月 18 日，坎巴尔（А. Г. 杰米多夫的）工厂加入了起义军。第二天，尤戈夫工厂办事处向安宁工厂办事处提出：

---

① 从位于昆古尔西南部的卡拉库里诺到昆古尔的现代公路距离为 388 公里，直线距离为253 公里。

② ГАПК. Ф. 170. Оп. 2. Д. 81. Л. 1 об. -4.

> ……将所有尉官、士官、办事员、士兵和其他可用力量及其武
> 器储备带到这里（尤戈夫工厂。——作者注），以防万一。[1]

然而，只有一组办事员、工匠和农民共 101 人勉强来得及离开这个工厂，[2] 其余的居民则加入了起义军，使工厂在很长一段时间内成为普加乔夫起义队伍在卡马河沿岸的基地。1773 年 12 月 20 日，尤戈夫工厂居民 M. 梁兹尼被派去购买更多的弹药，并将一份绝望的报告带到叶卡捷琳堡，请求"派遣一支合理数量的军队并携带火药，用于工厂的防御"。同一天，有消息称，"凶恶的暴徒"出现在尤戈夫工厂附近的巴尔德村，形势危急。从 12 月 21 日起，M. И. 巴什马科夫停止了工厂行动，并下令建造防御工事，"安排岗哨并动员工匠站岗"。所有最近的国营和私人企业在这些天都接到命令，"派遣武装人员抵御凶恶的党徒"。甚至连起义的安宁工厂的人也被要求不要支持普加乔夫起义队伍，而是"所有人带着大炮来到这里"。虽然，12 月 22 日，"关于安宁工厂违反命令的工匠"的消息就被写在书面材料中并发往叶卡捷琳堡。尤戈夫工厂办事处并没有放弃得到非工厂居民支持的希望。例如，12 月 21 日，尤戈夫工厂办事处还把"米哈伊尔·米哈伊洛维奇·戈利岑公爵和鲍里斯·格里戈里耶维奇·沙霍夫斯基公爵致上穆林财产管委会"的命令副本寄给了他们，命令那里的人们"带着步枪或他们所拥有的任何东西"来援助 M. И. 巴什马科夫。同一天，尤戈夫办事处向巴什基尔的科亚诺瓦村发出了两道命令，而该村村长此前对其的呼吁置之不理。一道命令是"确认"令，重复了之前要求派遣人员的命令。另一道命令是"保护令"，保证所有"巴什基尔人和矿业工作者"在抵达尤戈夫工厂时"不会受到欺辱"。[3]

---

① ГАПК. Ф. 170. Оп. 2. Д. 81. Л. 4 об.

② Андрущенко А. И. Указ. соч. С. 253.

③ ГАПК. Ф. 170. Оп. 2. Д. 81. Л. 4 об. -5 об.

但只有彼尔姆地区的工厂（安宁工厂除外）提供了真正的帮助，表现出惊人的团结。12 月 23 日，以尤戈夫工厂为榜样，亚戈申辛、莫托维利辛和维西姆工厂停止了生产，并紧急组建了民兵队伍来帮助 М. И. 巴什马科夫。仅亚戈申辛工厂的队伍就有 361 人。① 比贾尔工厂和库拉希欣工厂也派来队伍援助（但后来被召回保护自己的工厂，因为这两个工厂毗邻动荡不安的安宁工厂和"鞑靼人居住区"）。② 不久之后，来自南卡姆、内特瓦、切尔莫茨（离起义区最远的工厂）和许多其他地方的工匠和工人队伍也陆续抵达。③ 到 12 月底，М. И. 巴什马科夫手下约有 800 人。④

但是，当民兵正在集结、枪支弹药正在准备、粮食和草料正在储存的时候，对手也没有闲着。12 月 23 日一份发往叶卡捷琳堡的报告称："尤戈夫工厂对凶恶的党徒严阵以待。"⑤ 精神和肉体上的压力与日俱增，甚至反映在收发日志的书写上：1773 年至 1774 年冬季，书吏记录文件往来情况的字迹明显比以前的记录要潦草和难以辨认，经常出现串行，格式不规范，单词拼写错误，许多记录旁边都有注释，准确记录了这个或那个命令的执行时间。

即便如此，在最困难的条件下，在极短的时间内，М. И. 巴什马科夫不仅成功地集结了民兵，武装了民兵，有效利用了工厂防御工事，进行了积极的防御，还转向先发制人的反攻。А. И. 安德鲁先科写道，"在起义的两个多月里，地方当局……成立了由工厂工人和农民组成的防御和围剿队"。⑥ 这位历史学家的结论得到了 М. И. 巴什马科夫记录簿数据的支持。从记录中可以看出，早在 1773 年 12 月 25 日，М. И. 巴什马科夫

---

① Андрущенко А. И. Указ. соч. С. 276.

② Андрущенко А. И. Указ. соч. С. 340.

③ ГАСО. Ф. 24. Оп. 2. Д. 267. Л. 33, 110, 171 об.

④ Андрущенко А. И. Указ. соч. С. 382.

⑤ ГАПК. Ф. 170. Оп. 2. Д. 81. Л. 6.

⑥ Андрущенко А. И. Указ. соч. С. 284.

就向亚戈申辛工厂办事处、戈利岑公爵和沙霍夫斯基公爵的上穆林财产管委会，以及科亚诺瓦村和鞑靼人的亚尼奇村村长发出了"确认"令，要组织全部居民疏散到尤戈夫工厂。12月30日，值班员在日志中记录：

> 矿业系统十一级官员别尔格林率领一支队伍于上午10点到达上穆林村，迎击由"上校"巴蒂尔·伊特基宁指挥的普加乔夫支队。

1773年12月30日至31日凌晨，М.И.巴什马科夫派十四级矿业官员А.索尔诺佩科夫去昆古尔送一封关于事态发展的信件。他将这件事向喀山省长Я.Л.冯-勃兰特作了汇报。这个彼尔姆防御领导者仍不放弃获得军事援助的希望，哪怕是"两个连，来阻止恶徒的行径并抓住他们"。12月31日下午4点，М.И.巴什马科夫在没有得到别尔格林队伍的消息的情况下，派了一个名叫格里戈里·里亚德诺夫的人前去"侦察"。其实他大可不必如此焦虑：1774年1月1日凌晨，他就收到了消息，"穆拉和库尔塔耶夫的恶党已被赶走"。这是工厂管理部门在没有正规军任何援助的情况下，靠自身力量取得的第一次胜利。

1774年1月1日凌晨2点，М.И.巴什马科夫派助手米哈伊尔·斯米尔尼带着关于这件喜事的手令追赶前往昆古尔的А.索尔诺佩科夫。1774年1月1日上午11点，前一天从彼尔姆矿业当局赶来的哥萨克瓦西里·布里亚兹金向其上级报告了这一消息。与此同时，瓦西里·拉普捷夫被派去会见十一级官员别尔格林，向"他和整个团队的胜利进攻表示祝贺"。[①] 而一夜未眠的М.И.巴什马科夫急忙巩固战果，加强了战地部队防御。1774年1月1日，他签发了两份手令（给亚戈申辛工厂办事处和穆林财产管委会），命令从每个地方增调50或100人，"用于派去搜捕强

---

① ГАПК. Ф. 170. Оп. 2. Д. 81. Л. 7–8 об.

盗匪帮"。① 1774 年 1 月至 2 月，M. И. 巴什马科夫的活动范围扩大。事实证明，他在继续与工厂和领地行政部门保持密切联系并接受其援助的同时，还能够重新分配人力，协助其他地方的防卫工作。例如，在 1774 年 1 月最初几天，精力充沛的 M. И. 巴什马科夫就已经有能力抽调其一部分民兵去守卫亚戈申辛工厂：1 月 8 日，多布良斯克（A. C. 斯特罗加诺夫）工厂的 10 名居民被派往那里，两天后，又有 30 名多布良斯克工厂的人出现在亚戈申辛厂的防御工事中。② 与此同时，亚戈申辛工厂办事处于 1 月 3 日决定派遣 100 人或 50 人去帮助陷入困境的昆古尔。③ 1 月 20 日，50 名"亚戈申辛"骑兵出发"保卫昆古尔市"，1 月 24 日尤戈夫工厂办事处收到了这一情况的报告。在二级少校 Д. O. 加格林的指挥下，M. И. 巴什马科夫在戈利岑公爵和沙霍夫斯基公爵的上穆林领地收编的两支农民队伍（分别为 110 人和 150 人）也前往昆古尔。④ 国营沃特金工厂也得到了支持，该工厂的保卫工作由矿业系统十级官员 A. 克莱皮科夫领导。根据 M. И. 巴什马科夫 1774 年 2 月 11 日的命令，奥切尔工厂和奥切尔边防堡垒的 100 人小队被转移到那里。另外，来自奥切尔堡垒的 100 人和 2 门大炮被 A. C. 斯特罗加诺夫的代理人 Я. M. 安沃列戈夫交给 A. 克莱皮科夫支配。⑤ 人员和武器持续流入彼尔姆防御的主要基地——尤戈夫工厂。1 月和 2 月，霍赫洛夫工厂（共 20 人）、切尔莫茨工厂（共 150 人）和多布良斯克工厂（共 32 人）新组建的小分队到达了那里。250 名动员起来的"哥萨克"在布特克维奇中士的率领下也从索利卡姆斯克赶来。⑥

① ГАПК. Ф. 170. Оп. 2. Д. 81. Л. 8 об.
② ГАПК. Ф. 170. Оп. 2. Д. 81. Л. 178–178 об.
③ ГАПК. Ф. 170. Оп. 2. Д. 81. Л. 11 об.
④ ГАПК. Ф. 170. Оп. 2. Д. 81. Л. 188.
⑤ ГАПК. Ф. 170. Оп. 2. Д. 81. Л. 27, 191.
⑥ ГАПК. Ф. 170. Оп. 2. Д. 81. Л. 178 об., 181, 183.

但要实现政府力量真正占据上风，仍为时尚早。由于当地居民的情绪各异，这几个月的事态发展对交战双方而言均充满了矛盾与不确定性。在工厂中，安宁工厂的人是普加乔夫起义队伍最活跃的支持者。"听话"的那部分居民遵照 M. И. 巴什马科夫的指令，已于 1773 年 12 月 19 日离开，前往尤戈夫工厂，而留下的居民获得了充分的行动自由，并开始积极与起义军接触。由于缺乏武器，他们自己无法对抗当局的支持者。例如，1773 年 12 月 21 日，一支尤戈夫厂的分遣队来到工厂，他们没有遇到任何抵抗：安宁工厂的人四散奔逃到周围的村庄。那些留下来的"极少数人"的最大特点是拒绝服从，他们拒绝听从矿业系统十四级官员巴赫曼的劝告。[①] 12 月的困难局面使尤戈夫工厂的分遣队无法控制这里，所以他们在那里待了不超过两天就离开了。12 月 24 日，一部分前一天离开的居民又带着巴蒂尔·伊特基宁大本营的"宣言"回到了工厂。继他们之后，次日，由 И. 塔拉索夫、E. 库赫金和 И. 科涅夫指挥的 100 名普加乔夫起义队伍也抵达了工厂。在他们的支持下，当地人选举 И. 科捷尔尼科夫为工厂"领导人"。A. И. 安德鲁先科写道，新的工厂当局制止了已经开始的抢劫和破坏个人及工厂财产的行为，并依托没收的工厂库存建立了有组织的食品供应。[②] 这一点与 M. И. 巴什马科夫记录簿中的资料有些出入。1774 年 1 月 7 日，也就是确立工厂自治近两周后，尤戈夫工厂办事处记录了这样一条信息：

> 安宁工厂的工匠和工人，以及附属这个工厂的农民，倚仗着恶徒匪帮，洗劫了这个……工厂和其他房屋。[③]

---

① Андрущенко А. И. Указ. соч. С. 254.

② Андрущенко А. И. Указ. соч. С. 255–258.

③ ГАПК. Ф. 170. Оп. 2. Д. 81. Л. 177 об.

总的来说，安宁工厂的起义者非常活跃，他们派出自己的"哥萨克"帮助围攻奥萨的普加乔夫军队，为自己派出的队伍生产冷兵器，并在工厂外进行宣传鼓动。考虑到来自安宁工厂的危险，М. И. 巴什马科夫早在 1774 年 1 月 7 日就派出了一支由经验丰富、屡立战功的矿业系统十一级官员别尔格林率领的分遣队去"帮助他们清醒过来"。1 月 15 日，另两支分遣队——十四级官员雅科夫列夫和十一级官员伊万·尼科诺夫①所率的部队启程增援别尔格林，后者最终承担了行动的总体指挥责任。安宁工厂起义者苦于没有任何东西可以用来对付尤戈夫工厂的分遣队，因为 1 月 13 日至 14 日，И. 塔拉索夫和 А. 阿布德耶夫率领的数百名普加乔夫起义军以及最活跃的当地人离开了工厂。然而，这并不妨碍那些留下来的人怂恿邻近的比贾尔工厂的工匠和工人站在他们一边，如上所述，比贾尔工厂的人仍然忠于政府。为此，安宁工厂的人选择了一种非常特殊的方法，伊万·尼科诺夫在击溃安宁工厂的人后详细描述了这种方法，他在给 М. И. 巴什马科夫的信中写道：

> ……今年 1 月 14 日，办事员安东·戈鲁布金、亚历山大·尼科诺夫、伊万·舒宾、基普里安·舍斯托比托夫……聚集在一起。商定寄信恐吓奥索金的比贾尔工厂的人……编造该信是奥萨市地方机关发来的，要求工厂到 15 日必须为从奥萨赶来的 3000 恶徒队伍备足面包、燕麦和干草……

这封伪造的信还称，"好像有五名从奥萨来的征粮者已经抵达安宁工厂"。为了更有说服力，安宁工厂的人"特意把安东·戈鲁布金、亚历山大·尼科诺夫的办事员及其同伴装扮成骑马的哥萨克"。但这一计谋因尤

---

①　ГАПК. Ф. 170. Оп. 2. Д. 81. Л. 177 об. , 182.

戈夫分遣队的出现而被阻挠。伊万·尼科诺夫在安宁工厂外两俄里处截获了信使和伪造信。参与伪装的其他同伙也在同一天被抓获并受到惩罚。①

　　尤戈夫居民格里戈里·里亚德诺伊也记录了利用虚假谣言恐吓犹豫不决者的情况。早在 1773 年 12 月 31 日，他受 М. И. 巴什马科夫的委托到访蒂希纳村，听村长 Ф. 希林金说，"好像普加乔夫的军队人员众多，装备精良，还有一门七俄丈的大炮，这在过去是闻所未闻的"，警惕的格里戈里·里亚德诺伊补充道。考虑到这种言论"给农民带来了巨大诱惑以服从普加乔夫的军队"，他逮捕了村长，并对他施以鞭刑。② 但与普加乔夫的鼓动做斗争并不是 М. И. 巴什马科夫最关心的问题。尽管彼尔姆大部分工厂的居民都站在政府一边，但安宁工厂的人也并非孤立无援。12 月 26 日，И. П. 奥索金的尤戈夫工厂转向"臣服于皇帝"，拜尔曼鞑靼人阿克巴舍夫率领的 9 名普加乔夫起义队伍的人的到来加快了这一进程。两天后，伊特基宁"上校"亲自来到工厂。居民们大体上对起义者持友善态度，但也没有达成全体一致。部分工厂工人仍然忠于政府，1774 年 2 月，他们参与了矿业系统十四级官员雅科夫列夫的团队从"恶徒"手中夺回工厂的战斗。③ 到达工厂的伊特基宁的队伍放纵起义者抢劫，包括抢劫当地人的个人财产，这极大地影响了工匠和工人的情绪。因此，当地的百夫长 Г. 西特尼科夫不得不向另一位普加乔夫的头目И. С. 库兹涅佐夫抱怨。④

　　值得注意的是，直到 1774 年 1 月 3 日，М. И. 巴什马科夫才收到И. П. 奥索金的尤戈夫工厂管事 А. 佩尔西津于 12 月 27 日写的关于工匠和工人"屈服于恶徒"的报告。而 1774 年 1 月 1 日出自同一人的报告和

---

① ГАСО. Ф. 24. Оп. 2. Д. 267. Л. 88 об.

② ГАПК. Ф. 170. Оп. 2. Д. 81. Л. 10.

③ Андрущенко А. И. Указ. соч. С. 260.

④ Пугачевщина. Т. 2. С. 202–203.

随报告所附的"被恶徒团伙掠夺物品的清单……钱库、各类铜、铜器和其他物品，总价值为 23257 卢布 87.5 戈比"，当天就送达尤戈夫工厂办事处，比前一份报告还早了两天。[①]

对 М. И. 巴什马科夫来说，胜利与烦恼交替出现。1774 年 1 月 3 日，当他正在阅读 А. 佩尔西津的第一份已经失去时效性的报告时，普加乔夫起义者的一个大队占领了 И. П. 奥索金的另一个工厂——伊尔金工厂，该工厂生产彼尔姆民兵所需的弹药。几天后，从伊尔金工厂逃亡居民 И. 切斯诺科夫的口中得知了详情。根据他的证词，工厂被俄国"上校"戈尔杰·伊万诺夫指挥的 300 名"巴什基尔人、鞑靼人和梅舍尔亚克人"占领。袭击者首先开始抢劫办事处和农奴主的房子，拿走"金库、铜制餐具、铜、铁、马，以及各种牲畜，甚至连最后一样东西也不放过"。起义军看不上眼，认为价值不大的东西，如木质餐具等，都被他们毁掉了。

在工厂车间，他们彻底毁坏所有设备，在办事处，又烧毁了各类文件。工厂居民并不赞成这些行动，根据 И. 切斯诺科夫的说法，尤其是普加乔夫起义者正在"实施暴行"，即不仅抢劫和破坏农奴主的工厂财产。作为见证者，他说只有两名当地居民"臣服于""盗贼们"：谢苗·瓦连佐夫和普罗科皮·瓦连佐夫兄弟。谢苗·瓦连佐夫"向盗贼们展示居民们完好的房屋，然后这些院子被洗劫一空，他们的妻子被施以暴行"。谢苗·瓦连佐夫因其殷勤被任命为工厂的百夫长。普加乔夫起义者从伊尔金工厂突袭了阿奇特要塞，在那里他们俘虏了数百名被当局动员起来的农民、两名携带大炮的炮手和这支部队的指挥官矿业系统十级官员 Б. 沃伊诺夫。Б. 沃伊诺夫在伊尔金工厂被绞死，他的部下"被剃了哥萨克式的头发"，起义者"将他们送往自己的部队，但具体地点不得而知"。[②] 在十一级官员 И. 尼科诺夫的联合支队清剿安宁工厂的同一天，М. И. 巴什马科夫将这些证词

---

① ГАПК. Ф. 170. Оп. 2. Д. 81. Л. 174 об.
② ГАСО. Ф. 24. Оп. 2. Д. 267. Л. 24–25.

汇总成报告，递交给了位于昆古尔的彼尔姆州公署。

与 И. П. 奥索金的尤戈夫工厂相邻的别莫夫工厂的事发过程并不十分明确。根据 А. И. 安德鲁先科的资料，别莫夫工厂的人甚至比奥索金的工厂的人更早加入起义军，可追溯到 1773 年 12 月 24 日。[①] 遗憾的是，А. И. 安德鲁先科只是简单地陈述了这一事件，并没有过多展开。与此同时，现有的文件表明，别莫夫工厂是被占领，并非自愿加入起义军一方，而且是在一个月后。无论如何，早在 1774 年 1 月 19 日，别莫夫工厂办事处就通知彼尔姆矿业当局，将派"工厂居民中""最优秀的人"尼基塔·梅尔尼科夫到 И. П. 奥索金的尤戈夫工厂"侦察"。他带来了关于"恶徒团伙"在拜尔米村聚集的情报。尼基塔·梅尔尼科夫在执行任务时被抓，"被奥索金的工厂居民看管起来，但最后设法逃脱了"。一天后，也就是 1 月 20 日，别莫夫工厂一名主管亚基姆·克拉舍宁尼科夫和百夫长尼基塔·雅科夫列夫向矿业当局作了汇报：

> 1 月 20 日傍晚，不知道从哪里跑来一群鞑靼人盗贼团伙，其中包括俄罗斯人……约 200 人……抓住了当地工厂主管尼古拉·克列谢夫、办事处职员科尼尔·库兹涅佐夫、瓦西里·波卢戈夫、工厂居民谢苗·库兹涅佐夫、马尔泰米扬·古斯托卡申和他的儿子，说他们是普加乔夫的反对者，强行将他们的手反绑……不知将他们带到哪里。

亚基姆·克拉舍宁尼科夫侥幸逃脱。普加乔夫起义队伍成功夺取工厂的原因很简单：

---

① Андрущенко А. И. Указ. соч. С. 262.

由于为了防止强盗（或暴乱者）对昆古尔市和尤戈夫国营工厂的进攻，从我们这里调派走了人员、武器和火药，而我们自己已经剩下没有任何抵抗手段了……

不过，即使在上述事件发生后，别莫夫工厂的"和平之人"仍向彼尔姆矿业当局要求派遣一支"合适的队伍"，他们承诺将在这支队伍的帮助下"抵抗鞑靼盗贼团伙"①。

事实上，М. И. 巴什马科夫在组织尤戈夫防御区方面取得的普遍成功不得不以个别工厂作为代价。苏联史学界明确地将这些工厂落入起义者之手解释为这些工厂定居点的居民同情普加乔夫起义队伍。但上文列举的例子证明情况恰恰相反：企业被迫向起义队伍投降，因为它们无力动员起来反抗，缺乏自卫手段。从这个意义上说，除了伊尔金工厂和别莫夫工厂的历史，南卡姆工厂的例子也同样具有参考价值。1776 年 1 月 17日，当时拥有这家前斯特罗甘诺夫企业的沙霍夫斯基公爵的家仆 И. 萨波日尼科夫到访这里。И. 萨波日尼科夫是根据尼特文斯克工厂办事处（尼特文斯克工厂为沙霍夫斯基的连襟 М. М. 戈利岑公爵所有）的命令到该工厂的。他的任务是调查南卡姆工厂的情况、居民的情绪、防御工事的施工进度、岗哨卫兵的组织情况、工厂工人的武器配备程度以及离这里最近的普加乔夫部队的部署位置。关于这些问题，"负责人"书吏 Ф. 涅克拉索夫告诉 И. 萨波日尼科夫，"该厂有相当数量的工匠和居民被派往尤戈夫国有工厂"。

当普加乔夫起义队伍到达南卡姆工厂并要求征用"25 个人"时，Ф. 涅克拉索夫"和他的同伴们"花费 26 卢布勉强赎免了这次动员。至于实际上正在修建的南卡姆防御工事，Ф. 涅克拉索夫警告说，"不要在工厂

---

① ГАСО. Ф. 24. Оп. 2. Д. 267. Л. 138–138 об. , 171–171 об.

继续建设防御工事"，他解释说，因为"暴徒们终究会烧毁南卡姆工厂，因为工厂的工人反抗过他们"①。当然，为 M. И. 巴什马科夫的民兵提供了许多人手的奥切尔工厂也在准备进行独立防御。1774 年 2 月 11 日，主管 A. 普利亚吉利希科夫向新乌苏里斯克领地管委会的拉扎列夫报告了这一情况。在征得"工匠和工人的同意后"，工厂开始修建堡垒，并安排警卫。通过新乌苏里斯克领地管委会，普利亚吉利希科夫要求斯特罗甘诺夫领地管委会为他增派人员从事建筑工程。② 即使后来奥切尔工厂被普加乔夫起义队伍占领，也并不意味着它"参加了起义"。别日曼、塔伊舍夫、下伊尔金、季索夫和下撒拉宁工厂，因缺乏自卫能力而向起义者投降。③ 这样一来，在 M. И. 巴什马科夫负责区域的彼尔姆 20 多个工厂中，只有 4 个工厂的居民自愿支持起义者，他们是安宁工厂（部分居民）、尤戈夫（И. П. 奥索金的）工厂、坎巴尔工厂和希尔文斯克（П. 克拉西里尼科夫的）工厂。

总的说来，应该认为，M. И. 巴什马科夫胜任了分配给他的任务，且这一任务远远超出了作战行动的范围。例如，1774 年 2 月 25 日的《圣彼得堡新闻报》第 16 期的"增刊"延迟一个月才出版，其内容令首都的读者欣喜不已，其中写道：

> ……八级文官兼工厂总管专署成员 M. И. 巴什马科夫负责维护尤戈夫工厂，加强工厂的防御……并尽可能武装工厂职工和农民，开始派人到附近地区搜捕恶徒，并颇有成效。④

这个默默无闻的八级文官一跃成为当时的英雄，但媒体的欢呼并没

---

① ГАСО. Ф. 24. Оп. 2. Д. 267. Л. 110–110 об.
② ГАСО. Ф. 9. Оп. 1. Д. 3. Л. 33.
③ Андрущенко А. И. Указ. соч. С. 262.
④ РГАДА. Ф. 1274. Оп. 1. Д. 171. Л. 45.

有反映出局势的复杂性。斗争的结果并不明朗，1774 年 1 月和 2 月，地方当局仍不断面临新的挑战。

第四节　乌拉尔中部与卡马河沿岸地区工厂防御战略计划：东翼（叶卡捷琳堡，1773年12月至1774年3月）

如果说在矿业工厂防线的西翼，М.И.巴什马科夫在 1774 年 1 月最初几天就已经收获了第一批战果，那么在东翼，在叶卡捷琳堡及其周边地区，1 月初的形势则更为戏剧化。得益于 12 月的准备工作，工厂总管专署得以在城中聚集了 1235 名工匠、工人和农民。大约 500 名"宣过誓的哥萨克"（指动员起来的农民和"平民"）在二级少校丘巴罗夫的指挥下，从西伯利亚省省长 Д.И. 奇切林那里赶来援助 В.Ф. 比比科夫上校。但是，考虑到专署面临的任务规模更大（与 М.И. 巴什马科夫的任务相比），以及保卫一个大城市的必要性，当局理所当然地认为这些力量明显不足。向叶卡捷琳堡发起进攻的是乌拉尔中部地区普加乔夫起义军最精锐的编队。他们向城市推进，从西面和东南面呈半圆形包抄城市，切断了与周围主要中心城市的联系。最危险的是西面，那里活动着一支由 Н.И. 别洛博罗多夫率领的装备精良的大型编队。这位起义军的"重要首领和步兵上校"曾是一名炮兵，是普加乔夫的爱将之一，1774 年冬天，他的声望和成就达到了顶峰。他麾下有 1500~3000 名士兵和一支精锐的炮兵。叶卡捷琳堡矿区大约有 5 万农民"处于暴动状态"[①]，这是 Н.И. 别洛博罗多夫军团取之不尽的后备力量。如果具备物资，那么许多工厂可以变成从西面和西北面保卫叶卡捷琳堡的堡垒，但它们由于动员

---

① Андрущенко А. И. Указ. соч. С. 195.

而被削弱，最终被 H. И. 别洛博罗多夫接管。

1774 年 1 月 4 日，陷于绝望的 В. Ф. 比比科夫上校在会议上提议，鉴于缺乏保卫城市的物资，应考虑放弃这座城市。В. Ф. 比比科夫的恐慌及其采取的撤退措施破坏了局势的稳定，并激起公愤。他的举动完全有可能破坏当局的所有原定计划，使建立牢固防线的努力化为乌有。多亏了一些官员（七级文官 H. 奥赫里亚宾、С. 梅特林、Я. 罗杰等人）的立场坚决，才控制住局势。1 月 4 日和 8 日（在决定叶卡捷琳堡命运的第二次会议上），他们反对长官 В. Ф. 比比科夫的建议，并设法在居民中恢复秩序（后来，报复心极强的 В. Ф. 比比科夫试图把 1 月上旬混乱的责任全部推给他的主要反对者之一 H. 奥赫里亚宾）。

当该地区的首府濒临投降时，起义军却不断逼近。他们在 1 月的主要打击对象正是位于叶卡捷琳堡以西 40 公里和 58 公里处的沙伊坦（В. 希里亚耶夫的）工厂和比利姆巴耶夫工厂。占据这些工厂就能确保部分封锁矿业中心。工厂的情况对政府方的力量不利，这一点 H. И. 别洛博罗多夫也十分清楚。在比利姆巴耶夫工厂，有 1198 名农奴和永久雇佣农民在这里工作，他们密切关注着该地区事态的发展，并普遍同情起义者。政府试图建立一支 450 人的民兵队伍并把这支队伍从叶卡捷琳堡派来加强工厂防御，[①] 但这一尝试没有成功。工厂发生的骚动和叶卡捷琳堡出现的问题迫使这支民兵队伍离开了比利姆巴耶夫工厂。工厂牧师费奥多尔·科马洛夫后来在报告中写道，"……1774 年 1 月 18 日，夜里，一群恶棍闯进了工厂"。[②] 很可能是普加乔夫起义队伍在前一天就与工厂工人中自己的支持者取得了联系，等待叶卡捷琳堡分遣队离开比利姆巴耶夫工厂

---

① 据 В. В. 马夫罗丁的资料，这是由 250 人组成的支队，由谢尔盖耶夫中尉指挥。而 А. И. 安德鲁先科指出，该支队有 200 人，由 С. 叶拉波尔斯基上尉指挥。参见 Крестьянская война в России 1773–1775 гг. Восстание Пугачева: в 3 т. / под ред. В. В. Мавродина. Л., 1961. Т. 1. С. 305; Андрущенко А. И. Указ. соч. С. 192。

② ГАСО. Ф. 6. Оп. 2. Д. 407. Л. 230.

后，择机进入工厂。不管怎样，当起义军刚刚接近叶卡捷琳堡矿区的范围时，"最底层的工厂居民阿莫斯·皮涅金"就从比利姆巴耶夫工厂跑去投靠了他们，并把"把这伙盗贼引到了工厂"。① 阿莫斯·皮涅金回到工厂时期，已经是别洛博罗多夫队伍的一员。别洛博罗多夫并未打算久留，别洛博罗多夫的部队只在比利姆巴耶夫工厂逗留了不到两天。他们的这一行为是正确的（这可能要归功于 И. Н. 别洛博罗多夫在其"军团"中所坚持的纪律）。特别是，我们从费奥多尔·科马洛夫那里读道：

> ……他们这些恶徒没有人没有进入神圣的教堂，没有在神圣的教堂里宣读虚假的宣言，没有强迫服务。教区居民也没有受到任何强迫。

如果这位牧师的话是可信的，那么工厂方对普加乔夫起义队伍的到来表现平静：既没有带着十字架迎接这些"恶徒"，也没有给他们任何荣誉，同样也没有加入这支队伍。②

公平地说，我们应该对这份证词进行批判性的审视，毕竟这份证词是在起义被镇压之后写的，可能是为了在调查中粉饰真实的情况。根据比利姆巴耶夫工厂办事员维尔霍兰采夫的证词，别洛博罗多夫"军团"当时从"矿工"中补充了 300 名"哥萨克"。③ 而维尔霍兰采夫本人，也不得不"屈服于恶徒"，甚至是向别洛博罗多夫的百夫长低头。

И. Н. 别洛博罗多夫几乎是在分队得到补充后立即开拔 В. 希里亚耶夫的沙伊坦工厂。沙伊坦工厂的人正在等待并促成普加乔夫起义队伍的到来。该工厂的特点是工作条件特别恶劣，工人与雇主之间的关系紧张。

---

① ГАСО. Ф. 129. Оп. 1. Д. 133. Л. 66.

② ГАСО. Ф. 6. Оп. 2. Д. 407. Л. 230.

③ Крестьянская война в России 1773–1775 гг. Т. 1. С. 306.

两年前，即 1771 年，B. 希里亚耶夫的合伙人兼兄弟叶菲姆－希里亚耶夫在他的厂房里被强盗头子雷占卡（A. 普洛特尼科夫）和他的手下杀害，而这伙人是被工厂居民"叫"到工厂并带进房子里的，这些居民想要清算工厂老板的残忍和不公平待遇。当然，雷占卡自己在沙伊坦工厂也有同伙。① 因此，伊坦工厂的人等待着"西伯利亚军团上校兼总指挥" И. Н. 别洛博罗多夫的到来。

> ……1 月 19 日去游说。沙伊坦工厂的农民伊万·切卡拉、泰伦特·索格林、埃菲姆·亚历山德罗夫，以及地主马夫伊万·亚历山德罗夫的儿子沙金前去游说。在他们的邀请之下，И. Н. 别洛博罗多夫带着他的一伙恶徒进入了沙伊坦工厂。

与比利姆巴耶夫工厂的人不同的是，沙伊坦工厂的人为"上校"安排了一次隆重的会面，"在大坝上的农奴主家，热情款待了他们"：

> 当 И. Н. 别洛博罗多夫及其恶徒团伙在工厂之时，农民瓦西里·哈哈诺夫、萨维利·科罗廖夫、费多特·戴尔丁、阿福纳西·库兹涅佐夫、卢卡·谢什马廖夫、安德烈·舒卡廖夫、尼基塔·多加津等人表现出了他们对残暴行为的热衷，并做出破坏行为……②

同年 1 月，И. Н. 别洛博罗多夫占领的列夫津工厂和比塞尔工厂的事态发展却截然不同。普加乔夫起义队伍逼近的消息早在 1773 年 12 月就传到了这两家工厂。当时，

---

① ГАСО. Ф. 129. Оп. 1. Д. 134.
② ГАСО. Д. 133. Л. 66–66 об.

……听闻这种令人极端恐惧的消息以及歹徒的强大力量……列夫津工厂和比塞尔工厂的所有管理层都离开了工厂……主管、办事员和部分工人被迫前往叶卡捷琳堡，其余的工匠和工人为谨慎起见都分散离开，还有一部分人分散到森林里逃命。

因此，当 И. Н. 别洛博罗多夫抵达列夫津工厂时，

……由于缺乏武器和人手，当地居民不可能进行抵抗，因为在此之前工厂管理层下令将 200 多名精兵强将以及所有火枪和长矛送到了叶卡捷琳堡的叶拉波尔斯科戈大尉的队伍。①

同样，在普加乔夫起义队伍逼近的时候，比塞尔工厂的防御力量也被削弱了，工厂"根本没有火枪，也没有火药，没有任何东西可以让他们对抗逼近的恶徒"。在这种情况下，加上听闻 1774 年 1 月 4 日有关叶卡捷琳堡民兵支队在阿奇茨基要塞附近被击败的骇人消息，全体工厂管理人员紧急逃往叶卡捷琳堡和涅维扬斯克。只留下总工长 Т. 科罗塔耶夫和百夫长 Н. 孔德拉舍夫，

他们看到自己没有任何可以自卫的东西……按照村社的约定，从村社中派了几个人同 И. Н. 别洛博罗多夫会面。此次会面也没激起什么特别的水花……②

到 1774 年 1 月底，在占领了距离叶卡捷琳堡一天路程的关键阵地后，И. Н. 别洛博罗多夫改变了主力部队的冲击方向，转向了西北方向。几乎

---

① ГАСО. Ф. 129. Оп. 1. Д. 133. Л. 65–65 об.
② ГАСО. Л. 68 об. –69.

所有历史学家都认为普加乔夫起义队伍首领的这一决定是错误的，最终导致了他的失败，但笔者并不认同。这位"西伯利亚军团上校"的计划是有逻辑的。"正面"攻打一座大城市意味着进攻方的重大伤亡。不排除僵持在叶卡捷琳堡的风险，正如普加乔夫本人被卡在奥伦堡，И. Н. 扎鲁宾被卡在乌法一样。此外，И. Н. 别洛博罗多夫部队的指挥部很清楚，1月 31 日叶卡捷琳堡得到了重兵增援，由二级少校 Х. 菲舍尔指挥的奥伦堡营的两个正规连抵达了叶卡捷琳堡。因此，通过封锁通往城市的道路来避免冒险进攻的方式，И. Н. 别洛博罗多夫就可以兼顾发展灵活的战术优势。他的目标是锡尔瓦河与丘索瓦亚河河间地带的工厂和码头，特别是西尔维和乌特金（А. Г. 杰米多夫的）工厂。这些工厂将政府防线的西侧（尤戈夫）和东侧（叶卡捷琳堡）侧翼连成一线，掩护了通往涅维扬斯克、下塔吉尔和戈罗布拉戈达工厂的通道。突破这道防线就预示着起义军的巨大成功，他们将在人口稠密的老工厂区，获得大量的金钱、粮食、武器、人力和马匹。这不仅能让 И. Н. 别洛博罗多夫的军队深入到叶卡捷琳堡的后方，在全面封锁的情况下夺取叶卡捷琳堡，还能让其在卡马河沿岸与伊特基宁的分遣队及其他阿塔曼合作，粉碎尤戈夫基地。

1774 年 1 月 29 日午夜，И. Н. 别洛博罗多夫的一支分遣队袭击了乌特金国营码头，对这一方向的力量进行了一次试探。一些居民（约 30 人）被普加乔夫起义队伍关了起来，在码头上准备运往叶卡捷琳堡的国库资金也落到了起义者手中。这些钱最终被送到了"上校"驻扎的沙伊坦工厂。后来，为该事件作证的主管矿业系统十四级官员 В. 波波夫表示，对码头进行如此成功的攻击不排除是对方掌握了良好情报的结果：

> ……在码头被攻占之前的一天或两天，克雷拉索夫村居民伊万·克雷拉索夫来过，不是他告诉他们的吗？

1 月 29 日当晚，另一支分遣队到达乌特金（C. Я. 雅科夫列夫的）工厂。许多"恶徒团伙"抓住守卫后进入厂区，"以不寻常的方式"停掉了高炉，并把在那里的工匠赶到丘索夫码头，"从那时起，他们就被囚禁在乌特金（杰米多夫的）工厂"。乌特金工厂办事处表示："没人能让那些恶徒同意与被囚禁之人见面。"①

因此，如果说围攻叶卡捷琳堡可能旷日持久，耗费巨大努力，那么夺取锡尔瓦河和丘索瓦亚河之间地带的工厂似乎并不困难。戈罗布拉戈达矿业当局直接负责这一方向的掩护工作。临时负责人瓦西里·拉兹杰里申和 M. И. 巴什马科夫、B. Ф. 比比科夫一样，只能依靠居民的支持。戈罗布拉戈达矿业当局与工厂办事处的通信显示，整个 1774 年 1 月，特别是危险的 2 月，都在采取动员措施。1774 年 1 月 5 日，戈罗布拉戈达矿业当局通过下都灵工厂办事处下达了旨在加强本管辖区边境工厂的命令。例如，伊利姆国有码头管事、矿业系统十四级官员尼尤宁需要：

> ……从这个码头及附近居住的筏工和学徒以及其他常住民中，尽可能多地挑选出有能力抵抗恶徒的人，配备所需要的火枪，将这些人直接送至西尔维工厂，听从来自叶卡捷琳堡的军官吩咐。

所有其他工厂办事处都必须"确保每个工厂、码头都从居民中挑选出适当数量的人，以便在遇到敌人袭击时进行反击"，如果可能的话，还要配备枪支。这些命令尤其适用于谢列布良工厂，该工厂与西尔维工厂一样，也是一家边境工厂，通往昆古尔的公路、通往起义军占领地区的公路都途经该工厂。谢列布良工厂的人被委以西向侦察的重任，如果起义军从那个方向出现，他们被寄予厚望。②

---

① ГАСО. Ф. 129. Оп. 1. Д. 133. Л. 71 об. -72.
② ГАСО. Ф. 160. Оп. 1. Д. 2. Л. 4-4 об.

1774 年 1 月 23 日，当 И. Н. 别洛博罗多夫已经掌握了比塞尔工厂、比利姆巴耶夫工厂和沙伊坦工厂时，戈罗布拉戈达矿业当局通过前文提及的下都灵办事处再次向所有工厂管理人员确认"要严加防范"。戈罗布拉戈达工厂的领导层可能从比塞尔工厂主管的经历中（可能也从叶卡捷琳堡发生的事件中）吸取了教训，警告管理人员不仅不能离开自己的岗位，"而且不能以任何形式把自己的财物和家人送到其他地方"，"以免因此而使下属陷入混乱和危险之中，不利于正当防卫"。那些怯懦的工厂主管和矿业官员若违反这一命令，将被"依法处以罚款和惩罚"，而那些"被同样想法诱惑"的普通人则会受到公开鞭笞的惩罚。①

北方各工厂的准备工作没有白费。1 月的最后几天，И. Н. 别洛博罗多夫率领主力部队逼近了杰米多夫的乌特金工厂。2 月 1 日，开始第一次进攻。工厂中最血腥、最具决定性的战斗之一已经打响。杰米多夫的乌特金工厂是北部方向的重要防御工事之一，拥有 1000 多名工匠和工人，已经准备好与普加乔夫起义队伍交锋。虽然从叶卡捷琳堡派出的正规军队伍人数微不足道（由中士阿法纳西·库尔洛夫率领的 6 名士兵），但工厂要塞的城墙由 15 门大炮和另外 800 名来自涅维扬斯克、西尔维和下塔吉尔工厂的工匠和工人组成的民兵保卫。守军的顽强令任何一支军队都钦佩不已：2 月 1 日、3 日和 6 日的进攻均被击退。最后一次决定性强攻从 2 月 9 日下午持续到 11 日傍晚。2 月 10 日，在一个工厂大门由于疏忽或故意打开之后，起义军冲进了防御工事。阿法纳西·库尔洛夫中士被打死，但即使"在中士死后，战斗仍在进行，枪炮声一直从中午持续到午夜"，目击者和事件参与者工厂主管 И. 塔塔里诺夫写道。直到 2 月 11 日晚上，工厂的守卫者才"精疲力竭"，"开始虚弱"，"来自涅维扬斯克和下塔吉尔工厂的哥萨克以及两名前中士队伍中的士兵从工厂走了出

---

① ГАСО. Л. 14-14 об.

来"。И. 塔塔里诺夫本人也"带着一些人"效仿了他们的做法。①

为争夺乌特金工厂而进行的多日战斗迫使 И. Н. 别洛博罗多夫减弱了攻势，并暂停了战斗。从那时起，他就把部队分割开来，分散驻扎到已经占领的沙伊坦和列夫津工厂。但他把最大的一支 700 人的分遣队留在了新占领的杰米多夫的乌特金工厂。当时发生的事件表明，他并没有放弃深入北方工厂的计划。他利用新基地，袭击了西尔维工厂。尽管戈罗布拉戈达矿业当局采取了最有力的措施来加强这个重要的定居点，但乌特金工厂一战还是耗尽了工厂的力量。1774 年 4 月，瑟尔瓦主显教堂的执事报告说：

> ……经在西尔维工厂所在地查证：在杰米多夫的乌特金工厂与广为人知的恶徒们的失败会战之前，西尔维工厂适合服役的工匠们就被全部转移到了该工厂……②

这份证词与 1774 年 3 月 14 日西尔维工厂办事员 В. 萨文和 И. 希尔亚耶夫留下的一份较早的证词不谋而合。他们不仅报告了所有适合服役的工厂工人被派往保卫乌特金工厂的情况，还具体说明了他们今后的命运。普加乔夫起义队伍获胜后，一部分西尔维工厂的人设法前往了涅维扬斯克工厂，约有 60 人被 И. Н. 别洛博罗多夫俘虏。这 60 人中有一些被处决。其中一名俘虏 В. 别尔米亚科夫，以及乌特金居民 А. 什维佐夫随后将 И. Н. 别洛博罗多夫的"书面威胁"带到了西尔维工厂。当时留在工厂的西尔维人（"不超过 20 人"）别无选择，只能以书面形式保证归顺。在给 И. Н. 别洛博罗多夫的回信上签名的也包括办事员 И. 希尔亚耶

---

① ГАСО. Ф. 129. Оп. 1. Д. 133. Л. 69 об. −70 об.

② ГАСО. Ф. 6. Оп. 2. Д. 407. Л. 234.

夫。① 执事 C. 雷奇科夫在 1774 年 4 月的报告中补充说，"一致卑躬屈膝地"带着"耶稣受难十字架"迎接普加乔夫的军队。И. Н. 别洛鲍罗多夫本人没有出现在工厂，但根据他的书面指示，几名工厂工人"通过当地牧师加夫里尔·谢京宁"进行宣誓。②

杰米多夫的乌特金工厂和西尔维工厂以及丘索瓦亚河中游码头的损失给地方政府带来了巨大的麻烦。戈罗布拉戈达当局试图紧急建立纵深梯队防御工事。1774 年 2 月 14 日，戈罗布拉戈达当局派 Ф. 库兹涅佐夫炮兵少尉前往下塔吉尔工厂和涅维扬斯克工厂，指示他监督工厂办事处的行动保证安全：

> ……因为，所提及的……这些工厂就如同戈罗布拉戈达辖下工厂另一侧的防线。一旦这些工厂被恶徒占领，当地的工厂将面临巨大的威胁。

涅维扬斯克和下塔吉尔厂的主要办事处负责监视 И. Н. 别洛博罗多夫留在杰米多夫的乌特金工厂的军队行动，重点关注他们往上塔吉尔工厂方向的行动。③ 2 月 11 日至 18 日，下都灵工厂办事处和谢列布良工厂办事处就加强伊利姆码头的问题进行了通信。随后，8 名帕尔基纳村交毛皮贡献的沃古尔人被派往那里，并配备两把粗筒猎枪、六支步枪和八张弓。④ 当然，这种帮助太微不足道了，而且他们是否到达了目的地也不得而知。1774 年 2 月 19 日，来自西尔维工厂的普加乔夫起义队伍袭击了伊利姆码头。戈罗布拉戈达矿业当局得知这一消息后，下令停止国有下都

---

① ГАСО. Ф. 129. Оп. 1. Д. 133. Л. 70 об.–71.
② ГАСО. Ф. 6. Оп. 2. Д. 407. Л. 234.
③ РГАДА. Ф. 1267. Оп. 1. Д. 671. Л. 21–21 об.
④ ГАСО. Ф. 160. Оп. 1. Д. 2. Л. 34–35.

灵工厂的生产。同时，为了自保，戈罗布拉戈达矿业当局要求工厂将大部分工匠和工人，连同管事一起交由他们支配。为执行这一命令，下都灵工厂派出 39 人，配备了 7 支步枪和 32 支长矛。[①] 这支分遣队以及上都灵工厂和巴兰钦工厂的居民及周围村庄的附属农民都被动员到库什瓦工厂。从 2 月 27 日起，戈罗布拉戈达矿业当局下令在此修建一座木质堡垒，并安装炮台。[②] 根据当局的计划，库什瓦工厂将成为抵抗普加乔夫起义队伍突破这些地区的主要基地。

综上所述，И. Н. 别洛博罗多夫选择向北突破显然没有错。他的失误在于，占领杰米多夫的乌特金工厂和西尔维工厂后，未能利用进攻的惯性有效发展优势。大概"上校"也没有想到，夺取杰米多夫的乌特金工厂会付出如此高昂的代价。因此，他没有将全部兵力集中在戈罗布拉戈达方向上，或者相反地试图攻占叶卡捷琳堡，而是兵分两路，希望同时实施这两个计划。这只会导致阵地和战术优势的丧失。戈罗布拉戈达矿业当局设法坚守抵抗，维持统一防线，等待正规军的到来。尽管 1774 年 6 月底从乌拉尔出发的普加乔夫迫使 М. И. 巴什马科夫带着他的民兵和"炮兵"撤退到昆古尔，[③] 并烧毁了尤戈夫工厂，但这已经无关紧要了。普加乔夫起义队伍最终未能将其势力范围扩大到尤戈夫国营工厂以北的叶卡捷琳堡。

第五节　乌拉尔工厂中普加乔夫支持者 与反对者的社会特征

普加乔夫起义在乌拉尔冶矿厂的发展历史清晰表明：无论是政府力

---

① ГАСО. Ф. 160. Оп. 1. Д. 2. Л. 30–31, 36–37.
② ГАСО. Ф. 160. Оп. 1. Д. 2. Л. 40–41.
③ ГАСО. Ф. 102. Оп. 1. Д. 25. Л. 38.

量在争夺乌拉尔南部工厂斗争中的失利，还是在争夺卡马河沿岸、乌拉尔中部和乌拉尔北部工厂斗争中取得的战略性胜利，实则都是地区居民在内战的极端形势下所做出的社会选择的结果。

20 世纪 50~60 年代，在新制度主义学派及其拥趸的诸多著作中，特别是布坎南和图洛克（弗吉尼亚学派）的专著中，提出了公共选择理论，并对其进行了理论论证。这一理论被广泛应用于经济学与"新政治经济学"领域，聚焦于宏观经济决策的政治机制运作流程及规律，涵盖通过权力机构选举程序、舆论操控、政治游说等多种手段进行的决策过程。[①]此外，公共选择问题也被从心理学、社会学和人类学的角度进行研究。那么，这一理论是否适用于分析 18 世纪的历史现实？笔者认为，如果我们在更广泛的社会哲学框架内考虑公共选择问题，从这样一种普遍思想出发，即"人类……一次又一次地面临着实现自我和选择在社会现实中体现自我的方式的问题"，那么使用公共选择理论对解释具体的历史现象是有益的。[②] 在这方面，公共选择的概念与现代历史学家更为熟知的诸如柯林斯提出的"互动仪式链"理论等社会学理论之间存在紧密的关联。柯林斯提出："社会生活的全部，就是人们在其日常生活中所经历的情境的全部。"[③] 他阐述了个体在不同情境中的参与经历，就是"穿越互动仪式链"的体验[④]，也就是说个体通过与其他人的互动，形成一种集体性体验。那这些所谓的互动又是什么？无非是个人、群体及集体在面对各种情境时一连串的选择，是那些旨在"构建社会合作、保证团结，并促使

---

① Нуреев Р. М. Джеймс Бьюкенен и теория общественного выбора // Бьюкенен Дж. М. Сочинения. М., 1997. Т. 1. С. 447 – 482. (Сер. Нобелевские лауреаты по экономике).

② Голованов А. А. Проблемы социального выбора: философский аспект исследования: автореф. ...канд. филос. наук. М., 2010. С. 3.

③ Коллинз Р. Программа теории ритуала интеракции // Журнал социологии и социальной антропологии. 2004. Т. 7, № 1. С. 38.

④ Коллинз Р. Указ. соч. С. 37.

个体有意识地参与社会现实”的选择。[1] 从这个视角出发，公共选择理论无疑非常适合用于历史分析。

　　是什么决定了选择？是什么促使一部分工厂的居民积极支持普加乔夫起义队伍，而另一部分工厂的居民则以同样的积极性和奋不顾身的精神抵抗普加乔夫起义队伍，与自己的同胞展开殊死搏斗？是什么样的互动催生了柯林斯提出的情绪张力，并被其描述为“集体体验的高潮”？[2]首先，很明显，这绝不是苏联历史学家所坚持的外部短期因素。尤其不能认同的是，他们认为部分工人的忠诚是因为在工厂工人居住区派驻了大量的“惩罚性”部队。如前文所述，该地区南部与北部的地方当局均缺乏足够的军事资源来威慑工厂居民，既能使他们忠于政府又能积极对抗起义者。更何况，1773 年秋季至 1774 年冬季在矿区活动的著名“惩罚性部队”，正是由那些动员成功地区被动员起来的工人组成的。

　　其次，关于收买工厂工人使其站在自己一边的说法更站不住脚。从这个意义上说，用“收买”一词本身就不恰当。各地工厂的防御计划大同小异——关闭生产，进入戒严状态，同时继续支付被动员起来的工人的工资。除此之外，别无他法。那些从进行有偿劳动转为参与战争活动的人无论如何都要养家糊口。如果当局，无论是官方还是起义者，停止支付工资，那么工厂工人对这种当局的忠诚度就会急剧下降。此外，即使是最具“思想信念”的人也不会无偿服务或工作。普加乔夫统治下的沃斯克列先斯克工厂的事例就说明了这一点。如上文所述，沃斯克列先斯克工厂的人是第一批欢天喜地欢迎起义者的人，他们臣服于“彼得·费奥多罗维奇”。不久，根据他们的“沙皇”的命令，新任命的管理层试图在工厂生产武器，以满足其军队的需要。只要还能“从现存资金里”向“雇佣”工人支付工资，还能从征用的“工厂商店”中保证面

---

① Голованов А. А. Указ. соч.

② Коллинз Р. Указ. соч. С. 35.

包供应，生产就还能进行，尽管质量很差，数量也多有不足。当支付生产所需的资金用尽时，生产过程就会停止："自由雇佣的工人在领到报酬后就回家了。"普加乔夫的口号并不能弥补资金的不足。①

苏联历史学家提出的第三个论据也立不住，即一部分工厂居民被官方蛊惑人心的呼吁蒙蔽。但是，这一论据并没有回答为什么一些工人屈服于这些呼吁，而另一些则没有？为什么"天真"工人的人数与"消息灵通的"工人人数大体相当？②并且，这一论据是基于一种观点，即认为普加乔夫的宣传与政府的宣传之间存在某种质的区别，即起义军的"真实性"呼吁与当局的"蛊惑性"/虚假性呼吁。但总体而言，两者似乎都利用了同样的理念，用现代的话说，就是利用了普通人天真的君主观念所产生的对君主的责任感和忠诚。从这个意义上说，号召忠于"女皇叶卡捷琳娜·阿列克谢耶夫娜"并不比号召宣誓忠于"彼得·费奥多罗维奇皇帝"更有说服力，他的追随者对其真实性毫不怀疑。

当然，一些特定情况也会影响工厂工人对敌对双方的好感：个人恩怨的清算、对这家或那家工厂管理部门专横和暴行的反应，或者对起义者抢劫和谋杀行为的反应。例如，1774 年春夏之交，普加乔夫在乌拉尔战役中失利，转而将部队开往伏尔加河，大肆屠杀和焚烧工厂，就连忠于"彼得三世"的工厂居民也彻底改变了自己的立场。据悉，在此期间，萨特金工厂的人开始协助政府军；③乌斯季-卡塔夫斯克工厂和乌法列斯克工厂的工匠试图保护自己的住所不受前庇护者的侵害，并要求地方当

---

① Пруссак А. В. Заводы, работавшие на Пугачева // Ист. зап. 1940. Т. 8. С. 192, 195-196.

② 据笔者计算，不支持普加乔夫的工厂数量几乎达到了起义时工厂总数的一半：129 家工厂中不少于 60 家。笔者认为，这些工厂不仅包括直接位于防线上的工厂，还包括那些被迫向普加乔夫投降，但把全部力量和资源用于保卫政府据点的工厂，以及那些留在前线后方、向前线提供资源的工厂。

③ Пугачевщина. Т. 2. С. 400.

局提供军事援助；[1] 伊尔金工厂和苏克松工厂的剩余居民逃往昆古尔。[2]
但所有这些都是个例情况，无法解释乌拉尔战役期间矿厂人员的行为
趋势。

可能，1773 年秋至 1774 年冬，工厂居民的公共选择是受距离这些事
件较远的某些"互动仪式"的经历和更深层次原因制约的。从"全景图"
的角度来看，乌拉尔矿山工厂地区的情况表明，工厂居民情绪的分水岭
可以大致简化为一条南北分界线，一些南部工厂，即位于乌法州、伊塞
茨基州以及叶卡捷琳堡矿区南部和西南部郊区的工厂，成为普加乔夫起
义队伍的基地，而位于叶卡捷琳堡矿区大部分地区和彼尔姆州的北部工
厂则成为政府防卫的据点和资源中心。笔者再次重申：这条分界线与其
他粗略的示意图一样，也存在不足和例外。是什么促使"北部"安宁工
厂的居民在明显属于少数派和充满敌意的环境中，坚持不懈地主动抵制
矿业管理当局势力的进攻？是什么促使他们来自"南方"赛谢尔工厂的
同行们在同样充满敌意的环境中，以同样的毅力支持政府阵营？但总体
而言，以"南—北"为轴的势力分割依然十分明显。

这个问题的答案应从南方和北方工厂不同的社会环境条件中探寻。
如上所述，大部分北方工厂都属于 1750 年前成立的老型工厂。这些工厂
的特点是人口中熟练工匠和工人的比例较高，他们的工资相当高。这些
大型工厂具有发达的经济和生活基础设施、拥有自己的贸易和手工业阶
层，保障了工厂内部和各工厂之间的贸易。部分工厂居民从事的手工业
和贸易与工厂自身的生产密切相关（例如，当地商人在本地市场出售在
工厂制造的家用器皿，并小批量批发到国内市场销售；工厂铁匠合法或
非法地使用工厂原材料为同胞的日常生活服务；富裕的工厂居民有时甚

① Андрущенко А. И. Указ. соч. С. 272.
② ГАСО. Ф. 102. Оп. 1. Д. 25. Л. 51–52.

至充当自己的主人的债主，借现金给他们用于支付工匠的工资，等等)。①
当然，这些工厂的生活从来都不是美好的田园牧歌，甚至在普加乔夫起
义之前，工人与雇主的冲突就已经非常尖锐和普遍。其中最突出的例子
是 17 世纪 50 年代后半期至 60 年代早期的附属农民和永久雇佣农民的骚
乱。② 最后，两方达成了某种程度的妥协和利益平衡，但这是以 Н. А. 杰
米多夫或 А. Ф. 图尔恰尼诺夫等颇有远见的工厂主做出众所周知的让步为
代价而取得的。作为对忠诚的回报，他们不仅率先提高了劳动报酬，还
在企业中建立了一整套社会保障制度系统。因此，北方的老工厂变成了
一个固定的、组织严密的、充满数百个日常正式和非正式互动的整体系
统，在这个系统中，社会和财产的分化并不明显。

年轻的南方工厂则形成了迥异的社会环境。乌拉尔南部地区的工业
发展和俄罗斯殖民开拓起步较晚，直到 18 世纪下半叶才开始，③ 而且是
在非常艰难的条件下进行的。到 18 世纪 70 年代，乌拉尔南部和外乌拉尔
成为真正的边疆地区。第三次纳税人口普查数据显示，居住在乌法州的

---

① 参见，如 Черкасова А. С. Социально-экономические связи горнозаводских центров и
деревень Урала в середине XVIII в. // Деревня и город Урала в эпоху феодализма：
проблема взаимодействия. Свердловск, 1986. С. 23-29；Байдин В. И. Формирование
буржуазии в среде государственных крестьян Среднего Урала во второй половине XVIII
в. // Крестьянство Урала в период феодализма. Свердловск, 1988. С. 71-87；Голикова
С. В., Миненко Н. А., Побережников И. В. Интеграция аграрного окружения в
заводское производство (Урал и Западная Сибирь XVIII — первой половины XIX в.).
Екатеринбург, 1995. 261 с.；Их же. Горнозаводские центры и аграрная среда в России：
взаимодействия и противоречия (XVIII — первая половина XIX в.). М., 2000. 262
с.；Редин Д. А. Крупные заводовладельцы и торгово-предпринимательская заводская
прослойка на Урале во второй половине XVIII в. (аспекты взаимоотношений) // Урал.
ист. вестн. 2005. № 10-11. С. 32-39。

② Орлов А. С. Волнения на Урале в середине XVIII в.：(К вопросу о формировании
пролетариата в России). М., 1979. 264 с.；Черкасова А. С. Мастеровые и работные
люди Урала в XVIII в. М., 1985. С. 201-232；История Урала. С. 346-355, 361-366.

③ Тарасов Ю. М. Русская крестьянская колонизация Южного Урала：вторая половина
XVIII — первая половина XIX в. М., 1984. 175 с.

俄罗斯农民数量微不足道，仅有 10771 个男性纳税人。① 与此同时，该地区正在积极建设采矿工场，急需生产工人。由于俄国人对该地区的开发较晚，当地企业主无法像乌拉尔中部和卡马河沿岸地区采矿企业主一样拥有大量的工匠、村镇的铁匠和勘探工。因此，南方企业通过购买农奴和自由雇佣者来补充劳动力。在 И. Б. 特维尔迪舍夫及其合伙人 И. С. 米亚斯尼科夫的工厂里，"大部分农奴是从俄国各省地主那里买来的"②；阿夫齐亚诺-彼得罗夫工厂的农奴曾是舒瓦洛夫伯爵世袭领地的农民。③ 这些农民被转移到新的贫瘠的土地上，分到的小块土地根本无法养家糊口，他们被迫从事艰苦而陌生的工厂劳动，处境极其艰难，工厂劳动对他们来说"变成了另一种苦役"。④ 在这些企业的工人中，高技能工匠所占比例最小。沃斯克列先斯克总厂办事处除了负责沃斯克列先斯克工厂外，还负责其他七家工厂，在向奥伦堡矿业当局提交的半年期报告中，办事处不断强调其工人技术水平低下，他们

> ……有的是被买来的农民，有的不识字，这些人没有在矿业学校或其他任何地方接受过采矿作业的培训，也没有任何地方派遣国家的工匠来对他们进行培训，他们只能自学采矿作业。

据该办事处称，即使是为矿山服务的矿业工匠，也"不知道罗盘方位和偏角，不知道其他矿业测量方法和术语……更不知道如何按照惯例撰写采矿日志"，他们只能做到最基本的，即"如何发现矿石、如何追踪

---

① Тарасов Ю. М. Русская крестьянская колонизация Южного Урала: вторая половина XVIII — первая половина XIX в. М., 1984. С. 37.

② Мартынов М. Н. Воскресенский завод в Крестьянской войне 1773–1775 гг. С. 288.

③ Пруссак А. В. Заводы, работавшие на Пугачева. С. 190–191.

④ Мартынов М. Н. Воскресенский завод в Крестьянской войне 1773–1775 гг. С. 289.

矿石以及如何开采矿石"。① 18 世纪 60 年代初，只有 123 名工匠在沃斯克
列先斯克工厂工作，而这里男女两性农奴总数为 3020 人。②

　　1762~1765 年，在 И. 莫索洛夫和 Г. 莫索洛夫的卡诺-尼科尔工厂，
工人总数从 210 人增加到 393 人，而工匠人数却一直保持 20 人不变，且
全部工匠都是"从牧师和其他学过各种手艺的人"那里自学成才的。③ 在
南方 И.П. 奥索金的特罗伊茨克工厂和乌森-伊万诺夫工厂也观察到类似
的情况。④ 即使是自 1762 年起就归 Е.Н. 杰米多夫所有、在人员配备方面
比南方其他工厂相对优越的阿夫齐亚诺-彼得罗夫工厂，也在寻找熟练技
工方面遇到了困难。在 1920 人中，只有 301 人"掌握了不同的技能"
（1762 年的数据）；到 1763 年底，这个数字上升到 469 人，但这些工匠中
的大多数（分别为 230 人和 340 人）都是从老乌拉尔工厂调到阿夫齐亚
诺厂的，对他们都有这样的说明："因以前的反抗行为被调入，以代替流
放的惩罚"。总的来说，根据 П.А. 瓦吉娜的计算，到 18 世纪 60 年代初，
在乌拉尔南部所有工厂工作的人共计 3 万，其中只有 2236 人是熟练工匠、
工匠助手、学徒和工人。⑤ 与此同时，18 世纪 40 年代末，仅 А.Н. 杰米
多夫的下塔吉尔工厂，在其 6416 名工厂居民中有 2108 名专业技工。⑥

　　实际上，乌拉尔南部的企业主不仅缺乏熟练劳动力，还缺乏一般
劳动力。就连 И.Б. 特维尔迪舍夫、И.С. 米亚斯尼科夫和 Е. 杰米多
夫这样的大型企业主也饱受其苦。1763 年 7 月 10 日，沃斯克列先斯

---

① ГАСО. Ф. 115. Оп. 1. Д. 75. Л. 57-57 об.; Д. 123. Л. 181 об., 375 об.-376; Д.
141. Л. 124.

② Мартынов М. Н. Воскресенский завод в Крестьянской войне 1773-1775 гг. С. 289.

③ ГАСО. Ф. 115. Оп. 1. Д. 75. Л. 57-57 об; Д. 123. Л. 181 об., 375 об.-376; Д. 141.
Л. 124.

④ ГАСО. Ф. 115. Оп. 1. Д. 75. Л. 19 об., 152; Д. 123. Л. 343 об.; Д. 141. Л. 206-
206 об.

⑤ Вагина П. А. Формирование рабочих кадров на заводах Южного Урала в 50-60-е гг.
XVIII в. // Ист. зап. 1954. Т. 47. С. 326.

⑥ Черкасова А. С. Мастеровые и работные люди Урала…С. 326.

克总工厂办事处报告了 И. Б. 特维尔迪舍夫的 8 家工厂的状况："由于这些工厂的附属农民人数不足，最基本的厂房生产和采矿工程都需要大量人手。"阿夫齐亚诺-彼得罗夫工厂办事处不断指出，按规定标准的额定人数不足：1763 年 7 月，缺口为 699 人。到 1763 年底，由于从 E. 杰米多夫在卡卢加的杜格涅和柳季诺夫工厂调来了农民，缺口减至 351 人。①

　　这些企业主试图通过雇用劳动者来弥补劳动力的不足。据 A. A. 康德拉申科的数据，到第三次纳税人口普查时，沃斯克列先斯克工厂的自由雇佣者比例为 45%。② A. И. 安德鲁先科指出，根据此次普查的数据，И. 莫索洛夫的卡诺-尼科尔工厂和 И. 奥索金的特洛伊茨克和乌森-伊万诺夫工厂的人员有一半是雇佣工人。③ 根据工厂办事处的日常报表，我们可以发现更惊人的雇佣规模。波克罗夫（A. И. 舒瓦洛夫伯爵的）工厂办事处报告说，"这家工厂由雇佣的工匠和工人维持"，他们是从 700~900 俄里以外的喀山、赫利诺夫、维亚特卡及伏尔加河流域的其他县招募来的。④ 伊尔金工厂的建设异常艰难，因为工厂主 Г. 克拉西尔尼科夫几乎完全依赖于雇工。⑤ 根据半年度报表，1764 年夏天完全投入使用的 C. П. 亚古金伯爵的库尔干工厂完全依靠雇佣工支撑。⑥ 在 M. 米亚斯尼科夫的布拉戈维申斯克工厂，矿石运输完全由自由雇佣者完成。在隶属于奥伦堡矿业当局的工厂中，地理位置处于最北端的兹拉托乌斯特工厂，1763~1765 年只有 250~300 名自己的员工，其中"包括老人和儿童"。这些都是从不同地主手中买来的农民，由兹拉托乌斯特的企业主 M. 莫索洛夫在财产分

---

① ГАСО. Ф. 115. Оп. 1. Д. 123. Л. 181 об., 216 об. –217, 316.

② Кондрашенков А. А. Очерки истории крестьянских восстаний в Зауралье в XVIII в. Курган, 1962. С. 22.

③ Андрущенко А. И. Указ. соч. С. 328.

④ ГАСО. Ф. 115. Оп. 1. Д. 75. Л. 62; Д. 123. Л. 84; Д. 160. Л. 258.

⑤ ГАСО. Ф. 115. Оп. 1. Д. 123. Л. 150 об.; Д. 141. Л. 21 об.

⑥ ГАСО. Ф. 115. Оп. 1. Д. 123. Л. 303.

割后继承所得。其余的人必须"以很高的……可观的报酬"雇用，且很难"找到工人"，"因为……这个工厂建在巴什基尔境内最偏远的地方，远离俄罗斯居民"。①

根据苏联历史学家的说法，自由雇佣者所占的比例很大，这表明资产阶级关系的程度很高，但事实上，这是一种无奈之举，且存在许多问题。首先，当地的劳动力市场极为有限，必须从维亚特卡和伏尔加河流域的偏远地区雇人。其次，厂主出于对人员的需求，大量雇佣非俄罗斯族人。结果发现，这两种雇佣渠道都极不可靠：劳动力资源的短缺决定了雇佣价格的高昂，而被雇佣的工人，尤其是当地工人，往往在收到订金后就弃工逃跑，导致生产不断停工。②

因此，与北方的老厂相比，南方企业的员工队伍成分复杂且不专业。该地区矿石丰富，相对容易获得，与黑色冶金相比，铜冶炼生产对熟练技工的需求较低③（铜冶炼厂在南方明显占优势），这些因素决定了乌拉尔南部工厂的粗放发展模式，这必然导致剥削加剧。工人技术水平低导致工资低，且经常降工资。工厂商店为工厂工人提供生活用品和食品，但这种制度的实施情况是："工人只能在工厂商店购买他们需要的东西和产品。因此，工厂主垄断了向工人销售必需品的市场，并制定了比市场价高出两三倍的虚高价格。工人可以用现金或赊账的方式在这些商店购买商品，从而大大超出了他们的支付能力，成为债务依赖者。"④ 自由雇佣者的工资也会被工厂管理人员蓄意侵占：

---

① ГАСО. Ф. 115. Оп. 1. Д. 123. Л. 286 об.；Д. 141. Л. 242 об. −243.

② ГАСО. Ф. 115. Оп. 1. Д. 123. Л. 53, 84；Д. 141. Л. 18 об.，66 об.，160 об.，180，187，242 об. −243，437，454，458.

③ 当时铜冶炼业对熟练技工的需求较低，这可以从1773年工厂员工情况判断出来：4座铜冶炼炉只需要1名师傅和16名工人，而1座炼铁高炉就需要配备1名师傅、2名副手、2名学徒和12名工人（РГАДА. Ф. 1267. Оп. 1. Д. 231. Л. 190-190 об. ）。

④ Пугачевщина. Т. 2. С. 29.

  ……办事员在向雇工发放合同规定的预付款时，非法将其中的一半收入囊中，还可能侵吞了全部预付款，并强迫雇工在领钱账簿上签字收取了全款。[①]

  预付款被侵吞，这不正是迫使自由劳动者逃离工厂的原因吗？

  上述情况清楚地表明，在普加乔夫起义之前，南方工厂已经形成了完全不同的社会环境。绝大多数工人是来自俄国农业地区的落后农民，他们脱离了习惯的生活方式和劳动条件，生活贫困，经受着残酷的剥削，认为工厂是一个不适合正常生活的敌对场所。总的来说，他们只能被有条件地称为工人。在南方工厂办事处的文件中，这些人员的登记身份往往不是"工匠和工人"，而是"工厂农民""农民和身份不明者""劳动人口"，这并非偶然。北方工厂在公文处理中从未将这些概念与"工匠和工人"的概念混为一谈。可以说，是他们的生活经验让他们在"彼得·费奥多罗维奇"的队伍一出现时就毫不犹豫地做出了选择，这也在情理之中。

  同时，北方工厂世袭的工匠和工人是真正的工厂工人。苏联史学界无理由地指责他们缺乏"阶级团结和工人意识形态"。但实际上，在他们身上这两者都是存在的，只不过不是苏联历史学家想要的无产阶级-布尔什维克意义上的。可以说，这些工厂工人能够在工厂空间内解决自己的问题，捍卫自己的集体利益，非常精准地捕捉到了来自农民、哥萨克和非俄罗斯人的"皇帝"的威胁，做出了有利于捍卫自己喜欢的生活方式的选择。让人意外的是，这种选择并没有受到工厂工人正式的法律上身份的影响：农奴、国有农民和永久雇佣农民在保卫赛谢尔工厂和尤戈夫工厂时、在保卫叶卡捷琳堡时、在乌特金工厂

[①] Пугачевщина. Т. 2. С. 29.

的塔楼和围墙上反击时，始终站在一起——显然，他们是因某种东西而凝聚在一起的。在这个意义上，德国学者多萝西亚·彼得斯于 1973 年所做的论断极为精准："普加乔夫还是没有提出专门面向乌拉尔工人的口号"。①

---

① Peters D. Politische und Gesellschaftliche Vorstellungen in der Hufstandsbewegung unter Pugacev（1773-1775）. Wiesbaden, 1973. S. 98.

参考文献

史　料

1. ГАСО. Ф. 6（Екатеринбургская духовная консистория）. Оп. 2. Д. 407; Ф. 9（Билимбаевский горный округ графа С. А. Строганова）. Оп. 1. Д. 3; Ф. 24（Уральское горное правление）. Оп. 1. Д. 5ᵃ, 17, 19, 21ᵇ, 24, 707, 2300, 2301; Оп. 2. Д. 24, 267; Оп. 12. Д. 193, 194; Ф. 42（Каменская земская контора）. Оп. 1. Д. 9; Ф. 65（Главная контора Сысертских заводов）. Оп. 1. Д. 4; Ф. 102（Демидовы）. Оп. 1. Д. 25; Ф. 115（Оренбургское горное начальство）. Оп. 1. Д. 75, 123, 141, 160, 289; Ф. 129（Чупин Н. К.）. Оп. 1. Д. 132, 133, 134; Ф. 160（Управление заводами Гороблагодатского горного округа）. Оп. 1. Д. 2.

2. ГАПК. Ф. 170（Юговская заводская контора）. Оп. 1 Д. 81.

3. ГАТО. Ф. И-47（Тюменская воеводская канцелярия）. Оп. 1. Д. 439, 1093, 1986, 2122, 3396, 4913; Ф. И-166（Тюменский полковой штабной двор）. Оп. 1. Д. 2, 5, 6; Ф. И-181（Тюменская канцелярия судных дел）. Оп. 1. Д. 2, 16, 46.

4. НИА СПбИИ РАН. Ф. 187（Тюменская приказная изба）. Оп. 2. Д.

130，139，143.

5. ОР РНБ. ОСРК（Основное собрание рукописной книги）. Ед. хр.
F. IV. 76；Эрм. собр.（Эрмитажное собрание）. Ед. хр. 321，358.

6. РГАДА. Ф. 6（Разряд VI Госархива Российской империи. Уголовные
дела по государственным преступлениям）. Оп. 1. Д. 517；Ф. 9
（Разряд IX Госархива Российской империи. Кабинет Петра Великого и
его продолжение）, отд. 2. Кн. 94；Ф. 16（Разряд XVI Госархива
Российской империи. Внутреннее управление）. Оп. 1. Д. 8，179；Ф.
24（Разряд XXIV Госархива Российской империи. Сибирский приказ и
управление Сибирью）. Оп. 1. Д. 25；Ф. 26（Разряд XXVI Госархива
Российской империи. Государственные учреждения и повинности в
царствование Петра I）. Оп. 1, ч. 1. Д. 1/1，7；Ф. 198（Меншиков
А. Д.）. Оп. 1. Д. 5，53，54，76；Ф. 214（Сибирский приказ）. Оп.
5. Д. 2074，2087，2251，2640；Ф. 248（Сенат и его учреждения）. Кн.
17，19，37，46，154，274，641，700，1284，1945，1947，1948；Ф. 350
（Ландратские книги и ревизские сказки）. Оп. 3. Д. 127；Ф. 423
（Владимирская провинциальная канцелярия）. Оп. 2. Д. 136；Ф. 425
（Вятская провинциальная канцелярия）. Оп. 1. Д. 8；Ф. 973
（Слободская приказная изба, ландратская канцелярия и земский
комиссар）. Оп. 1. Д. 2，5；Ф. 987（Суздальский полковой двор,
канцелярия рекрутских дел и штаб офицер у сбора подушных денег и
набора рекрут）. Оп. 1. Д. 2；Ф. 1042（Орловский полковой двор и
канцелярия штаб-офицера у подушного сбора и набора рекрут）. Оп.
1. Д. 212；Ф. 1113（Вятская приказная изба）. Оп. 1. Д. 28；Ф. 1267
（Демидовы-заводовладельцы）. Оп. 1. Д. 231，671；Ф. 1274
（Панины — Блудовы）. Оп. 1. Д. 171.

7. РГВИА. Ф. 2 (Канцелярия военной коллегии). Оп. 7. Д. 11; Ф. 2583 (Гвардии Преображенский полк). Оп. 1. Кн. 24.

8. Акты Угличской провинциальной канцелярии (1719–1726 гг.) : в 2 т. М., 1908. Т. 1. С. 62–63.

9. Вторая Камчатская экспедиция : Документы 1730–1733 : в 2 ч. М., 2001. Ч. 1. Морские отряды / отв. ред. В. Хинтцше. Док. № 42.

10. Геннин В. Уральская переписка с Петром I и Екатериной I / сост., вступ. ст., коммент. М. О. Акишина. Екатеринбург, 1992. Док. № 17, 33, 34.

11. ДАИ. 1851. Т. 4. Док. № 47.

12. Документы ставки Е. И. Пугачева, повстанческих властей и учреждений / под ред. Р. В. Овчинникова. М., 1975. С. 115, 125.

13. Емельян Пугачев на следствии : сб. документов и материалов / отв. ред. чл.-корр. РАН В. И. Буганов. М., 1997. С. 83.

14. Журнал Уфимской комендантской канцелярии о ходе боевых действий против повстанческих отрядов И. Н. Зарубина-Чики под Уфой с 24 ноября 1773 г. по 24 марта 1774 г. / публ. Р. В. Овчинникова // Южно-уральский археографический сборник. Уфа, 1973. Вып. 1. С. 299–328.

15. Идес И. Записки о русском посольстве в Китай (1692–1695) / И. Идес, А. Брант. М., 1967. 404 с.

16. Крестьянская война 1773–1775 гг. на территории Башкирии : сб. документов. Уфа, 1975. С. 136–137, 176, 375–376, 384–385, 387.

17. Посошков И. Т. Книга о скудости и богатстве / И. Т. Посошков // Посошков И. Т. Книга о скудости и богатстве и другие сочинения / ред. и коммент. Б. Б. Кафенгауза. М., 1951. 409 с.

18. ПСЗ. Т. 4. № 1928, 2097, 2135, 2194, 2313, 2319, 2321, 2339, 2493; Т. 5. № 2871, 3244, 3245, 3294, 3295, 3296, 3470; Т. 6. № 3492, 3515, 3687, 3707; Т. 7. № 4503, 4533, 4534, 4535, 4542, 4543, 4611, 4654, 4826, 4897, 5010, 5017, 5033, 5051; Т. 8. № 5506, 5221; Т. 9. № 6872.

19. Пугачевщина : сб. док. по истории Крестьянской войны 1773–1775 гг. / под ред. М. Н. Покровского : в 3 т. М. ; Л. , 1929. Т. 2. С. 29, 202–203, 268–270, 400, 430–432.

20. Радищев А. Н. Записки путешествия в Сибирь / А. Н. Радищев // Радищев А. Н. Полн. собр. соч. : в 3 т. М. ; Л. , 1952. Т. 3. 676 с.

21. РИБ. 1884. Т. 8. Стб. 410–412.

22. Сб. РИО. Т. 11. С. 355–356, 357; Т. 55. С. 189–190, 304–305; Т. 63. С. 291; Т. 69. С. 14–17; Т. 104. № 3.

23. Сибирь XVIII в. в путевых описаниях Г. Ф. Миллера / подг. А. Х. Элертом. （История Сибири. Первоисточники. Вып. 6）. Новосибирск, 1996. 310 с.

24. Татищев В. Н. Духовная // Татищев В. Н. Избр. произв. / отв. ред. Н. Е. Носов. Л. , 1979. 464 с.

著 作

25. Акишин М. О. Российский абсолютизм и управление Сибири XVIII века: структура и состав государственного аппарата / М. О. Акишин. М. : Новосибирск, 2003. 391 с.

26. Акишин М. О. Фискальный гнет Петровской эпохи и сибирское крестьянство （к вопросу о достоверности переписей конца XVII —

начала XVIII в.) / М. О. Акишин, А. Т. Шашков // История русской духовной культуры в рукописном наследии XVI – XX вв. Новосибирск, 1998. С. 96–111.

27. Александров В. А. Россия на дальневосточных рубежах (вторая половина XVII в.) / В. А. Александров. М., 1969. 240 с.

28. Алексашенко Н. А. История Урала с древнейших времен до середины XIX в. : учеб. пособие / Н. А. Алексашенко, А. Т. Шашков, Д. А. Редин, Д. В. Бугров. Екатеринбург, 2002. 260 с.

29. Алимпиев С. А. Эволюция уголовно-правовой нормы о получении взятки по законодательству России в дореволюционный период (IX–XIX вв.) / С. А. Алимпиев // Вестн. Южно-Урал. гос. ун-та. 2006. № 13 (68). Сер. Право. Вып. 8, т. 1. С. 21–26.

30. Ананьев Д. А. Воеводское управление Сибири в XVIII в. / Д. А. Ананьев. Новосибирск, 2005. 264 с.

31. Андрущенко А. И. Крестьянская война 1773 – 1775 гг. на Яике, в Приуралье, на Урале и в Сибири / А. И. Андрущенко. М., 1969. 360 с.

32. Анисимов Е. В. Государственные преобразования и самодержавие Петра Великого в первой четверти XVIII века. СПб., 1997. 331 с.

33. Анисимов Е. В. Податная реформа Петра I : Введение подушной подати в России 1719–1728 гг. / Е. В. Анисимов. Л., 1982. 296 с.

34. Анпилогов Г. Н. Губернские комиссары при Петре I: 1711 – 1718 гг. / Г. Н. Анпилогов // Доклады и сообщения истфака МГУ. 1948. Вып. 8. С. 33–38.

35. Анучин Д. Г. Первые успехи Пугачева и экспедиция Кара / Д. Г. Анучин // Военный сборник. 1869. № 5. С. 5–40.

36. Бабич М. В. Государственные учреждения XVIII века : Комиссии петровского времени / М. В. Бабич. М. , 2003. 480 с.

37. Бабич М. В. Полковой двор / М. В. Бабич // Государственность России (конец XV в. — февраль 1917 г.) : словарь-справ. : в 6 кн. Кн. 3 (Л–П) . М. , 2001. С. 329–330.

38. Байдин В. И. Формирование буржуазии в среде государственных крестьян Среднего Урала во второй половине XVIII в. / В. И. Байдин // Крестьянство Урала в период феодализма. Свердловск, 1988. С. 71–87.

39. Бахрушин С. В. Научные труды : в 4 т. / С. В. Бахрушин. М. , 1955. Т. 3, ч. 1. 376 с.

40. Березово (Очерки истории с древности до наших дней) / отв. ред. Д. А. Редин. Екатеринбург, 2008. 471 с. , ил.

41. Беспалов А. В. Северная война. Карл XII и шведская армия : Путь от Копенгагена до Переволочной / А. В. Беспалов. 1700–1709. М. , 1998. 56 с.

42. Блинов И. Губернаторы : ист. -юридич. очерк / И. Блинов. СПб. , 1905. 366 с.

43. Бобровский П. О. Военное право в России при Петре Великом : в 2 т. / П. О. Бобровский. СПб. , 1886. Т. 2, вып. 2. 808 с.

44. Богословский М. ［ М. ］ Областная реформа Петра Великого : Провинция 1719–27 гг. / М. ［ М. ］ Богословский. М. , 1902. 582 с.

45. Бродель Ф. Время мира : Материальная цивилизация, экономика и капитализм, XV–XVIII вв. : в 3 т. / Ф. Бродель. М. , 1992. Т. 3. 679 с.

46. Буганов В. И. Пугачев / В. И. Буганов. М. , 1984. 383 с.

47. Вагина П. А. Формирование рабочих кадров на заводах Южного Урала в 50–60-е гг. XVIII в. / П. А. Вагина // Ист. зап. 1954. Т. 47. С. 308–326.

48. Вершинин Е. В. Дощаник и коч в Западной Сибири (XVII в.) / Е. В. Вершинин // Проблемы истории России. Вып. 4. Евразийское пограничье / отв. ред. А. Т. Шашков. Екатеринбург, 2000. С. 87–131.

49. Вершинин Е. В. Русская колонизация Северо-Западной Сибири в конце XVI–XVII в. / Е. В. Вершинин. Екатеринбург, 2018. 504 с. , ил.

50. Вигилёв А. Н. История отечественной почты : в 2 ч. / А. Н. Вигилёв. М. , 1979. Ч. 2. 160 с. , ил.

51. Военная энциклопедия : в 18 т. Пг. , 1915. Т. 18. Полковое управление. С. 545–547.

52. Волков Л. В. Социальные представления участников восстания Е. И. Пугачева / Л. В. Волков // Вопр. истории. 2006. № 12. С. 107–115.

53. Гаврилов В. В. Борьба с коррупцией в России при Петре I и Екатерине II / В. В. Гаврилов // Уч. зап. Таврич. нац. ун-та им. В. И. Вернадского. Сер. Юридические науки. 2011. Т. 24 (63) . № 2. С. 36–41.

54. Голикова Н. Б. Восстание крестьян ишимских слобод в 1714 г. (из истории классовой борьбы сибирского крестьянства) / Н. Б. Голикова // Вестн. МГУ. 1963. Сер. 8, История. № 3. С. 58–64.

55. Голикова С. В. Горнозаводские центры и аграрная среда в России: взаимодействия и противоречия (XVIII — первая половина XIX в.) / С. В. Голикова, Н. А. Миненко, И. В. Побережников. М. , 2000.

262 с.

56. Голикова С. В. Интеграция аграрного окружения в заводское производство (Урал и Западная Сибирь XVIII — первой половины XIX в.) / С. В. Голикова, Н. А. Миненко, И. В. Побережников. Екатеринбург, 1995. 261 с.

57. Голикова Н. Б. Система государственного управления // Очерки русской культуры XVIII в. : в 4 ч. / Н. Б. Голикова, Л. Г. Кислягина. М. , 1987. Ч. 2. С. 44-108.

58. Голованов А. А. Проблемы социального выбора : философский аспект исследования : автореф. …канд. филос. наук / А. А. Голованов. М. , 2010. 24 с.

59. Гольденберг Л. А. Семён Ульянович Ремезов / Л. А. Гольденберг. М. , 1965. 266 с.

60. Готье Ю. В. История областного управления в России от Петра I до Екатерины II : в 2 т. / Ю. В. Готье. М. , 1913. Т. 1. Реформа 1727 года. : Областное деление и областные учреждения 1727-1775 гг. 472 с.

61. Демидова Н. Ф. Первые русские дипломаты в Китае / Н. Ф. Демидова, С. Мясникова. М. , 1966. 230 с.

62. Демидова Н. Ф. Служилая бюрократия в России XVII в. и ее роль в формировании абсолютизма / Н. Ф. Демидова. М. , 1987. 225 с.

63. Древний город на Оби: история Сургута. Екатеринбург, 1994. 336 с. , ил.

64. Дубровин Н. Ф. Пугачев и его сообщники. Эпизод из истории царствования императрицы Екатерины II. 1773 - 1774 гг. : (По неизданным источникам) : в 3 т. / Н. Ф. Дубровин. СПб. , 1884. Т. 2. 429 с.

65. Дубровский С. Крестьянские войны в России. XVII–XVIII вв. / С. Дубровский // Крестьянский интернационал. 1925.

66. Енин Г. П. «А велено нас от гдовских воевод оберегать» : Из истории воеводского кормления в XVII в. / Г. П. Енин // Ист. архив. 1997. № 1. С. 195–198.

67. Енин Г. П. Воеводское кормление в России в XVII веке (содержание населением уезда органа государственной власти) / Г. П. Енин. СПб., 2000. 352 с.

68. Ерошкин Н. П. История государственных учреждений дореволюционной России / Н. П. Ерошкин. 3-е изд. М., 1983. 352 с.

69. Жуковская А. В. Перемены в фискальном статусе дьяков и подьячих в царствование Петра I и их социальные последствия / А. В. Жуковская // Cahiers du Monde russe. 2014. № 55/1–2. С. 31–49.

70. Загоскин Н. П. Русские водные пути и судовое дело в допетровской России / Н. П. Загоскин. Казань, 1909. XIV, 464, 27 с.

71. Задер Р. Что такое социальная история? Разрывы и преемственность в освоении «социального» // THESIS. 1993. Вып. 1. С. 163–181.

72. Зубков К. И. Камерализм как модель взаимодействия государства и общества: новое прочтение / К. И. Зубков // Урал. ист. вестн. 2013. № 3 (40). С. 20–29.

73. История Европы : в 8 т. / отв. ред. Л. Т. Мильская, В. И. Рутенбург. М., 1993. Т. 3. От Средневековья к Новому времени (конец XV — первая половина XVII в.). 656 с.

74. История Урала с древнейших времен до 1861 г. / отв. ред. А. А. Преображенский. М., 1989. 608 с., ил.

75. Казарян П. Л. Первый тракт на Северо-Востоке России / П. Л.

Казарян // Наука и техника в Якутии. 2006. № 2 (11) . С. 50-57.

76. Каманин Л. Г. Первые исследователи Дальнего Востока / Л. Г. Каманин. М. , 1946. 84 с.

77. Карпеев И. В. Генерал-пленипотенциар / И. В. Карпеев // Государственность России : словарь-справ. : в 6 кн. Кн. 5, ч. 1 (А-Л) . М. , 2005. 501 с.

78. Кизеветтер А. А. Посадская община в России XVIII ст. / А. А. Кизеветтер. М. , 1903. VI, 810 с.

79. Ключевский В. О. Русская история : Полный курс лекций : в 2 кн. / В. О. Ключевский. Минск; М. , 2000. Кн 2. 1056 с.

80. Коллинз Р. Программа теории ритуала интеракции / Р. Коллинз // Журнал социологии и социальной антропологии. 2004. Т. 7. № 1. С. 27-39.

81. Комолов Н. А. Азовская губерния (1709 - 1725 гг.): территория и высшие администраторы / Н. А. Комолов. Ростов н/Д, 2009. 257 с. , ил.

82. Кондрашенков А. А. Очерки истории крестьянских восстаний в Зауралье в XVIII в. / А. А. Кондрашенков. Курган, 1962. 176 с.

83. Коротков Ю. Н. Губерния / Ю. Н. Коротков // Отечественная история. История России с древнейших времен до 1917 года : энциклопедия : в 5 т. М. , 1994. Т. 1. 688 с. , ил.

84. Крестьянская война в России 1773-1775 гг. : Восстание Пугачева : в 3 т. / под ред. В. В. Мавродина. Л. , 1961-1970. Т. 1. 588 с. Т. 2. 512 с. Т. 3. 488 с.

85. Кузнецов В. А. Иррегулярные войска Оренбургского края / В. А. Кузнецов. Самара; Челябинск, 2008. 478 с.

86. Лаппо-Данилевский А. С. Организация прямого обложения в Московском государстве со времен Смуты до эпохи преобразований / А. С. Лаппо-Данилевский. СПб. , 1890. 560 с.

87. Лебедев Д. М. География в России XVII века (допетровской эпохи): Очерки по истории географических знаний / Д. М. Лебедев. Л. , 1949. 243 с.

88. Лебедев Д. М. Русские географические открытия и исследования до 1917 г. / Д. М. Лебедев, В. А. Есаков. М. , 1971. 516 с. , ил.

89. Лимонов Ю. А. «Роспись» первого общего чертежа Сибири (опыт датировки) / Ю. А. Лимонов // Проблемы источниковедения. М. , 1959. Т. 8. С. 343–360.

90. Мартынов М. Н. Саткинский завод во время восстания Емельяна Пугачева / М. Н. Мартынов // Ист. зап. 1956. Т. 58. С. 208–245.

91. Мартынов М. Н. Воскресенский завод в Крестьянской войне 1773–1775 гг. / М. Н. Мартынов // Ист. зап. 1967. Т. 80. С. 287–304.

92. Мауль В. Я. Ритуальный символизм повстанческой казни в России (По материалам пугачевского восстания) / В. Я. Мауль // Вестн. Томск. гос. ун-та. 2003. № 276. С. 53–62.

93. Мауль В. Я. Архетипы русского бунта XVIII столетия / В. Я. Мауль // Русский бунт : сб. ист. -лит. произв. М. , 2007. С. 255–432.

94. Мауль В. Я. Протоколы допросов пугачевцев как биографический источник (новые исследовательские стратегии) / В. Я. Мауль // Проблемы дипломатики, кодикологии и актовой археографии : материалы XXIV междунар. науч. конф. М. , 2012. С. 394–397.

95. Милюков П. Н. Государственное хозяйство России в первой четверти XVIII столетия и Реформа Петра Великого. 2-е изд. / П. Н.

Милюков. СПб. , 1905. 696 с.

96. Мрочек-Дроздовский П. Н. Областное управление России XVIII века до Учреждения о губерниях 7 ноября 1775 года : Историко-юридическое исследование / П. Н. Мрочек-Дроздовский. М. , 1876. Ч. 1. Областное управление эпохи первого учреждения губерний (1708–1719 гг.) . 350 с.

97. Никитин Н. И. Соратники Ермака после «Сибирского взятия» / Н. И. Никитин // Проблемы истории России. Вып. 4. Евразийское пограничье / отв. ред. А. Т. Шашков. Екатеринбург, 2000. С. 51–87.

98. Никитин Н. И. Русская колонизация с древнейших времен до начала XX века (исторический обзор) / Н. И. Никитин. М. , 2010. 223 с.

99. Нольте Г. -Г. Русские «крестьянские войны» как восстания окраин / Г. -Г. Нольте // Вопр. истории. 1994. № 11. С. 31–38.

100. Нуреев Р. М. Джеймс Бьюкенен и теория общественного выбора / Р. М. Нуреев // Бьюкенен Дж. М. Сочинения. М. , 1997. Сер. Нобелевские лауреаты по экономике. Т. 1. С. 447–482.

101. Оборин В. А. Заселение и освоение Урала в конце XVI — начале XVII в. / В. А. Оборин. Иркутск, 1990. 169 с.

102. Овчинникова Б. Б. Взаимоотношения Новгорода с Югрой (XI–XV вв.) / Б. Б. Овчинникова // Проблемы истории России. Вып. 7. Источник и его интерпретации / отв. ред. А. Т. Шашков. Екатеринбург, 2009. С. 13–31.

103. Орлов А. С. Волнения на Урале в середине XVIII в. : (К вопросу о формировании пролетариата в России) / А. С. Орлов. М. , 1979. 264 с.

104. Охотина-Линд Н. «Я и мой Беринг.» (частные письма Витуса Беринга и его семьи из Охотска в феврале 1740 г.) / Н. Охотина-Линд // Россия в XVIII столетии / отв. ред. Е. Е. Рычаловский. М., 2004. Вып. 2. С. 177–220.

105. Очерки истории Югры / отв. ред. Д. А. Редин, Н. Б. Патрикеев. Екатеринбург, 2000. 408 с., ил.

106. Павлов-Сильванский Н. П. Проекты реформ в записках современников Петра Великого: опыт изучения русских проектов и неизданные их тексты / Н. П. Павлов-Сильванский. СПб., 1897. Ч. 1. 237 с.

107. Петровский Т. О Сенате в царствование Петра Великого / Т. Петровский. М., 1875. VIII, 349 с.

108. Писарькова Л. Ф. К истории взяток в России : (По материалам «секретной канцелярии» кн. Голицыных) / Л. Ф. Писарькова // Отеч. история. 2002. № 5. С. 33–49.

109. Полевой Б. П. Курбат Иванов — первый картограф Лены, Байкала и Охотского побережья (1640–1645 гг.) / Б. П. Полевой // Изв. ВГО. Т. 92. 1960. Вып. 1. С. 46–52.

110. Полевой Б. П. Гипотеза о «Годуновском» атласе Сибири 1667 г. / Б. П. Полевой // Изв. АН СССР. Сер. География. 1966. № 4. С. 123–132.

111. Презентальные деньги 1716 года. Сообщ. архимандрит Леонид [Кавелин] // Рус. старина. 1874. Т. 9. № 1. С. 191.

112. Пруссак А. В. Заводы, работавшие на Пугачева / А. В. Пруссак // Ист. зап. 1940. Т. 8. С. 174–207.

113. Раев М. Регулярное полицейское государство и понятие модернизма в Европе XVII – XVIII веков: попытка сравнительного подхода к

проблеме / М. Раев // Американская русистика : Вехи историографии последних лет. Императорский период : антология / сост. М. Дэвид-Фокс. Самара, 2000. 48-79.

114. Редин Д. А. Административные структуры и бюрократия Урала в эпоху петровских реформ (западные уезды Сибирской губернии в 1711-1727 гг.) / Д. А. Редин. Екатеринбург, 2007. 608 с.

115. Редин Д. А. Должностная преступность в петровской России: отношение современников / Д. А. Редин // Сословия, институты и государственная власть в России (Средние века и раннее Новое время): сб. ст. памяти акад. Л. В. Черепнина / отв. ред. акад. В. Л. Янин, В. Д. Назаров. М. , 2010. С. 837-846.

116. Редин Д. А. Крупные заводовладельцы и торгово-предпринимательская заводская прослойка на Урале во второй половине XVIII в. (аспекты взаимоотношений) / Д. А. Редин // Урал. ист. вестн. 2005. № 10-11. С. 32-39.

117. Редин Д. А. «Ментальное государство» Петра Великого и культура управления в петровской России / Д. А. Редин // Памятники российского права / под общ. ред. Р. Л. Хачатурова : в 35 т. М. , 2014. Т. 4. Памятники права в период единодержавия Петра I. С. 80-90.

118. Редин Д. А. Полковые дистрикты в системе местного государственного управления России первой трети XVIII века : (На примере Сибирской губернии) / Д. А. Редин // Проблемы социальной и политической истории России / под. ред. Р. Г. Пихои. М. , 2009. С. 161-172.

119. Редин Д. А. Ревизия И. С. Арсеньева: к вопросу об эволюции чрезвычайных институтов петровского времени / Д. А. Редин //

Проблемы истории России. Вып. 7. Источник и его интерпретации. Екатеринбург, 2008. С. 139–152.

120. Русские арктические экспедиции XVII–XX вв. : Вопросы истории изучения и освоения Арктики. Л., 1964. 232 с.

121. Русские мореплаватели. М., 1953. 671 с.

122. Савич А. А. Очерки истории крестьянских волнений на Урале в XVIII–XIX вв. / А. А. Савич. М., 1931. 177 с.

123. Седов П. В. Подношения в московских приказах XVII в. / П. В. Седов // Отеч. история. 1996. № 1. С. 139–150.

124. Семёнов О. В. Система ямской гоньбы в Сибири в конце XVI–XVII в. : качество функционирования / О. В. Семёнов // Россия и мир : панорама исторического развития / отв. ред. Д. А. Редин. Екатеринбург, 2008. С. 534–539.

125. Серов Д. О. Администрация Петра I / Д. О. Серов. М., 2007. 288 с.

126. Серов Д. О. Забытое учреждение Петра I : Вышний суд (1723–1726) // Российское самодержавие и бюрократия / Д. О. Серов. М. ; Новосибирск, 2000. С. 219–237.

127. Серов Д. О. Понудители : (Из истории чрезвычайного контроля в России первой четверти XVIII в.) / Д. О. Серов // «Мы были!» : Генерал-фельдцейхмейстер Я. В. Брюс и его эпоха : материалы всерос. науч. конф. (12–14 мая 2004 г.) : в 2 ч. СПб., 2004. Ч. 2. С. 74–76.

128. Серов Д. О. Следователи Петра Великого / Д. О. Серов, А. В. Федоров. М., 2018. 348 с., ил.

129. Серов Д. О. Строители империи : Очерки государственной и

криминальной деятельности сподвижников Петра I / Д. О. Серов. Новосибирск, 1996. 263 с.

130. Серов Д. О. Юстиц-коллегия и органы надзора // Российская Юстиц-коллегия (1718–1786): Историко-правовые очерки / Д. О. Серов. М., 2003. С. 91–111.

131. Серов Д. О. Фискальная служба и прокуратура России первой трети XVIII в. : дис. ...докт. ист. наук / Д. О. Серов. Екатеринбург, 2010. 443 с.

132. Смирнов Ю. Н. Современные подходы к истории восстания 1773–1775 гг. / Ю. Н. Смирнов // Вестн. Самар. гос. ун-та. 2007. № 5/3. С. 158–166.

133. Современный словарь иностранных слов. М., 1992. 740 с.

134. Тарасов Ю. М. Русская крестьянская колонизация Южного Урала: вторая половина XVIII — первая половина XIX в. / Ю. М. Тарасов. М., 1984. 175 с.

135. Тоёкава К. Оренбург и оренбургское казачество во время восстания Пугачева 1773–1774 гг. / К. Тоёкава. М., 1996. 248 с.

136. Федунов В. В. Взятка как вид должностных преступлений в законодательстве России XV–XVIII вв. / В. В. Федунов // Уч. зап. Таврич. нац. ун-та им. В. И. Вернадского. Сер. Юридические науки. 2011. Т. 24 (63). № 2. С. 89–95.

137. Филиппов А. [Ф.]. Полицейское государство и всеобщее благо : К историяя одной идеологии. Статья первая / А. [Ф.]. Филиппов // Отеч. зап. 2012. № 2 (47). С. 328–340.

138. Черкасова А. С. Мастеровые и работные люди Урала в XVIII в. / А. С. Черкасова. М., 1985. 247 с.

139. Черкасова А. С. Социально-экономические связи горнозаводских центров и деревень Урала в середине XVIII в. / А. С. Черкасова // Деревня и город Урала в эпоху феодализма: проблема взаимодействия. Свердловск, 1986. С. 23–29.

140. Шарф К. Пугачев: император между периферией и центром / К. Шарф // Ab Imperio. 2003. № 1. С. 99–112.

141. Швейковская Е. Н. Государство и крестьяне России: Поморье в XVII веке / Е. Н. Швейковская. М., 1997. 283 с.

142. Шашков А. Т. Начало присоединения Сибири / А. Т. Шашков // Проблемы истории России. Вып. 4. Евразийское пограничье / отв. ред. А. Т. Шашков. Екатеринбург, 2000. С. 8–51.

143. Шашков А. Т. Население Самаровской ямской слободы в начале XVI – II в. / А. Т. Шашков // Три столетия академических исследований Югры: от Миллера до Штейница : в 2 ч. / отв. ред. Д. А. Редин. Екатеринбург, 2006. Ч. 1. С. 83–137.

144. Шашков А. Т. Самаровский ям и его жители в XVII в. / А. Т. Шашков // Западная Сибирь: прошлое, настоящее, будущее / отв. ред. Т. А. Исаева. Сургут, 2004. С. 65–89.

145. Швейковская Е. Н. Государство и крестьяне России: Поморье в XVII веке / Е. Н. Швейковская. М., 1997. 283 с.

146. Шмидт С. О. Многотомное исследование академика М. М. Богословского «Петр Великий: Материалы для биографии» / С. О. Шмидт // Богословский М. М. Петр Великий : Материалы для биографии : в 6 т. М., 2005. Т. 1. С. 414–431.

147. Шоню П. Цивилизация классической Европы / П. Шоню / пер. с фр. и послесл. В. Бабинцева. Екатеринбург, 2004. 608 с.

148. Avrich P. Russian Rebels 1600—1800 / P. Avrich. NY, 1972. 308 p.

149. Black J. Eighteenth Century Europe. 1700—1789 / J. Black. L., 1990. 594 p.

150. Davis B. Politics Give and Take: Kormlenie as Service Remuneration and Generalized Exchange, 1488—1726 // Culture and Identity in Muscovy, 1359—1584 / ed. by A. Kleimola, G. Lenhoff. UCLA. Slavic Studies. New Series. M., 1997. P. 39—67.

151. Fisher R. The Voyage of Semen Dezhnev in 1648: Bering's Presuorsor : With selected documents / R. Fisher. L., 1981. 340 p.

152. Peters D. Politische und Gesellschaftliche Vorstellungen in der Aufstandsbewegung unter Pugacev (1773 — 1775) / D. Peters. Wiesbaden, 1973. 364 s.

153. Peterson C. Peter the Great's Administrative and Judicial Reforms : Swedish Antecedents and the Process of Reception / C. Peterson. Stockholm, 1979. 448 p.

154. Raeff M. The Well—Ordered Police State: Social and Institutional Change Through Law in the Germanies and Russia, 1600—1800 / M. Raeff. N. Haven, 1983. 281 p.

155. Small A. W. The Cameralists : The Pioneers of German Social Polity / A. W. Small. Kitchener, Ontario, 2001. 544 p.

156. Weakfield A. The Disordered Polise State / A. Weakfield. Chicago, 2009. 240 p.

缩略词

1. ГАСО——斯维尔德洛夫州国家档案馆（叶卡捷琳堡）［Государственный архив Свердловской области（Екатеринбург）］

2. ГАПК——彼尔姆边疆区国家档案馆（Государственный архив Пермского края）

3. ГАТО——秋明州国家档案馆（Государственный архив Тюменской области）

4. ДАИ——《考古委员会编纂出版的〈历史文书汇编〉补遗》（Дополнения к Актам историческим, собранным и изданным Археографическою комиссиею）

5. НИА СПбИИ РАН——俄罗斯科学院圣彼得堡历史研究所科学与历史档案馆（Научно-исторический архив Санкт-Петербургского института истории Российской академии наук）

6. ОР РНБ——俄罗斯国家图书馆手稿部（圣彼得堡）［Отдел рукописей Российской национальной библиотеки（СанктПетербург）］

7. РГАДА——俄罗斯国家古代文书档案馆（莫斯科）［Российский государственный архив древних актов（Москва）］

8. РГВИА——俄罗斯国家军事历史档案馆（莫斯科）［Российский государственный военно-исторический архив（Москва）］

9. ПСЗ——《俄罗斯帝国法律全集》（Полное собрание законов Российской империи）

10. РИБ——俄罗斯历史图书馆（Русская историческая библиотека）

11. Сб. РИО——俄国历史学会文集（Сборник Русского исторического общества）

图书在版编目（CIP）数据

俄国近代行政制度与社会发展／（俄罗斯）德米特里·
阿列克谢耶维奇·列金著；许金秋，杨欣玥译 . --北京：
社会科学文献出版社，2025.7. --（俄国史译丛）.
ISBN 978-7-5228-5302-4

Ⅰ. D751.269

中国国家版本馆 CIP 数据核字第 2025HM7800 号

俄国史译丛
俄国近代行政制度与社会发展

著　　者／〔俄〕德米特里·阿列克谢耶维奇·列金
译　　者／许金秋　杨欣玥

出 版 人／冀祥德
组稿编辑／高　雁
责任编辑／贾立平　恽　薇
责任印制／岳　阳

出　　版／社会科学文献出版社（010）59367226
　　　　　地址：北京市北三环中路甲 29 号院华龙大厦　邮编：100029
　　　　　网址：www.ssap.com.cn
发　　行／社会科学文献出版社（010）59367028
印　　装／北京联兴盛业印刷股份有限公司

规　　格／开　本：787mm×1092mm　1/16
　　　　　印　张：16.25　字　数：211 千字
版　　次／2025 年 7 月第 1 版　2025 年 7 月第 1 次印刷
书　　号／ISBN 978-7-5228-5302-4
著作权合同
登 记 号／图字 01-2025-2269 号
定　　价／98.00 元

读者服务电话：4008918866